Zweig, Stefan / Joseph Fouché : retrato de un hombre político /
Stefan Zweig. - 1a ed. - Ciudad Autónoma de Buenos Aires : EGodot
Argentina, 2024. 290 p. ; 23 x 15 cm.

Traducción de: Nicole Narbebury

ISBN 978-84-19990-15-0

1. Biografías. 2. Literatura Austríaca. I. Narbebury, Nicole, trad. II.
Título.

CDD 830.192

Título original Bildnis eines politischen Menschen (1929)

Traducción Nicole Narbebury
Corrección Federico Juega Sicardi
Diseño de tapa y colección Francisco Bo
Diseño de interiores Víctor Malumián
Ilustración de tapa y viñetas Juan Pablo Dellacha

© Ediciones Godot
www.edicionesgodot.com.ar
info@edicionesgodot.com.ar
Facebook.com/EdicionesGodot
Twitter.com/EdicionesGodot
Instagram.com/EdicionesGodot
YouTube.com/EdicionesGodot
Buenos Aires, Argentina, 2024

Impreso en España
Artes Gráficas Cofás, S.A,
Móstoles, Madrid, febrero de 2025

Fouché

Stefan Zweig

Traducción
Nicole Narbebury

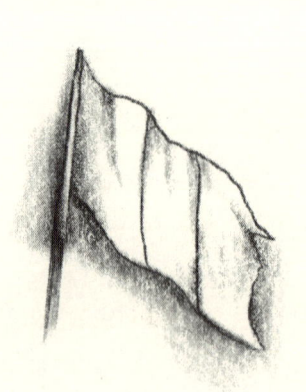

JOSEPH FOUCHÉ, UNO DE los hombres más poderosos de su época, uno de los más extraños de todos los tiempos, encontró poco amor entre sus semejantes y aún menos justicia en la posteridad. Napoleón en Santa Elena, Robespierre entre los jacobinos, Carnot, Barras, Talleyrand en sus memorias, todos los historiadores franceses, ya sean monárquicos, republicanos o bonapartistas, se enferman inmediatamente con la mera mención de su nombre. Traidor nato, miserable intrigante, reptil resbaladizo, traidor profesional, vil alma policial, miserable inmoralista… No se le ahorra ninguna palabra despreciable, y ni Lamartine, ni Michelet, ni Louis Blanc hacen intento serio alguno de trazar su carácter, o más bien su admirablemente persistente falta de carácter. Por primera vez, su figura aparece en un esbozo de vida real en esa monumental biografía de Louis Madelin (a la que este estudio, como todos los demás, debe la mayor parte de su material factual); por lo demás, la historia ha relegado tranquilamente a la última fila de las figuras insignificantes a un hombre que dirigió a todos los partidos de una revolución mundial y fue el único en sobrevivirlos, que derrotó a un Napoleón y a un Robespierre en un duelo psicológico. De vez en cuando, su figura sigue apareciendo como un fantasma en una obra de teatro o en una opereta napoleónica, pero entonces casi siempre lo retratan en el papel trillado y esquemático del astuto ministro de policía, un Sherlock Holmes prefigurado; una representación plana siempre confunde un papel de fondo con un papel secundario.

Solo una persona ha visto crecer esta figura única por su propia grandeza, y no la más insignificante: Balzac. Este espíritu elevado y, al mismo tiempo, penetrante, que no solo miraba el decorado de la época sino siempre entre bastidores, reconoció sin reservas a Fouché como el personaje más interesante de su siglo en términos psicológicos. Acostumbrado a considerar todas las pasiones, tanto las llamadas heroicas como las llamadas bajas, como elementos completamente iguales en su química de los sentimientos, y a admirar tanto a un criminal consumado, un Vautrin, como a un genio moral, un Louis Lambert, sin distinguir nunca entre lo moral y lo inmoral, sino midiendo siempre únicamente la valía de la voluntad de un hombre y la intensidad de su sufrimiento, Balzac sacó de su pretendida sombra al hombre más despreciado, más vilipendiado de la Revolución y de la época imperial. "El único ministro que tuvo Napoleón", llama a este "genio singular", luego otra vez "la más poderosa cabeza que he conocido jamás", y en otra parte "una de esas figuras que tienen tanta profundidad bajo cualquier superficie que permanecen impenetrables en el momento de su acción y solo después pueden ser comprendidas". Esto suena muy diferente a los desprecios moralistas habituales. Y en medio de su novela *Un asunto tenebroso* dedica una página especial a ese "espíritu oscuro, profundo e insólito, que es poco conocido". "Su genio peculiar —escribe— que en cierto modo asustaba a Napoleón, no se reveló de golpe. Este desconocido miembro de la Convención, uno de los hombres más extraordinarios y al mismo tiempo peor valorados de su tiempo, solo durante las crisis llegó a convertirse en lo que luego fue. Alcanzó, bajo el Directorio, esa altura desde la que los hombres profundos saben reconocer el futuro juzgando correctamente el pasado. Luego, como algunos actores mediocres que, iluminados por una repentina epifanía se convierten en excelentes actores, dio pruebas de su habilidad durante el golpe de Estado del 18 de Brumario. Este hombre de rostro pálido, educado bajo una disciplina monacal, que conocía todos los secretos del partido de la Montaña, al que perteneció al principio, así como los de los realistas, a los que terminó uniéndose, había estudiado lenta y silenciosamente a los hombres, las cosas y las prácticas del escenario político; penetró los secretos de Bonaparte, le dio consejos útiles e información valiosa [...]. Ni sus nuevos ni sus antiguos colegas sospechaban en aquel momento el alcance de su genio, que era esencialmente un genio gubernamental: exacto en todas sus profecías y de una perspicacia increíble".

Eso dice Balzac. Fue su homenaje lo primero que llamó mi atención hacia Fouché, y desde hace años he admirado de vez en cuando al hombre a quien Balzac elogiaba por tener "más poder sobre los hombres que incluso el mismo Napoleón".

Pero Fouché supo permanecer en un segundo plano en la historia, como hizo durante toda su vida: no le gustaba que lo miraran a la cara ni que lo situaran en el mapa. Casi siempre se esconde entre los acontecimientos, dentro de los partidos, tras la coraza anónima de su cargo, tan invisiblemente activo como la maquinaria de un reloj, y solo muy raramente se logra captar, en el tumulto de los acontecimientos, en los recodos más agudos de su trayectoria, su perfil huidizo. Y ¡más extraño aún!, ninguno de esos perfiles huidizos de Fouché coincide con el otro a primera vista. Hay que esforzarse para imaginar que el mismo hombre, con la misma piel y el mismo pelo, era profesor de curas en 1790 y saqueador de iglesias en 1792, comunista en 1793 y millonario cinco años después, y otros diez años más tarde, duque de Otranto. Pero cuanto más audaces eran sus transformaciones, más interesante me resultaba el carácter, o más bien el no carácter, de este hombre maquiavélico, el más perfecto de los tiempos modernos; cada vez más intrigante me parecía su vida política, envuelta como estaba en los trasfondos y secretos, y más peculiar, incluso demoníaca, su figura. Así que llegué a escribir la historia de Joseph Fouché de forma bastante inesperada, por puro placer psicocientífico, como contribución a una biología aún incompleta.

Tal descripción de la vida de una naturaleza amoral por completo, incluso una tan única y significativa como la de Joseph Fouché, está, me doy cuenta, en contra de los deseos inequívocos de la época. Hoy, nuestro tiempo quiere y ama las biografías heroicas, porque de su propia pobreza de líderes políticamente creativos busca ejemplos superiores en el pasado. No niego el poder expansivo del alma, fortalecedor y espiritualmente edificante de las biografías heroicas. Han sido necesarias para cada generación naciente y cada nueva juventud desde los tiempos de Plutarco. Pero es precisamente en la esfera política donde encierran el peligro de falsificar la historia, es decir, como si las verdaderas naturalezas dirigentes hubieran determinado siempre el destino real del mundo. No cabe duda de que una naturaleza heroica, por su mera existencia, dominará la vida espiritual durante décadas y siglos, pero solo la vida espiritual. En la vida real y actual, en la esfera del poder político, rara vez son —y esto hay que subrayarlo como advertencia contra toda fe política— las figuras superiores, las personas de ideas puras las que dominan, sino una especie mucho menos valiosa, pero más hábil: las figuras que ocupan el segundo plano. En 1914, como en 1918, vimos cómo las decisiones históricas mundiales de guerra y paz no fueron tomadas desde la razón y la responsabilidad, sino por personas ocultas, del carácter más cuestionable y de insuficiente comprensión. Y cada día vemos que, en el controvertido y a menudo sacrílego juego de la política, al que los pueblos siguen confiando fielmente sus hijos y su futuro, no son los hombres de visión moral y de convicciones inquebrantables los que prevalecen, sino que son constantemente superados por esos jugadores profesionales que llamamos diplomáticos, esos artistas de manos ágiles, palabras vacías y nervios fríos. Si, como dijo Napoleón hace cien años, la política se ha convertido realmente en *la fatalité moderne*, el moderno destino, entonces, para defendernos, deberíamos intentar reconocer a las personas que están detrás de estos poderes y, por tanto, indagar en el peligroso secreto de su poder. Una de esas contribuciones a la tipología de personas políticas es esta historia de vida de Joseph Fouché.

Salzburgo, otoño de 1929

Ascensión

E<small>L 31 DE MAYO</small> de 1759, Joseph Fouché —que aún no se ha convertido en duque de Otranto— nace en la ciudad portuaria de Nantes. Marinos comerciantes sus padres, marinos sus antepasados; nada podría resultar más natural que el hijo del heredero volviera a ser marino, comerciante marítimo o capitán. Pero pronto queda claro que ese muchacho flaco, anémico, nervioso y feo no tiene aptitudes para un oficio tan duro y, en ese momento, todavía realmente heroico. A dos millas de la orilla se marea; un cuarto de hora de correr o jugar, y se cansa. Entonces ¿qué hacer con una descendencia tan delicada?, se preguntan los padres, no sin preocupación, porque en Francia hacia 1770 todavía no hay ningún espacio real para una ciudadanía que ya está espiritualmente despierta y avanza con impaciencia. En la corte, en la administración, en todos los empleos, todos los cargos, todas las grandes sinecuras están reservadas a la nobleza; para el servicio en la corte se necesita el escudo de armas de un conde o una buena baronía; incluso en el ejército, un plebeyo con cabello gris difícilmente puede llegar más allá de cabo. El Tercer Estado todavía sigue excluido en todas partes de ese reino corrupto y desacertado; no es de extrañar que un cuarto de siglo más tarde exigiera con los puños lo que le había sido negado durante demasiado tiempo a su humilde mano suplicante.

Solo queda la Iglesia. Esta gran potencia milenaria, infinitamente superior a las dinastías en términos de conocimiento del mundo, piensa de manera más inteligente, más democrática y más generosa. Siempre encuentra espacio para cada persona talentosa y lleva incluso a los más bajos a su reino invisible. Como el pequeño Joseph ya se destaca en sus estudios en el pupitre de los oratorianos, con gusto le otorgan a la persona ya instruida la cátedra de profesor de matemáticas y física, director de escuela y prefecto. A los veinte años, tiene una dignidad y cargos en esta orden, que dirige la educación católica en toda Francia desde la expulsión de los jesuitas; un cargo pobre y sin muchas perspectivas de ascenso, pero al menos una escuela en la que se enseña a sí mismo, en la que aprende enseñando.

Podría ascender más alto, convertirse en sacerdote, tal vez incluso en obispo o cardenal, si hiciera sus votos sacerdotales. Pero, típico de Joseph Fouché, incluso en la primera etapa, la más baja de su carrera, se hace evidente un rasgo característico de su personalidad: su renuncia a comprometerse total e irrevocablemente con alguien o con algo. Lleva ropa eclesiástica y tonsura, comparte la vida monacal de los demás clérigos y durante esos diez años como oratoriano no se diferencia en nada del sacerdote, ni externa ni internamente. Pero no toma órdenes superiores, no hace ningún voto. Como siempre, en cada situación, mantiene abierta la retirada, la posibilidad de transformación y cambio. A la Iglesia se entrega solo temporalmente y no por completo, como luego tampoco se compromete con la Revolución, el Directorio, el Consulado, el Imperio o la Monarquía: Joseph Fouché ni siquiera se compromete a ser fiel a Dios, y mucho menos a una persona, por el resto de su vida.

Durante diez años, desde los veinte hasta los treinta, este pálido y retraído medio sacerdote deambula por los pasillos del monasterio y los tranquilos refectorios. Enseña en Niort, Saumur, Vendôme, París, pero apenas nota el cambio de domicilio, porque la vida de un profesor de curas es tranquila, pobre y discreta tanto en una ciudad como en otra, siempre detrás de muros silenciosos, siempre separado de la vida. Veinte estudiantes, treinta estudiantes, cuarenta estudiantes a los que se les enseña latín, matemáticas y física; muchachos pálidos y vestidos de negro que son llevados a misa y vigilados en el dormitorio; lecturas solitarias de libros científicos, comidas escasas, salarios bajos, un traje negro raído, una existencia monacal y poco exigente. Estos diez años tranquilos y sombríos parecen una parálisis, irreales y alejados del tiempo y el espacio, estériles y poco ambiciosos.

Sin embargo, en estos diez años de escuela conventual, Joseph Fouché aprende muchas cosas que beneficiarán infinitamente al futuro diplomático, especialmente la técnica del silencio, el arte magistral de la autoocultación, el dominio de la observación de las almas y la psicología. El hecho de que este hombre controle cada nervio de su rostro, incluso en momentos de pasión, a lo largo de toda su vida, que nunca se pueda detectar una violenta oleada de ira, de amargura, de excitación en su rostro inmóvil, que esté, por así decirlo, tapiado en el silencio, que hable con la misma voz apagada, exprese con calma las cosas más coloquiales y más terribles, y sepa caminar con el mismo paso silencioso tanto por los aposentos del Emperador como por entre una asamblea popular enfurecida… Aprende esta incomparable disciplina de autocontrol en los años del refectorio, su voluntad es domesticada durante mucho tiempo por los ejercicios de Loyola, mientras su discurso se entrena en las discusiones sobre el arte sacerdotal centenario antes de subir al podio del escenario mundial. Quizás no sea una coincidencia que los tres grandes diplomáticos de la Revolución Francesa: Talleyrand, Sieyés y Fouché, procedieran de la escuela de la Iglesia, maestra del arte humano durante mucho tiempo, incluso antes de subir a la tribuna. La antigua tradición compartida que se extiende mucho más allá de ellos impone en sus personajes, que de otro modo serían contrastantes, una cierta similitud en los minutos cruciales. Además, Fouché tiene una autodisciplina férrea, casi espartana, una resistencia interior al lujo y la pompa, una capacidad para ocultar la vida privada y los sentimientos personales; los años que Fouché pasó a la sombra del monasterio no fueron en vano, aprendió muchísimo mientras era profesor.

Tras los muros del monasterio, en la más estricta reclusión, este espíritu peculiarmente flexible e inquieto se educa y se desarrolla hasta alcanzar la maestría psicológica. Durante años, solo se le permitió trabajar de forma invisible en los círculos clericales más estrechos, pero ya en 1778 había comenzado en Francia la tormenta social, que traspasaba incluso los muros del convento. En las celdas sacerdotales de los oratorianos se discutía sobre los derechos humanos tanto como en los clubes masones; un nuevo tipo de curiosidad empujaba a estos jóvenes sacerdotes hacia la burguesía, la curiosidad también empujaba a los profesores de física y matemáticas hacia los asombrosos descubrimientos de la época, el Montgolfiero, las primeras aeronaves, los grandes inventos en los campos de la electricidad y la medicina. Los clérigos buscaban el contacto con los círculos intelectuales, y en Arras se lo ofrecía un círculo social muy peculiar llamado los "Rosati", una especie de "jauja" en la que los intelectuales de la ciudad se reunían en alegre convivencia. Es un lugar bastante discreto, con ciudadanos pequeños y poco agraciados que recitan poemitas o pronuncian discursos literarios, los militares se mezclan con los civiles, y el profesor de curas Joseph Fouché también es muy popular porque tiene mucho que decir sobre los nuevos logros de la física. A menudo se sienta allí en un círculo de camaradería y escucha a un capitán del cuerpo de ingenieros, Lazare Carnot, leyendo en voz alta burlones poemas de su autoría o al pálido abogado de labios finos Maximilien de Robespierre (en aquella época todavía le daba importancia a su nobleza) pronunciando un florido discurso durante la cena en honor de los "Rosati".

Porque las provincias aún disfrutaban de los últimos suspiros de la filosofía dieciochesca, el señor Robespierre aún escribía delicados versitos en lugar de sentencias sangrientas, el doctor suizo Marat aún redactaba una novela dulcemente sentimental en lugar de sombríos manifiestos comunistas, el pequeño teniente Bonaparte aún se afanaba en algún lugar de provincias por narrar una historia que imitaba a Werther: las tormentas aún eran invisibles tras el horizonte.

Pero es de este pálido, nervioso y desenfrenadamente ambicioso abogado Robespierre de quien el tonsurado profesor se hace particularmente amigo; su relación está incluso a punto de convertirse en una de cuñados, ya que Charlotte Robespierre, hermana de Maximilien, quiere salvar al maestro de los oratorianos de su estado clerical, y ya hay rumores de su compromiso en todas las mesas. La razón por la que este matrimonio se deshizo finalmente sigue siendo un misterio. Pero tal vez sea esta la raíz del odio fértil e histórico a escala mundial entre estos dos hombres, antaño amigos, que más tarde se enfrentaron a muerte. En aquella época, sin embargo, no sabían nada de jacobinismo ni de odio. Al contrario: cuando Maximilien de Robespierre fue enviado a Versalles como diputado a los Estados Generales para trabajar en la nueva Constitución de Francia, fue el tonsurado Joseph Fouché quien le prestó al anémico abogado las monedas de oro para pagar el viaje y hacerse un traje nuevo a medida. Esto también simboliza el hecho de que él, como tantas veces más tarde, sujeta los estribos de la carrera de otro en la historia del mundo. Y que será él quien traicione a su antiguo amigo en el momento decisivo y lo arrastre de espaldas al suelo.

JEAN DUPLESSI-BERTAUX: MAXIMILIEN DE ROBESPIERRE

Poco después de la partida de Robespierre hacia la Asamblea de los Estados Generales, que sacudirá los mismos cimientos de Francia, los oratorianos de Arras inician su pequeña revolución.

La política había llegado a los refectorios y Joseph Fouché, sagaz meteorólogo de todos los vientos, llenó sus velas. Por sugerencia suya, se envía una delegación a la Asamblea Nacional para expresar la simpatía de los sacerdotes por el Tercer Estado. Pero esta vez, el hombre, habitualmente prudente, inicia las hostilidades con una hora de antelación. Sus superiores lo envían, a modo de castigo, a la institución hermana de Nantes, el mismo lugar donde el muchacho había aprendido los rudimentos de la ciencia y el arte de conocer a los hombres.

Pero ahora que tiene experiencia y ha madurado, ya no siente la tentación de enseñar a los adolescentes las tablas de multiplicar, geometría y física. El meteorólogo del viento ha intuido que una tormenta social se cierne sobre el país, que la política gobierna el mundo: ¡así que se mete en política! De un plumazo, se despoja de la sotana, se deja crecer la tonsura y, en lugar de enseñar a niños inmaduros, comienza a dar lecciones de política a los valientes ciudadanos de Nantes. Se funda un club: la carrera de los políticos siempre comienza en un escenario de ensayos de elocuencia. Bastan unas semanas para que Fouché se convierta en presidente de los *Amis de la Constitution* en Nantes. Elogia el progreso, pero con mucha cautela, de forma muy liberal, porque el barómetro político de la seria ciudad mercantil es moderado. En Nantes, donde la gente teme por su crédito y quiere ante todo hacer buenos negocios, no se aprecia el radicalismo. Debido a que reciben grandes beneficios de las colonias, tampoco gustan proyectos tan fantásticos como la liberación de los esclavos: por eso Joseph Fouché escribe de inmediato un patético documento dirigido a la Convención en contra de la abolición de la trata de esclavos, lo que le valió una dura reprimenda de Brissot. Pero la reputación entre el círculo interno de ciudadanos no disminuye. Para consolidar oportunamente su posición política entre la clase media (¡los futuros votantes!), se casa de prisa con la hija de un rico comerciante, una muchacha fea pero acomodada, porque quiere convertirse rápida y plenamente en burgués en un momento en que —él ya lo siente— el Tercer Estado pronto será el supremo, el gobernante.

Todos estos son preparativos para el objetivo real. Tan pronto como se anuncia la elección para la Convención, el antiguo profesor de curas se presenta como candidato. ¿Y qué hace cualquier candidato? Comienza prometiendo a sus buenos votantes todo lo que quieren oír. Así, Fouché jura proteger el comercio, defender la propiedad, respetar las leyes; critica (porque en Nantes el viento sopla más de derecha que de izquierda) a los causantes del desorden más que al antiguo régimen. De hecho, fue elegido para la Convención en 1792, donde la escarapela tricolor del diputado reemplazó durante mucho tiempo a la tonsura oculta y silenciosa.

Joseph Fouché tiene treinta y dos años en el momento de su elección. No es un hombre hermoso, en absoluto. Cuerpo demacrado, delgado, casi fantasmal; rostro de huesos estrechos con líneas angulosas, feo y desagradable. La nariz es aguileña; la boca, siempre cerrada, afilada y estrecha; los ojos, fríos y de pescado bajo unos párpados pesados, casi somnolientos; las pupilas son de color gris felino, como un cristal esférico. Todo en este rostro, todo en este hombre está, por así decirlo, ligeramente dosificado de sustancia vital: parece una persona bajo una luz de gas, pálido y verdoso. Sin brillo en los ojos, sin sensualidad en los movimientos, sin acero en la voz. El pelo es fino y fibroso; las cejas, rojizas y apenas visibles; las mejillas, pálidas y grises. Es como si no hubiera suficiente tinte para colorear este rostro de salud: esta persona dura, increíblemente trabajadora, siempre parece cansada, como un enfermo, como un convaleciente.

Cualquier persona que lo ve tiene la impresión de que este hombre carece de sangre caliente, roja y en movimiento. De hecho, espiritualmente también pertenece a la raza de sangre fría. No conoce pasiones violentas y excitantes, no se siente atraído por las mujeres ni por el juego, no bebe vino, no se deleita con el despilfarro, no ejercita sus músculos, solo vive en habitaciones, entre archivos y papeles. Nunca se enoja visiblemente, nunca le tiembla un nervio en la cara. En apenas una pequeña sonrisa, ora cortés, ora burlona, se curvan estos labios afilados y exangües. Nunca se reconoce ninguna tensión real bajo esta máscara gris arcilla, aparentemente floja; bajo los pesados párpados rojos, el ojo nunca traiciona su intención o un movimiento de sus pensamientos. Esta inquebrantable sangre fría es la verdadera fuerza de Fouché. Sus nervios no lo controlan, sus sentidos no lo seducen, toda su pasión se tensa y relaja detrás del muro impenetrable de su frente. Deja que su fuerza se desarrolle y está atento a los errores de los demás; deja que la pasión de los demás se consuma y espera con paciencia hasta que se agoten o queden expuestos en su falta de control, solo entonces golpea de manera implacable. Esta superioridad de su paciencia impasible es terrible: quien sabe esperar así y esconderse de esa manera puede engañar incluso a los más experimentados. Fouché servirá con calma, aceptará los insultos más groseros, las humillaciones más vergonzosas sin pestañear, sonriendo con frialdad; ninguna amenaza, ninguna ira sacudirán a este hombre con sangre de pez. Robespierre y Napoleón, ambos se estrellan contra esta calma pétrea como el agua contra una roca: tres generaciones, una raza entera que se agita y se desvanece en la pasión, mientras él persiste fría y orgullosamente, el único sin pasión.

Esta frialdad de la sangre representa el verdadero genio de Fouché. Su cuerpo no lo inhibe ni lo arrastra, no se involucra en todos estos atrevidos juegos intelectuales. Su sangre, sus sentidos, su alma, todos esos confusos elementos emocionales de un ser humano real, nunca interactúan de verdad con este jugador secreto de azar, cuya entera pasión se encuentra en el cerebro. Porque a este oficinista seco le encanta la aventura y su pasión es la intriga. Pero solo puede agotarla y disfrutarla desde el punto de vista de la mente, y nada oculta su asombrosa alegría ante la confusión. Siempre es más brillante y mejor para el papeleo que en el sobrio hábito del funcionario obediente y honesto, disfraz del que se cubre toda su vida. Hilar los hilos desde un escritorio, escondido detrás de archivos y registros, golpeando de forma asesina, sin ser esperado y sin ser visto, esa es su táctica. Hay que mirar con profundidad en la historia para advertir, a la luz de la Revolución, a la luz legendaria de Napoleón, su presencia en apariencia modesta y subalterna, pero en realidad muy ocupada en la configuración de los tiempos. Camina entre las sombras toda su vida, pero a lo largo de tres generaciones. Hace tiempo que han caído Patroclo, Héctor y Aquiles, mientras vive Ulises, el astuto. Su talento supera su genio, su sangre fría supera toda pasión.

En la mañana del 21 de septiembre, la Convención recién elegida entra al salón. El saludo ya no es tan solemne ni tan pomposo como lo fue en la primera Asamblea Legislativa hace tres años. En aquella época aún existía en el centro un precioso sillón de damasco, bordado con azucenas blancas, el asiento del rey. Y cuando él entraba, toda la Asamblea, levantada con respeto, vitoreaba al ungido. Pero ahora sus fortalezas, la Bastilla y las Tullerías, están paralizadas; ya no hay rey en Francia, solo un señor gordo, llamado Luis Capeto por sus groseros guardias y jueces, se aburre como un ciudadano impotente en el Temple y espera su sentencia. En su lugar, ahora gobiernan la tierra setecientos cincuenta y se han establecido en su propia casa. Detrás del escritorio presidencial, se alzan en letras gigantes las nuevas Tablas de la ley de Moisés, el texto de la Constitución, y adornan las paredes de la sala —¡peligroso símbolo!— los haces de los lictores y el hacha asesina.

El pueblo se reúne en las galerías y mira con curiosidad a sus representantes. Setecientos cincuenta miembros de la Convención se van instalando con paso lento en la casa real, una extraña mezcla de todas las clases y profesiones: abogados desempleados junto a ilustres filósofos, sacerdotes fugitivos junto a veteranos militares, aventureros fracasados junto a matemáticos famosos y poetas galantes; como un vaso sacudido violentamente, la Revolución ha llevado a los más bajos a la cima en Francia. Ahora es el momento de arreglar el desorden.

Ya el orden del día de la sesión indica un primer intento de orden. En la sala del anfiteatro, tan estrecha que los discursos hostiles se contraponen frente a frente, aliento con aliento, abajo se sientan los tranquilos, los ilustrados, los cautelosos, el *marais*, el pantano, como se denomina de manera sarcástica a aquellos que toman decisiones sin pasión. Los huelguistas, los impacientes, los radicales toman asiento en los bancos más altos, en la "montaña", cuyas últimas filas de asientos ya tocan la galería, indicando simbólicamente, por así decirlo, que tienen el respaldo de las masas, del pueblo, del proletariado.

Estos dos poderes se mantienen firmes. La Revolución fluye y refluye entre ellos. Para los burgueses, para los moderados, la República ya está completa con la conquistada Constitución, con la abolición del rey y de la nobleza, con la transferencia de sus derechos al Tercer Estado: ahora les gustaría ver la corriente que se ha agitado desde abajo, volverla a contener y retener, defender solo lo asegurado. Condorcet, Roland, los girondinos son sus líderes, representantes de la espiritualidad y de la clase media. Los de la montaña, sin embargo, quieren impulsar aún más la poderosa ola revolucionaria, hasta llevarse consigo todo lo que aún existe, todos los restos; ellos, Marat, Danton, Robespierre, como líderes del proletariado, quieren *la révolution intégrale*, la Revolución integral, radical, hasta el ateísmo y el comunismo. Después del rey, quieren derrocar a los otros viejos poderes del Estado, al dinero y a Dios. El equilibrio oscila incómodo entre ambas partes. Si ganan los girondinos, los moderados, la Revolución se extinguirá gradualmente hasta convertirse en una reacción primero liberal y luego conservadora. Si los radicales ganan, caerán en todas las profundidades y torbellinos de la anarquía. Así que la solemne armonía de las primeras horas no engaña a ninguno de los presentes en la fatídica sala, todos saben que pronto comenzará aquí una batalla por la vida o la muerte, por el intelecto y la fuerza. Y el lugar donde se sienta un diputado, ya sea en la llanura o en la montaña, predice de antemano su decisión.

Con los setecientos cincuenta que entran solemnemente en la sala del rey destronado, entra también en silencio Joseph Fouché, diputado de Nantes, con la banda tricolor de los comisionados del pueblo cruzando el pecho. La tonsura ya ha crecido y hace tiempo que ha descartado la vestimenta del sacerdote; él, como todos ellos, viste de civil sencillo.

¿Dónde se sentará Joseph Fouché? ¿Con los radicales en la montaña o con los moderados en la llanura? Joseph Fouché no duda mucho. Solo conoce un partido al que era fiel y al que seguirá siendo fiel hasta el final: el más fuerte, el de la mayoría. Así que esta vez también sopesa y cuenta los votos internamente y ve que por el momento el poder sigue estando en manos de los girondinos, los moderados. Se sienta entonces en sus bancos, junto a Condorcet, Roland, Servan, junto a los hombres que poseen los ministerios, que influyen en todos los nombramientos y distribuyen los beneficios. Se siente seguro ahí en medio de ellos, ahí es donde se sienta.

Pero cuando casualmente levanta la mirada hacia lo alto, donde han tomado sus posiciones los oponentes, los radicales, se encuentra con una mirada severa y desdeñosa. Su amigo Maximilien de Robespierre, el abogado de Arras, ha reunido allí a sus combatientes, y a través del exaltado monóculo, el hombre despiadado que, vanidoso de su propia terquedad, no perdona las vacilaciones ni las debilidades de los demás, mira con frialdad y desdén al oportunista. En ese momento termina lo que quedaba de su amistad. A partir de ahora, con cada gesto y con cada acción, Fouché siente sobre sus espaldas la mirada despiadada y escrutadora, estricta y observadora, del eterno acusador, del puritano implacable, y sabe que debe tener cautela.

Tener cautela: casi nadie la tiene más que él. El nombre de Joseph Fouché no figura en las actas de las sesiones de los primeros meses. Mientras todos corren con ímpetu y en vano hacia la tribuna de los oradores, haciendo sugerencias, lanzando diatribas, acusándose y enemistándose unos a otros, el diputado de Nantes nunca sube al elevado púlpito. La debilidad de su voz —explica en tono de disculpa a sus amigos y votantes— le dificulta la capacidad de hablar en público. Y como todos los demás se arrancan las palabras de la boca con avidez e impaciencia, el silencio de esta persona aparentemente modesta solo resulta agradable.

Pero en realidad su modestia es cálculo. El exfísico calcula primero el paralelogramo de las fuerzas, observa, duda en dar su opinión, porque ve que la balanza oscila constantemente. Reserva cauteloso su voto decisivo para el momento en que el voto termine inclinándose hacia un lado o hacia el otro. No hay que desgastarse demasiado pronto, no hay que comprometerse demasiado pronto, ¡no hay que atarse para siempre! Porque todavía no se ha decidido si la Revolución progresará o retrocederá: como auténtico hijo de un marino, espera el viento adecuado para saltar sobre la ola y mantiene su barco en el puerto.

Y, además, incluso en Arras, aún detrás de los muros del convento, ha observado con qué rapidez la popularidad se consume en una revolución, con qué rapidez el grito popular pasa del "hosanna" al "crucifijo". Todos, o casi todos, los que pasaron a primer plano durante la era de los Estados Generales y la Asamblea Legislativa están ahora olvidados o son odiados. El cadáver de Mirabeau, ayer en el Panteón, hoy ha sido retirado ignominiosamente del lugar; Lafayette, que hace unas semanas había sido celebrado triunfalmente como padre de la patria, hoy ya es un traidor; Custine y Pètion, que fueron aclamados hace apenas unas semanas, ya están arrastrándose temerosos hacia las sombras de la opinión pública. No, no hay que salir a la luz demasiado pronto, no hay que comprometerse demasiado rápido, ¡deja que los demás se desgasten, se consuman! Una revolución, lo sabe quien la ha vivido antes, nunca pertenece al primero que la inicia, sino siempre al último que la termina y se la acapara como un botín.

Así es como el hombre inteligente se agazapa deliberadamente en la oscuridad. Se acerca a los poderosos, pero evita cualquier poder público, cualquier poder visible. En lugar de hacer ruido en las gradas o en los periódicos, prefiere ser elegido para comités y comisiones, desde donde puede conocer las circunstancias e influir en lo que sucede en las sombras, sin ser controlado ni odiado. Y de hecho su tenacidad y su rápida fuerza de trabajo lo hacen popular, su invisibilidad lo protege de la envidia de todos. Desde su despacho puede observar, sin ser molestado, esperar y ver cómo los tigres de la montaña y las panteras de la Gironda se desgarran. Los grandes apasionados, las imponentes figuras de Vergniaud, Condorcet, Desmoulins, Danton, Marat y Robespierre, se hieren a muerte unas a otras. Él observa y espera, porque sabe que solo cuando los apasionados se hayan destruido unos a otros, comenzará el tiempo para los pacientes y los astutos. Solo cuando la batalla esté decidida, Fouché tomará su decisión final.

Permanecer en la oscuridad será la actitud de Joseph Fouché a lo largo de su vida; nunca será un portador visible del poder y, sin embargo, lo conservará por completo, moverá todos los hilos y nunca será considerado responsable. Siempre trabajará en la retaguardia de un líder, atrincherándose detrás de él, impulsándolo hacia adelante y, en cuanto se atreva a ir demasiado lejos, esperará el momento decisivo y lo negará abiertamente; ese será su papel favorito. Él lo representa —el más consumado intrigante del escenario político— con veinte disfraces, en innumerables episodios, entre republicanos, reyes y emperadores con igual virtuosismo.

A veces le llega la oportunidad y con ella la tentación de asumir el papel principal en el teatro del mundo. Pero es demasiado inteligente como para desearlo con seriedad. Conoce su rostro feo y repulsivo, que no es en modo alguno apto para medallas y emblemas, para la pompa y la popularidad. Ninguna corona de laurel alrededor de su frente podría darle nada heroico. Conoce su voz tenue y frágil, que puede susurrar bien, entrometerse e inspirar sospechas, pero nunca puede despertar a una multitud con su ardiente elocuencia. Se siente más a gusto en su escritorio, en su despacho cerrado con llave, en las sombras. Allí puede espiar e investigar bien, observar y discutir, tirar de hilos y volver a confundirlos, y él mismo seguir siendo impenetrable e incomprensible. Este es el último secreto de Joseph Fouché, lo que lo diferencia de la mayoría de las personas: aunque siempre quiere el poder, incluso el máximo de poder, la conciencia de tenerlo le basta, no necesita ni insignias ni vestimenta. Fouché es ambicioso al máximo, en la máxima medida, pero no ávido de fama; es ambicioso sin ser vanidoso. Como auténtico actor intelectual, solo ama la emoción del mando, no sus insignias. El bastón del lictor, el cetro real, la corona imperial pueden ser llevados por otro, que sea fuerte u hombre de paja, le es indiferente y le concede con gusto el esplendor y la dudosa felicidad del amor del pueblo. Le basta con tener una visión de las cosas, influir en las personas, dirigir realmente al aparente líder del mundo y, sin apostar su persona, jugar el más apasionante de todos los juegos, el inmenso juego político. Mientras los demás se atan a sus convicciones, a sus palabras y gestos públicos, él, tímido y oculto, permanece interiormente libre y se convierte así en el polo persistente en la sucesión de los fenómenos. Los girondinos caen, Fouché sigue; los jacobinos son expulsados, Fouché sigue; el Directorio, el Consulado, el Imperio, la Monarquía y de nuevo el Imperio menguan y perecen, pero él siempre permanece, el único, Fouché, gracias a su refinada reserva y a su audaz valor de carecer por completo de carácter, a no estar convencido de nada.

Pero llega un día en el curso de la Revolución, un solo día que no tolera vacilaciones, un día en el que todo el mundo tiene que votar por "Sí" o por "No", afirmativo o negativo: el 16 de enero de 1793. La aguja del reloj de la Revolución se paró en el mediodía, la mitad del camino estaba hecho; palmo a palmo, el poder real le fue arrebatado al soberano. A pesar de eso, el rey Luis XVI sigue vivo, prisionero en el Temple, pero vivo. Ni se ha conseguido (como esperaban los moderados) hacerlo huir, ni se ha conseguido (como deseaban secretamente los radicales) que lo matara la furia popular durante el asalto al palacio. Fue humillado, privado de su libertad, de su nombre y su rango, pero todavía, por su mero aliento, por su sangre heredada, es un rey, nieto de Luis XIV; aunque ahora solo se le llame despectivamente Luis Capeto, sigue siendo un peligro para una joven república. Así pues, tras la condena, la Convención planteó el 15 de enero la cuestión del castigo, la cuestión de la vida o la muerte. Los indecisos, los cobardes, los prudentes, la gente como Joseph Fouché esperaban en vano poder escapar a una toma de posición pública y vinculante emitiendo su voto en secreto; pero Robespierre insiste sin piedad en que cada representante de la nación francesa pronuncie su "Sí" o su "No", su "Vida" o "Muerte" en medio de la Asamblea, para que el pueblo y la posteridad sepan de cada uno a qué partido pertenece, si a la derecha o a la izquierda, si al reflujo o a la corriente de la Revolución.

El 15 de enero, la actitud de Fouché sigue estando totalmente clara. Su afiliación a los girondinos y los deseos de sus electores moderados lo obligan a pedir clemencia para el rey. Pregunta a sus amigos, a Condorcet en particular, y ve que se inclinan unánimemente por evitar una medida tan irrevocable como la ejecución del monarca. Y como la mayoría se opone fundamentalmente a la pena de muerte, Fouché naturalmente se alinea con ellos; la víspera de ese día, el 15 de enero, lee en voz alta a un amigo el discurso que piensa pronunciar en esta ocasión para justificar su deseo de clemencia. Cuando uno se ha sentado en los bancos de los moderados, está obligado a ser moderado, y como la mayoría se opone a cualquier radicalismo, Joseph Fouché, que no está cargado de convicciones, también lo evita.

Pero entre el 15 de enero y la mañana del 16 transcurre una noche agitada y llena de acontecimientos. Los radicales no han estado ociosos, han puesto en marcha la poderosa máquina de la revuelta popular, que tan bien saben dominar. En los suburbios truena el cañón de los ruidos, mientras las secciones convocan, golpeando tambores, a amplias masas y a todos los batallones desorganizados de la revuelta, a los que siempre acuden los terroristas invisibles para arrancar decisiones políticas por la fuerza. El maestro cervecero Santerre, con solo mover un dedo, logra poner en marcha estos batallones en pocas horas. Estos grupos de agitadores suburbanos, de pescaderas y aventureros, son conocidos desde la gloriosa toma de la Bastilla, son conocidos desde la hora miserable de los crímenes de septiembre. Cada vez que hay que romper los diques de la Ley, esta inmensa ola popular se agita con violencia y siempre arrastra irresistiblemente todo con ella, en última instancia a los que ha sacado de sus propias profundidades.

Al mediodía, masas en tropel rodeaban la escuela de equitación y las Tullerías, hombres en mangas de camisa, pechos desnudos, picas amenazadoras en la mano, mujeres burlonas y gritonas con flamantes *carmagnoles* rojos, guardias cívicos y gente de la calle. Entre ellos se multiplican los instigadores del motín: Fourier el norteamericano, Guzmán el español, Théroigne de Méricourt, esa histérica caricatura de Juana de Arco. Cuando pasan por delante diputados sospechosos de votar a favor de la clemencia, una avalancha de insultos cae sobre ellos como si arrojaran cubos de inmundicia, se levantan los puños, se lanzan amenazas contra los representantes del pueblo: los intimidadores utilizan todos los medios del terror y de la fuerza bruta para conseguir que la cabeza del rey pase bajo el hacha.

Y esta intimidación tiene efecto en todas las almas débiles. Los girondinos se reúnen atemorizados a la luz vacilante de las velas en esta tarde gris de principios de invierno. Los que ayer seguían decididos a votar contra la muerte del rey para evitar la guerra a muerte con toda Europa, están en su mayoría inquietos y desunidos bajo la inmensa presión del clamor popular. Por fin, a última hora de la noche, se hace el llamamiento nominal e, irónicamente, uno de los primeros en ser llamado es el líder de los girondinos, Vergniaud, orador por lo demás meridional, cuya voz siempre golpea como un martillo en la madera vibrante de las paredes. Pero ahora teme que, como líder de la república, ya no parecerá lo bastante republicano si deja morir al rey. Así que él, el hombre normalmente salvaje e impetuoso, sube a la tribuna despacio, pesadamente, con su gran cabeza inclinada por la vergüenza, y dice en voz baja *"La mort"*. La palabra resuena en la sala como un diapasón. El primero de los girondinos se ha rendido. La mayoría de los demás se mantienen firmes, trescientos votos de setecientos están a favor de la clemencia, aunque saben que la moderación política requiere ahora mil veces más audacia que aparente determinación. La balanza oscila durante mucho tiempo: unos pocos votos pueden marcar la diferencia. Al final se llama a filas al diputado Joseph Fouché de Nantes, el mismo que ayer había asegurado fehacientemente a sus amigos que defendería la vida del rey con un discurso cautivador, que hace diez horas jugaba a ser el más decidido de todos los decididos. Pero, mientras tanto, el antiguo profesor de matemáticas, el buen calculador Fouché, ha contado los votos y se ha dado cuenta de que se uniría al partido equivocado, al único al que nunca reconocerá pertenecer: el de la minoría. Así que se apresura a subir a la tribuna con sus pasos silenciosos y de sus labios pálidos huyen suavemente las dos palabras *"La mort"*.

Más tarde, el duque de Otranto hablará y escribirá cien mil palabras para excusar como un error estas dos palabras, que lo tildaron a él, Joseph Fouché, de regicida. Pero estas dos palabras, pronunciadas públicamente y registradas en el boletín oficial *Moniteur*, no pueden borrarse de la Historia y serán también memorables en la historia personal de su vida. Porque son el primer revés público de Joseph Fouché. Apuñaló traidoramente por la espalda a sus amigos Condorcet y Daunou, los engañó y traicionó. Pero no tienen por qué avergonzarse de ello ante la Historia, pues otros, aún más fuertes, Robespierre y Carnot, Lafayette, Barras y Napoleón, los más poderosos de su tiempo, compartirán este destino y serán igualmente abandonados por él en la hora de la adversidad.

En ese momento, sin embargo, se reveló por primera vez otro rasgo muy marcado del carácter de Joseph Fouché: su insolencia. Cuando abandona traidoramente un partido, nunca lo hace lenta y cautelosamente, no se escabulle de las filas en secreto, sino que se dirige a plena luz del día, sonriendo fríamente, con una asombrosa y devastadora naturalidad, directamente a su antiguo adversario y adopta todas sus palabras y argumentos. Lo que piensen y digan de él sus antiguos compañeros de partido, lo que piensen la multitud y el público, lo deja completamente frío. Solo una cosa sigue siendo importante para él: estar siempre con el vencedor, nunca con el vencido. En la velocidad relámpago de ese cambio, en el excesivo cinismo de su cambio de carácter, demuestra un grado de descaro que involuntariamente aturde y obliga a la admiración. Veinticuatro horas, a menudo solo una hora, a menudo solo un minuto, le bastan para arrojar el estandarte de su convicción y desplegar otro con estrépito. No va con una idea, sino con los tiempos, y cuanto más rápido corran, más rápido correrá él detrás.

Sabe que sus votantes de Nantes se indignarán cuando lean su voto mañana en el *Moniteur*. Así que el objetivo es arrollarlos más que convencerlos. Y con esa audacia relámpago, esa impertinencia que casi le da apariencia de grandeza en estos momentos, no espera la indignación, sino que se adelanta al ataque con un ataque. El mismo día después de la votación, Fouché hizo imprimir un manifiesto en el que proclamaba atronadoramente la muerte del rey, como si fuera su convicción más íntima, cuando en realidad lo guiaba el temor al resentimiento parlamentario. No quería dar tiempo a sus votantes para pensar y recalcular, sino aterrorizarlos e intimidarlos con una rápida brutalidad. Marat y los más ardientes jacobinos no podrían haber escrito algo más sanguinario que este llamamiento de quien hasta ayer se consideraba un moderado, dirigido a sus votantes burgueses: "Los crímenes del tirano se han hecho visibles y han llenado todos los corazones de indignación. Si su cabeza no cae inmediatamente bajo la espada, todos los ladrones y asesinos podrían salir con la cabeza bien alta, y el caos más terrible nos amenazaría. El tiempo está a nuestro favor y en contra de todos los reyes de la Tierra". Así proclamaba la ejecución como una necesidad inevitable el mismo hombre que el día anterior probablemente tenía preparado en el bolsillo de su abrigo un manifiesto igualmente convencido contra la ejecución.

Y, en efecto, el hábil calculador ha calculado correctamente. Oportunista él mismo, conoce el poder irresistible de la cobardía, sabe que, en todos los momentos políticos de masas, la audacia es el común denominador para todo cálculo. Tiene razón, los buenos ciudadanos conservadores se acobardan ante este manifiesto impúdico e inesperado; confusos y avergonzados, se apresuran a dar su consentimiento a una decisión con la que ni remotamente están de acuerdo en su fuero interno. Nadie se atreve a discrepar. Y desde ese día, Joseph Fouché tiene en su mano la dura y fría palanca con la que supera las crisis más graves: el desprecio al pueblo.

Desde ese día, el 16 de enero, el camaleón Joseph Fouché elige (hasta nueva orden) el color rojo, el moderado se convierte de la noche a la mañana en archirradical y ultraterrorista. De un salto, se pasa a sus adversarios, y dentro de sus antiguos adversarios, se une inmediatamente al ala más extrema, más izquierdista, más radical. Con una rapidez asombrosa, este espíritu frío, este oficinista sobrio, se abre paso en la jerga sanguinaria de los terroristas para no quedar rezagado con respecto a los demás. Plantea duras reivindicaciones contra los emigrados, contra los curas; incita, truena, se enfurece, masacra con palabras y gestos. Ahora podría volver a hacerse amigo de Robespierre y sentarse a su lado. Pero ese hombre incorruptible, protestante, duro de conciencia, no ama a los renegados; doblemente desconfiado, se aparta del tránsfuga, cuyo radicalismo ruidoso le parece aún más sospechoso que su tibieza anterior.

Con su agudizado sentido del ambiente, Fouché percibe el peligro de esa vigilancia y ve acercarse días críticos. Una tormenta se cierne aún sobre la Asamblea, las trágicas luchas entre los líderes de la Revolución, entre Danton y Robespierre, entre Hébert y Desmoulins, se perfilan ya en el horizonte político; habrá que decidir una vez más en el seno del radicalismo, y a Fouché no le gusta comprometerse antes de que la confesión sea segura y rentable. Sabe que en tiempos aciagos hay situaciones que un diplomático domina mejor evitándolas. Por eso prefiere abandonar la arena política de la Convención durante la batalla y solo volver a entrar en ella cuando la lucha esté decidida. Afortunadamente, hay una excusa honorable para tal retirada, ya que la Convención eligió a doscientos delegados de entre sus miembros para mantener el orden en los distritos rurales. Fouché, incómodo en la atmósfera volcánica de la sala de reuniones, se esfuerza inmediatamente por ser enviado allí y es elegido. Se le concede el indulto. Mientras tanto, ¡que se peleen entre ellos y acaben unos con otros, que dejen sitio, los apasionados, a los ambiciosos! Pero ahora no hay que estar ahí, ¡no hay que tomar partido entre las partes! Unos meses, unas semanas son mucho para una época en la que el reloj mundial corre a velocidad de vértigo. Cuando regrese, la decisión ya habrá sido tomada, y entonces podrá unirse con tranquilidad y seguridad al bando del vencedor, su eterno partido: la mayoría.

La historia de las provincias suele recibir poca atención en la Revolución Francesa. Todas las representaciones miran, por así decirlo, al dial de París, el único lugar en el que se puede ver el transcurso de las horas. Pero el peso del péndulo que regula la marcha descansa en todo el país y en los ejércitos. París es solo la palabra, la iniciativa, el impulso, mientras que la inmensa Francia es la acción y la fuerza motriz decisiva.

La Convención reconoce a tiempo que el ritmo de la Revolución en la ciudad no coincide del todo con el del país. La gente de los pueblos, las aldeas y las montañas no piensa tan rápido como la de la capital, es mucho más lenta y cautelosa a la hora de absorber ideas, las procesan a su manera. Lo que en la Convención se convierte en ley en una hora, se filtra lentamente y gota a gota en el campo llano, normalmente ya distorsionado y aguado por los funcionarios provinciales monárquicos y el clero, la gente del viejo orden. Por eso los distritos rurales siempre van una hora por detrás de París. Cuando los girondinos gobiernan la Convención, el país sigue votando leal al rey; cuando triunfan los jacobinos, el país solo se acerca espiritualmente a la Gironda. En vano son todos los patéticos decretos, pues solo lenta y tímidamente la palabra impresa se abre paso en Auvernia y Vendée.

Por tanto, la Convención decide enviar la palabra viva a las provincias en figura activa para revitalizar el ritmo de la Revolución en toda Francia, para frenar el paso vacilante y casi contrarrevolucionario de los distritos rurales. Elige a doscientos diputados de su propio seno para representar su voluntad y les da poderes casi ilimitados. El que lleva la banda tricolor y el sombrero de plumas rojas tiene facultades dictatoriales. Puede recaudar impuestos, dictar sentencias, llamar a filas, destituir generales; ninguna autoridad puede oponerse a él, que en su sagrada persona representa simbólicamente la voluntad de toda la Convención Nacional. Su poder es ilimitado, como el de los procónsules de Roma, que llevaban la voluntad del Senado a todos los países sometidos; cada uno de ellos es un dictador, un gobernante autoritario contra cuya decisión no cabe recurso ni queja alguna.

El poder de esos exquisitos enviados es inmenso, pero también lo es su responsabilidad. Dentro del reino que se les ha asignado, cada uno de ellos parece un rey, un emperador, un autócrata sin restricciones. Pero la guillotina brilla detrás de sus cuellos, pues el Comité de Salud Pública comprueba cada queja y exige rendición de cuentas sobre cada gestión de fondos. Los que no sean lo bastante duros serán tratados con dureza; los que se comporten con demasiada rabia también pueden esperar venganza. Si la dirección va hacia el terror, las medidas terroristas son las correctas; si la balanza se inclina hacia la indulgencia, entonces habrán sido un error. En apariencia dueños de todo un país, son todos siervos del Comité de Salud Pública, súbditos de la corriente del momento; por eso miran y escuchan constantemente a París, para estar seguros de sus propias vidas mientras disponen sobre la muerte y la vida. No es un cargo fácil el que asumen. Al igual que los generales de la Revolución ante el enemigo, cada uno de ellos sabe que solo una cosa los salva y los excusa de la hoja desnuda: el éxito.

La hora en que Fouché es enviado como procónsul pertenece a los radicales. En su departamento de la Loire inférieure, en Nantes, Nevers y Moulins, Fouché actúa como un furioso radical. Arremete contra los moderados, bombardea el país con un fuego rápido de proclamas, amenaza a los ricos, a los tímidos, a los tibios, de la manera más feroz, saca regimientos enteros de voluntarios de los pueblos con coacciones morales y reales, y los envía contra el enemigo. Es igual a cualquier otro de sus compañeros al menos en capacidad organizativa, en rápida comprensión de la situación, y superior a todos ellos en audacia de la palabra. En efecto, Joseph Fouché, a diferencia de los célebres campeones de la Revolución, Robespierre y Danton, no se mantiene cauto en la cuestión de la Iglesia y de la propiedad privada, que ellos aún declaran respetuosamente "inviolables", sino que propone con decisión un programa radical-socialista y bolchevique. En realidad, el primer claro manifiesto comunista de los tiempos modernos no es el famoso de Karl Marx, ni *El mensajero rural de Hessen* de Georg Büchner, sino la muy desconocida *Instrucción de Lyon*, deliberadamente pasada por alto por la historiografía socialista, que, aunque firmada conjuntamente por Collot d'Herbois y Fouché, fue sin duda redactada solo por el segundo. Este enérgico documento, uno de los más sorprendentes de la Revolución, cuyas reivindicaciones se adelantan cien años a su tiempo, bien merece la pena ser sacado de la oscuridad. Aunque su validez histórica se vea mermada por el hecho de que Fouché, quien más tarde se convertiría en duque de Otranto, negara lo que en su día había exigido como mero ciudadano, su profesión de fe en aquella época lo convierte en el primer socialista y comunista claro de la Revolución. No fueron Marat ni Chaumette quienes formularon las reivindicaciones más audaces de la Revolución Francesa, sino Joseph Fouché. El texto original ilumina de forma más brillante y deslumbrante que cualquier descripción la imagen de su carácter, que de otro modo siempre permaneció en las sombras.

Esta *Instrucción* comienza audazmente con una declaración de la infalibilidad de todas las audacias: "Todo está autorizado para los que actúan en el espíritu de la Revolución. Para el republicano no hay más peligro que faltar a las leyes de la República. Quien las transgrede, quien aparentemente se pasa de la raya, a menudo todavía no ha llegado al buen fin. Mientras haya un solo desgraciado sobre la Tierra, la libertad deberá seguir avanzando". Tras este enérgico preludio, hasta cierto punto maximalista, Fouché define el espíritu revolucionario de la siguiente manera: "La Revolución se hace para el pueblo; pero no debe entenderse por pueblo esa clase privilegiada por su riqueza, que ha usurpado todos los placeres de la vida y todos los bienes de la sociedad. El pueblo no es más que la totalidad de los ciudadanos franceses y sobre todo esa clase infinita de los pobres que defienden las fronteras de nuestra patria y alimentan a la sociedad con su trabajo. La Revolución sería una abominación política y moral si solo se preocupara del bienestar de algunos centenares de individuos y perpetuara la miseria de veinticuatro millones. Sería, pues, un insultante engaño a la Humanidad si hablara siempre en nombre de la igualdad, mientras tan enormes diferencias de bienestar siguen separando al ser humano del ser humano".

Después de estas palabras introductorias, Fouché expone su teoría favorita de que el hombre rico, el *"mauvais riche"*, nunca podrá ser un verdadero revolucionario, un verdadero y sincero republicano, y que, por lo tanto, cualquier revolución meramente burguesa, que perpetuara todas las diferencias de riqueza, degeneraría inevitablemente en una nueva tiranía, "porque los ricos siempre se considerarán a sí mismos como una clase diferente de personas". Por eso, Fouché exige al pueblo la máxima energía y la revolución total, "integral".

"No se equivoquen: para ser un verdadero republicano, cada ciudadano debe sufrir una revolución en su interior, similar a la que cambió la faz de Francia. No debe haber nada en común entre los súbditos de los tiranos y los habitantes de un país libre. Todas sus acciones, sus sentimientos, sus hábitos deben ser, por tanto, completamente nuevos. Están oprimidos, por tanto, deben aplastar a sus opresores, han sido esclavos de la superstición eclesiástica, ahora no deben tener otro culto que el de la libertad... Para quien este entusiasmo siga siendo extraño, que conozca otras alegrías y otras preocupaciones además de la felicidad del pueblo, que abra su alma a intereses fríos, que calcule lo que le reportará su honor, su posición, su talento, y se desprendan así durante un momento de la utilidad general, cualquiera cuya sangre no hierva ante el nombre de la opresión y de la abundancia, cualquiera que tenga lágrimas de piedad por un enemigo del pueblo y no reserve toda su sensibilidad solo para los mártires de la Libertad, cada uno de ellos miente si se atreve a llamarse republicano. Que abandonen nuestra Tierra, porque de lo contrario serán reconocidos y su sangre impura empapará el suelo de la Libertad. La República solo quiere en su círculo gente libre, está decidida a exterminar a todos los demás, y solo reconocerá como hijos suyos a quienes quieran vivir, luchar y morir por ella".

El tercer párrafo de esta *Instrucción* contiene la confesión revolucionaria que se torna de manera desnuda y descarada en manifiesto comunista (el primero explícito de 1793): "Todo hombre que tenga más de lo necesario debe ser llamado a aportar esta prestación extraordinaria, y esa cuota debe ser proporcional a las grandes demandas de la patria; por lo tanto, primero debemos determinar de manera generosa y verdaderamente revolucionaria cuánto tiene que sacrificar cada individuo por la causa pública. No se trata de una determinación matemática, ni del método tímido y vacilante que se utiliza para determinar los impuestos públicos; esta medida particular debe reflejar el carácter de las circunstancias. Así que actúen con generosidad y audacia, quítenle a cada ciudadano todo lo que no necesita, porque todo lo superfluo (*le superflu*) es una flagrante violación de los derechos del pueblo. Pues lo que un individuo tiene más allá de sus necesidades, no puede utilizarlo más que haciendo un mal uso de ello. Así que no le dejemos nada más que lo imprescindible, el resto pertenece durante la guerra a la República y a sus ejércitos".

Fouché subraya expresamente en este manifiesto que no hay que contentarse solo con el dinero. "La patria exige ahora todos los objetos", continúa, "que sobren y que puedan ser útiles a los defensores de la patria. Hay gente que tiene una increíble abundancia de ropa de cama y camisas, chales y botas. Todos esos objetos deben ser sometidos a incautación revolucionaria". También exige suavemente que todo el oro y la plata, *"métaux vils et corrupteurs"* [metales viles y corruptores], que el verdadero republicano desprecia, sean entregados al tesoro nacional, para que allí puedan tener "la imagen de la República estampada en ellos y, purificados por el fuego, sean útiles al pueblo... Todo lo que necesitamos es acero y hierro, y la República triunfará". Todo el llamamiento termina con una terrible apelación a la crueldad. "Administraremos con toda severidad la autoridad que se nos ha confiado; castigaremos como dolo todo lo que en otras circunstancias podría llamarse laxitud, debilidad y lentitud. Ya ha pasado el tiempo de las acciones a medias tintas y los escrúpulos. Ayúdennos a dar golpes fuertes, o si no caerán sobre nosotros. ¡La Libertad o la Muerte...! Es su elección".

Este documento teórico presagia ya la praxis de Joseph Fouché como procónsul. En el departamento de Loire Inférieure, en Nantes, Nevers y Moulins, se atreve a luchar contra las potencias más fuertes de Francia, aquellas a las que incluso Robespierre y Danton habían evitado con cautela: la propiedad privada y la Iglesia. En la búsqueda de la *Égalisation des fortunes* [igualación de las fortunas], actúa rápida y decidido inventando los llamados "comités filantrópicos" a los que los ricos deben enviar regalos según su criterio. Pero para no parecer confuso, añade de antemano la suave advertencia de que "si el rico no hace uso de su derecho a hacer amable el régimen de libertad, [...] la República tendrá derecho a apropiarse de su riqueza". No tolera la abundancia y restringe enérgicamente el concepto de *le superflu*: "El republicano no necesita más que hierro, pan y cuarenta escudos de renta". Fouché saca los caballos de los establos, la harina de los sacos, hace personalmente responsables a los terratenientes que no se atengan a sus órdenes, pide que se cocine el pan de la Guerra Mundial, el pan estándar, y prohíbe todos los pasteles de lujo. Cada semana reúne cinco mil reclutas, equipados con caballos, herraduras, ropa y armas, pone violentamente en marcha las fábricas, y todo obedece a su energía de hierro. El dinero fluye, impuestos, tasas, donaciones, entregas y servicios, y escribe con orgullo a la Convención después de dos meses de actividad: *on rougit ici d'être riche* [Aquí la gente se avergüenza de ser considerada rica]. Pero debería haber dicho: "Aquí la gente tiembla de ser rica".

Al mismo tiempo que es radical y comunista, Joseph Fouché, el posterior millonario duque de Otranto, que se casará piadosamente por segunda vez en la iglesia bajo el apadrinamiento de un rey, aún se revela como el más salvaje, como el luchador más apasionado contra el cristianismo. "Ese culto hipócrita debe ser sustituido por la fe en la República y en la Moral", brama en su incendiaria carta, y las primeras medidas ya caen como relámpagos ardientes en iglesias y catedrales. Ley tras ley, decreto tras decreto: "Ningún sacerdote podrá llevar su vestidura clerical fuera de los lugares religiosos"; se les quita todo privilegio, porque "ya es hora de que esta casta altiva vuelva a la pureza del cristianismo primitivo y a la clase burguesa". Pronto a Joseph Fouché ya no le basta con ser un mero jefe del ejército, el máximo funcionario del Poder Judicial y el dictador ilimitado de la Administración, también usurpa todos los poderes eclesiásticos. Deroga el celibato, impone a los sacerdotes casarse o adoptar un niño en el plazo de un mes, celebra matrimonios y divorcios en la plaza del mercado abierto, sube al púlpito (del que han sido cuidadosamente retiradas todas las cruces e imágenes religiosas) y pronuncia sermones ateos en que niega la inmortalidad y la existencia de Dios. Las ceremonias funerarias cristianas son abolidas y el único consuelo es que en los cementerios está grabada la inscripción: "La Muerte es un eterno sueño". En Nevers, el nuevo Papa es el primero en el país en celebrar un bautismo civil con su hija, a la que llama Nièvre, por el nombre del departamento. La Guardia Nacional tiene que salir con tambores y música, y en la plaza del mercado, él bautiza y da nombre a la niña sin el apoyo de la iglesia. En Moulins, encabeza una procesión que recorre toda la ciudad, con un martillo en la mano, destrozando cruces, crucifijos e imágenes de santos, los "vergonzosos" símbolos del fanatismo. Las mitras del sacerdote robadas y los manteles del altar son amontonadas en una pila de fuego, y mientras las llamas se elevan con intensidad, la multitud baila alegre alrededor de ese auto de fe ateo. Pero descargar su furia solo contra cosas muertas, figuras de piedra indefensas y cruces frágiles, sería un triunfo a medias para Fouché. Solo logra el verdadero éxito cuando, bajo su elocuencia, el arzobispo François Laurent se quita la sotana y se pone el gorro frigio, mientras treinta sacerdotes lo siguen con entusiasmo, un éxito que se extiende como una ola de fuego por todo el país de Francia. Y puede alardear con orgullo ante sus colegas ateos más débiles de haber aplastado el fanatismo y erradicado el cristianismo en la zona bajo su mando.

¡Se podría pensar que son actos de un loco, la gran pasión de un fanático fantasioso! Pero en realidad, incluso detrás de una pasión fingida, Joseph Fouché sigue siendo siempre un calculador, siempre un realista. Sabe que debe rendir cuentas a la Convención, y sabe también que las frases y cartas patrióticas hace tiempo que han bajado de precio al mismo tiempo que los asignados y que, para despertar admiración, hay que encontrar palabras metálicas. Entonces, mientras los regimientos levantados marchan hacia la frontera, él envía a París todo lo que se robó de las iglesias. A la Convención llegan cajas y cajas llenas de custodias de oro, candelabros de plata rotos y fundidos, crucifijos pesados y joyas arrancadas. Sabe que la República necesita sobre todo dinero en metálico, y es el primero, el único, en enviar desde las provincias un botín elocuente a los diputados, quienes al principio se sorprenden de esta nueva energía, pero luego la aplauden con estrépito. A partir de ese momento, el nombre de Fouché se pronuncia y se conoce en la Convención como el de un hombre de hierro, como el republicano más valiente y atrevido de la República.

Cuando Joseph Fouché regresa de su misión, ya no es el pequeño diputado desconocido de 1792. La Convención no puede dejar de admirar *"pour sa vigilance"* [por su celo], a un hombre que ha reunido diez mil reclutas, que ha prensado cien mil marcos de oro, mil doscientas libras en efectivo, mil lingotes de plata, sin recurrir ni una sola vez al *"Rasoir nacional"*, a la guillotina. El ultrajacobino Chaumette publica un himno a sus hazañas. "El ciudadano Fouché —escribe— realizó los milagros de los que les he hablado. Honró a los ancianos, apoyó a los débiles, proscribió la desgracia, destruyó el fanatismo, aniquiló el federalismo. Recuperó la producción de hierro, arrestó a los sospechosos, castigó de manera ejemplar cada crimen, persiguió y encarceló a los saqueadores...". Un año después de haberse sentado con cautela y vacilación en los bancos de los moderados, Fouché ya es considerado el más radical de los radicales, y como el levantamiento de Lyon requiere ahora un hombre particularmente enérgico, sin consideraciones ni escrúpulos, ¿quién podría parecer más adecuado para ejecutar el más terrible edicto que esta o cualquier otra revolución haya ideado jamás? "Los servicios que hasta ahora han prestado a la Revolución —decreta la Convención en su jerga más pomposa— ofrecen garantía para los que prestarán en el futuro. Depende de ustedes reavivar la antorcha agonizante del espíritu cívico en la Ville Affranchie (Lyon). ¡Completen la Revolución, pongan fin a la guerra de los aristócratas, y que las ruinas que ese poder derrocado quiere levantar caigan sobre ellos y los destrocen!".

En esa figura de vengador y destructor, como el *Mitrailleur de Lyon* [Ametrallador de Lyon], entra por primera vez Joseph Fouché, el futuro multimillonario, el posterior duque de Otranto, en la Historia Universal.

El *Mitrailleur de Lyon*

E N EL LIBRO DE la Revolución Francesa, rara vez se menciona uno de los acontecimientos más sangrientos, el levantamiento de Lyon. Y, sin embargo, en casi ninguna otra ciudad, ni siquiera en París, el antagonismo social se definió con tanta nitidez como en esta primera ciudad industrial de la entonces todavía pequeñoburguesa y agrícola Francia, en esta cuna de la producción de seda. Allí, en medio de la Revolución aún burguesa de 1792, los obreros formaron por primera vez y con claridad una masa proletaria, abruptamente separada del empresariado monárquico y de mentalidad capitalista. No es de extrañar que sea precisamente en este terreno caliente donde el conflicto adopte las formas más sangrientas y fanáticas, tanto por parte de la reacción como de la Revolución.

Los adeptos del partido jacobino, las multitudes de obreros y desempleados, se agrupan en torno a una de esas personas extrañas, como las que toda revolución trae de repente al mundo, una de esas personas puras, idealistamente creyentes, que siempre causan más daño con su fe y más derramamiento de sangre con su idealismo que los más brutales políticos apegados a la realidad y los terroristas más salvajes. Siempre será el creyente puro, el religioso, el hombre extático y el reformador quien, con la más noble de las intenciones, dará lugar al asesinato y a la maldad que él mismo aborrece. Este hombre de Lyon se llama Chalier, sacerdote secularizado y antiguo comerciante, para quien la Revolución se convierte en el verdadero y justo cristianismo, y se adhiere a ella con un amor abnegado y supersticioso. Para este apasionado lector de Jean-Jacques Rousseau, la elevación de la Humanidad a la razón y a la igualdad significa ya el cumplimiento del imperio milenario; su ardiente y fanática filantropía ve en la conflagración del mundo la aurora de una nueva e imperecedera Humanidad. Una fantasía conmovedora: cuando cae la Bastilla lleva en sus manos desnudas una piedra de la fortaleza durante seis días y seis noches a pie desde París hasta Lyon, donde la reconstruye en un altar. Adora a Marat, ese panfletista humeante y sanguíneo, como a un dios, como a un nuevo Pitias; se aprende de memoria sus discursos y escritos, y enardece a la clase obrera con sus proclamas místicas e infantiles como ningún otro en Lyon. El pueblo percibe instintivamente una ardiente y compasiva filantropía en su carácter, al igual que los reaccionarios de Lyon, para quienes un hombre tan puro como este, impulsado por el espíritu, poseído casi rabiosamente por el amor a la Humanidad, es incluso más peligroso que los alborotadores jacobinos más vociferantes. Todo el amor se dirige hacia él, todo el odio se concentra contra él. Y cuando los primeros disturbios se hacen sentir en la ciudad, meten en la cárcel como cabecilla a este neurasténico fantasioso y algo ridículo. Con gran dificultad, montan una acusación contra él utilizando una carta falsificada y lo condenan a muerte como advertencia a los demás radicales y como desafío a la Convención de París.

En vano, la indignada Convención envía mensajero tras mensajero a Lyon para rescatar a Chalier. Advierte, exige y amenaza al ayuntamiento insubordinado. Decidido a enseñar por fin los dientes a los terroristas parisinos, el consejo municipal de

Lyon rechaza autocrático cualquier protesta. Se mostraron reacios a que se les enviara en su momento la guillotina, el instrumento del Terror, que guardaron sin usar en un almacén; ahora quieren dar una lección a los abogados del sistema del miedo probando por primera vez esa herramienta supuestamente humana de la Revolución con un revolucionario. Y precisamente porque la máquina aún no ha sido probada, la ejecución de Chalier se convierte en una tortura cruel y vil debido a la torpeza del verdugo. Tres veces desciende la hoja roma sin penetrar en las vértebras del cuello del condenado. El pueblo contempla horrorizado cómo el cuerpo maniatado y cubierto de sangre de su líder se retuerce, aún vivo, bajo esta vergonzosa tortura, hasta que finalmente el verdugo separa la cabeza del infortunado de su torso con un compasivo golpe de sable.

Pero esa cabeza torturada, aplastada tres veces por la hoja, pronto será un paladio de venganza para la Revolución y una cabeza de la Medusa para sus asesinos.

La Convención se estremece ante la noticia de este crimen: ¿cómo se atreve una sola ciudad francesa a desafiar abiertamente a la Asamblea Nacional? Un desafío tan impúdico debe ser inmediatamente sofocado con sangre. Pero el gobierno de Lyon también sabe lo que le puede esperar ahora. Pasa abiertamente de la oposición a la rebelión; recluta tropas, repara las defensas contra los conciudadanos, contra los franceses, y desafía abiertamente al ejército republicano. Ahora las armas tienen que decidir entre Lyon y París, entre la reacción y la revolución.

Lógicamente, una guerra civil en este momento parece un suicidio para la joven República. Porque su situación nunca ha sido más peligrosa, más desesperada, más carente de expectativas. Los ingleses han tomado Tolón, han saqueado la flota y el arsenal, amenazaron a Dunkerque; al mismo tiempo, los prusianos y austríacos avanzaron a lo largo del Rin y en las Ardenas, y toda la Vendée está en llamas. Los combates y la agitación sacuden a la República de una frontera de Francia hasta la otra.

Pero esos días son también los verdaderamente heroicos de la Convención francesa. Tras la muerte de Chalier, los dirigentes rechazan cualquier pacto con sus verdugos, guiados por un instinto extraño y fatídico de combatir el peligro mediante el desafío. *Potius mori quam foedari* [mejor perecer que pactar], mejor una guerra con siete frentes que una paz que señale debilidad. Y ese vigor irresistible de la desesperación, esa pasión ilógica y desquiciada, salvó a los franceses en el momento de mayor peligro, como luego salvaría a la Revolución Rusa (igualmente amenazada en el Oeste, el Este, el Norte y el Sur por los ingleses y los mercenarios del mundo entero, e internamente por las legiones de Wrangel, Denikin y Kolchak al mismo tiempo). De nada sirve que la aterrorizada burguesía de Lyon se arroje abiertamente en brazos de los monárquicos y confíe sus tropas a un general del rey; los soldados proletarios salen en tropel de las granjas y los suburbios, y el 9 de octubre la rebelde segunda capital de Francia es asaltada por las tropas republicanas. Ese día es quizás el de mayor orgullo de la Revolución Francesa. Cuando, en la Convención, el presidente se levanta solemne de su escaño y anuncia la rendición definitiva de Lyon, los diputados saltan de sus asientos, vitorean y se abrazan; por un momento, toda discordia parece haber terminado. La República se salva, ejemplo maravilloso para todo el país, para el mundo, de la fuerza irresistible, de la furia y del vigor del ejército popular republicano. Pero, desastrosamente, el orgullo por ese valor arrastra a los vencedores a la exuberancia, a un trágico deseo de convertir de inmediato ese triunfo en Terror. La venganza contra los vencidos debe ser ahora tan terrible como el impulso hacia la victoria. "Hay que dar el ejemplo de que la República francesa, la joven Revolución, castiga con más severidad a los que se han sublevado contra la tricolor". Y así, la Convención, defensora de la Humanidad ante el mundo entero, se deshonra con un decreto que tiene sus antecedentes históricos en la húnnica destrucción de Milán, por Federico Barbarroja, en los califas. El 12 de octubre, el presidente de la Convención proclama ese terrible pliego, que contiene nada menos que la petición de destrucción de la segunda ciudad de Francia. Este decreto, muy poco conocido, dice textualmente:

1° La Convención Nacional nombra, a propuesta del Comité de Salud Pública, una comisión extraordinaria de cinco miembros para castigar militarmente sin demora la contrarrevolución de Lyon.

2° Todos los habitantes de Lyon serán desarmados y entregarán sus armas a los defensores de la República.

3° Una parte de ellas será entregada a los patriotas oprimidos por los ricos y los contrarrevolucionarios.

4° La ciudad de Lyon será destruida. Todo lo que estaba habitado por los ricos deberá ser destruido; solo podrán permanecer las casas de los pobres, los hogares de los patriotas asesinados o proscritos, los edificios industriales y los destinados a fines caritativos y educativos.

5° Se suprime el nombre de Lyon de la lista de ciudades de la República. A partir de ahora, la asociación de las casas restantes llevará el nombre de Ville Affranchie [Villa liberada].

6° Se erigirá una columna sobre las ruinas de Lyon, proclamando a la posteridad los crímenes y castigos de la ciudad monárquica, con la inscripción: "Lyon hizo la guerra a la República: Lyon ya no existe".

Nadie se atreve a oponerse a esta descabellada propuesta de convertir la segunda ciudad más grande de Francia en un montón de escombros. La valentía en la Convención francesa hace tiempo que desapareció desde que la guillotina centellea peligrosamente sobre las cabezas de todos aquellos que intentan siquiera susurrar las palabras "piedad" o "compasión". Intimidada por su propio terror, la Convención autoriza por unanimidad el acto vandálico y se encomienda su ejecución a Couthon, amigo de Robespierre.

Couthon, predecesor de Fouché, reconoció de inmediato la locura y el carácter suicida de destruir gratuitamente la mayor ciudad industrial de Francia y sus monumentos artísticos en aras de un gesto disuasorio. Y desde el primer momento, está decidido a sabotear esta misión. Pero esto requiere una hipocresía inteligente. Por eso, Couthon oculta su secreta intención de salvar a Lyon con el astuto truco de elogiar primero efusivamente el demencial decreto de destrucción total. "Conciudadanos —exclama— la lectura de su decreto nos sobrecogió de admiración. Sí, es necesario que esta ciudad sea destruida y sirva de gran ejemplo para todas las demás que se atrevan a sublevarse contra la patria. De todas las grandes y poderosas medidas que la Convención Nacional ha ordenado hasta ahora, solo una se nos había escapado: la de la destrucción completa… Pero estén tranquilos, conciudadanos, y aseguren a la Convención Nacional que sus principios son los nuestros, y sus decretos se cumplirán al pie de la letra". Sin embargo, el hombre que saluda así su misión con palabras de himno, en realidad ni siquiera piensa en llevarla a cabo, sino que se contenta con medidas teatrales. Inválido de ambas piernas por una parálisis prematura, pero mentalmente de una determinación indomable, se deja llevar en un palanquín hasta la plaza del mercado de Lyon, marca simbólicamente las casas que van a ser demolidas con el golpe de un martillo de plata y anuncia tribunales de terrible venganza. Esto calma los ánimos más encendidos. En realidad, con el pretexto de la falta de mano de obra, solo se envía a algunas mujeres y niños a dar una docena de martillazos casuales contra las casas, y solo se llevan a cabo algunas ejecuciones.

La ciudad respira aliviada, caritativamente sorprendida por tan inesperada indulgencia tras tan fulminantes anuncios. Pero los terroristas también están atentos, reconocen poco a poco la actitud indulgente de Couthon, por lo que desafían violentamente la Convención a la violencia. El cráneo ensangrentado y destrozado de Chalier es llevado a París como una reliquia, mostrado a la Convención con pompa ceremonial y expuesto en Notre Dame para incitar al pueblo. Y cada vez más impacientes, lanzan nuevas peticiones contra el artífice Couthon: es demasiado despreocupado, demasiado indolente, demasiado cobarde, en resumen, no es lo bastante hombre para llevar a cabo una venganza tan ejemplar. Lo que se necesitaba era un revolucionario verdaderamente despiadado, fiable, verdadero, que no rehuyera la sangre y se atreviera a llegar a los extremos, un hombre de hierro y acero. Al final, la Convención cedió a su clamor y les envió al más decidido de sus tribunos, el vehemente Collot d'Herbois (que, según la leyenda, había sido abucheado como actor en Lyon y era por tanto el hombre adecuado para castigar a estos ciudadanos) en vez del demasiado indulgente Couthon... y, en segundo lugar, al más radical de todos los procónsules, el notorio jacobino y ultraterrorista, Joseph Fouché, como verdugo de la infeliz ciudad.

Joseph Fouché, así llamado, de la noche a la mañana, a cometer asesinatos, ¿acaso es realmente un verdugo, un "bebedor de sangre", como se llamaba entonces a los campeones del Terror? Ciertamente, a juzgar por sus palabras. Casi ningún procónsul de su provincia se comportó de forma más enérgica, más vigorosa, más revolucionaria, más radical que Joseph Fouché; requisó sin piedad, saqueó las iglesias, saqueó las fortunas y estranguló toda resistencia. Pero —¡muy característico de él!— solo practicó el terror con palabras, órdenes e intimidaciones, pues ni una gota de sangre se derramó durante aquellas semanas de su reinado en Nevers y Clamecy. Mientras la guillotina repiqueteaba como una máquina de coser en París, mientras Carrier ahogaba a cientos de sospechosos en el Loira, en Nantes, mientras todo el país resonaba con fusilamientos, asesinatos y persecuciones, Fouché no tenía en su conciencia ni una sola ejecución política en su distrito. Sabe que el leitmotiv de su psicología es la cobardía de la mayoría de la gente, sabe que un gesto de terror salvaje y poderoso suele ahorrar el terror mismo. Y del mismo modo que más tarde, en el más bello florecimiento de la reacción, todas las provincias se alzan como acusadoras contra sus antiguos amos, los de su distrito no pueden decir otra cosa que siempre los amenazó de muerte, pero nadie es capaz de acusarlo de una ejecución real. Como ven, Fouché, a quien han nombrado verdugo de Lyon, no es en absoluto aficionado a la sangre. Este hombre frío e insensible, este calculador y pensador, más zorro que tigre, no necesita el olor de la sangre para excitar sus nervios. Se enfurece (sin compadecerse interiormente) con palabras y amenazas, pero nunca exigirá ejecuciones por el placer de asesinar, por la emoción del poder. Por instinto y prudencia (no por humanidad), respeta la vida humana siempre y cuando la suya no corra peligro; solo amenazará la vida o el destino de una persona cuando la suya o sus ventajas se vean amenazadas.

Este es uno de los secretos de casi todas las revoluciones y el trágico destino de sus líderes: a todos les disgusta la sangre y, sin embargo, se ven obligados a derramarla. Desmoulins, hirviente desde su escritorio, exige un tribunal para los girondinos, pero cuando se sienta en la sala y oye pronunciar la palabra "muerte" sobre los veintidós que él mismo ha arrastrado ante el juez, se levanta de un salto, mortalmente pálido, tembloroso, y sale corriendo de la sala desesperado: ¡no, él no la quería! Robespierre, cuya firma figura bajo miles de decretos desastrosos, había combatido la pena de muerte dos años antes en la asamblea deliberante y denunciado la guerra como un crimen; Danton, a pesar de ser el creador del tribunal asesino, había gritado desde su alma consternada las palabras desesperadas: "Mejor ser guillotinado que guillotinar". Incluso Marat, que pide públicamente trescientas mil cabezas en su periódico, trata de salvar a cada individuo en cuanto va a parar bajo la cuchilla. Todos ellos son retratados más tarde como bestias de sangre, como asesinos apasionados embriagados por el olor de los cadáveres; todos ellos, como Lenin y los líderes de la Revolución Rusa, aborrecen de la ejecución en sus corazones; todos ellos originalmente solo quieren mantener a raya a sus oponentes políticos con la amenaza de la ejecución, pero la semilla del dragón del crimen brota compulsivamente de su aprobación teórica. La culpa de los revolucionarios franceses no es, pues, que se embriagaran de sangre, sino de palabras sangrientas: cometieron la locura de crear una jerga empapada de sangre y fantasear sin cesar con los traidores y el cadalso, únicamente para inspirar al pueblo y certificar su propio radicalismo. Pero entonces, cuando el pueblo, embriagado, borracho, obsesionado por estas palabras salvajes y provocadoras, exige realmente las "medidas enérgicas" que se le anuncian como necesarias, los dirigentes carecen de valor para resistirse: tienen que guillotinar para no desmentir su discurso sobre la guillotina. Sus actos deben correr compulsivamente detrás de sus palabras rabiosas, y comienza una carrera truculenta porque nadie se atreve a quedarse atrás en esta caza del favor popular. Según la inexorable ley de la gravedad, una ejecución lleva a la otra. Lo que comenzó como un juego de palabras sangrientas se convierte en un juego cada vez más salvaje de cabezas humanas; miles de personas son sacrificadas no por lujuria, ni siquiera por pasión y mucho menos por determinación, sino por la indecisión de los políticos, de los hombres de partido que no encuentran el valor de oponerse al pueblo; en última instancia, por cobardía. Por desgracia, la Historia Universal no es solo, como suele retratarse, una historia del valor humano, sino también una historia de cobardía humana; la política no es, como se quiere creer, el liderazgo de la opinión pública, sino la inclinación servil de los líderes ante la misma autoridad que ellos mismos han creado e influenciado. Así es como surgen siempre las guerras: de un juego con palabras peligrosas, de una sobreexcitación de pasiones nacionales, de ahí los crímenes políticos. Ningún vicio y ninguna brutalidad en la Tierra han causado tanta sangre como la cobardía humana. Por eso, cuando Joseph Fouché se convierte en verdugo de masas en Lyon, no es por pasión republicana (él no conoce ninguna pasión), sino únicamente por miedo a caer en desgracia por moderado. Pero no son las ideas las que deciden la historia, sino los hechos, y aunque se haya resistido mil veces a la palabra, su nombre queda marcado como el del *Mitrailleur de Lyon*. Y ni siquiera la capa del duque podría ocultar más tarde las manchas de sangre de sus manos.

Collot d'Herbois llega a Lyon el 7 y Joseph Fouché el 10 de noviembre. Se ponen a trabajar de inmediato. Pero antes de la tragedia propiamente dicha, el comediante despedido y su ayudante exclérigo ponen en escena una breve obra satírica, quizá la más desafiante e impúdica de toda la Revolución Francesa: una especie de misa negra a plena luz del día. El funeral por el mártir de la libertad, Chalier, sirve de pretexto a esta orgía de exuberancia atea. Como preludio, a las ocho de la mañana, todas las iglesias son despojadas de sus últimos símbolos devotos, los crucifijos son arrancados de los altares, mantas y vestiduras son arrebatadas. Luego, una inmensa procesión se reúne a lo largo de toda la ciudad hasta la plaza de Terreaux. Cuatro jacobinos venidos de París llevan el busto de Chalier en una litera cubierta de alfombras tricolores, adornada por todas partes con flores, con una urna que contiene sus cenizas al lado y una paloma en una pequeña jaula, que se dice que consoló al mártir en la cárcel. Con solemnidad, los tres procónsules caminan detrás del féretro hacia el novedoso oficio religioso, que pretende testimoniar pomposamente ante el pueblo de Lyon la divinidad del mártir de la libertad, Chalier, el *"Dieu sauveur mort pour eux"* [Dios, que supo morir por ustedes]. Pero esa patética ceremonia, ya de por sí desagradable, se degrada por una aberración del gusto particularmente vergonzosa y estúpida: una ruidosa turba arrastra en triunfo y con danzas indias los ornamentos de misa robados de las iglesias, cálices, copones e imágenes sagradas. Detrás de ellos trota un burro con una mitra episcopal artísticamente colocada sobre las orejas. Han atado un crucifijo y la Biblia a la cola del pobre animal, de modo que, a plena luz del día, para deleite de una multitud que ruge, el evangelio se balancea en la cola de un burro por la suciedad de la calle.

Por fin, las fanfarrias bélicas ordenan detenerse. En la gran plaza, donde se ha erigido un altar de hierba de prado, se colocan solemnemente el busto de Chalier y la urna, y los tres representantes del pueblo se inclinan reverentes ante el nuevo santo. Primero actúa el experimentado actor Collot d'Herbois y después habla Fouché. El hombre que tanto se empeñaba en guardar silencio en la Convención ha recuperado de repente la voz y, en una exclamación exuberante, adora al busto enyesado: "¡Chalier, Chalier, ya no existes! Los criminales te han sacrificado, mártir de la libertad, pero la sangre de esos criminales será el único sacrificio que calmará tus indignados manes. ¡Chalier! ¡Chalier! Juramos ante tu imagen vengar tu martirio, y la sangre de los aristócratas te servirá de incienso". El tercer representante del pueblo es menos elocuente que el futuro duque de Otranto. Se limita a besar con humildad la frente del busto y a gritar por toda la plaza: "¡Muerte a los aristócratas!".

Tras estas tres solemnes adoraciones, se enciende una gran pira funeraria. El recién tonsurado Joseph Fouché y sus dos colegas observan con seriedad cómo el evangelio es cortado de la cola del asno y arrojado al fuego, donde se convierte en humo en medio de una llamarada de ornamentos eclesiásticos, libros de misa, hostias y santos de madera. A continuación, el cuadrúpedo gris es obligado a beber de un cáliz sagrado como recompensa por su servicio blasfemo y, una vez concluidos estos actos de mal gusto, los cuatro jacobinos llevan a hombros el busto de Chalier de vuelta a la iglesia, donde es colocado con solemnidad en el altar en lugar de la imagen destrozada de Cristo.

En los días siguientes se acuñará una moneda conmemorativa especial como recuerdo perpetuo de esta digna celebración. Pero hoy se ha vuelto inencontrable, probablemente porque el posterior duque de Otranto compró todas las copias y las hizo desaparecer, al igual que los libros que describían con demasiado detalle estas flagrantes gestas heroicas de su época ultrajacobina y atea. Él mismo tenía buena memoria, pero el hecho de que los demás también recordaran o pudieran recordar la misa negra de Lyon era más adelante demasiado incómodo y desagradable para *Son Excellence Monseigneur le sénateur ministre* de un rey cristianísimo.

Por muy desagradable que empezara el primer día de Joseph Fouché en Lyon, no fue más que teatro y una mísera mascarada: aún no se había derramado sangre. Pero a la mañana siguiente los cónsules se atrincheran de forma inaccesible en una casa aislada, protegida de cualquier huésped no invitado por guardias armados. La puerta está simbólicamente vetada a cualquier indulgencia, a cualquier petición, a cualquier ruego. Se forma un tribunal revolucionario, y la terrible noche de San Bartolomé, planeada por los reyes del pueblo Fouché y Collot, es peligrosamente anunciada en una carta a la Convención: "Proseguimos nuestra misión —escribieron— con la energía de los republicanos de carácter, y no descenderemos de la cumbre en la que el pueblo nos ha colocado para ocuparnos de los miserables intereses de unas cuantas personas más o menos culpables. Nos apartamos de todo el pueblo, porque no tenemos tiempo que perder, ni favores que conceder. Solo vemos la República, que nos ordena dar un gran ejemplo, una lección visible desde lejos. Solo escuchamos el clamor del pueblo, que exige que la sangre de los patriotas sea vengada de inmediato, de forma rápida y terrible, para que la Humanidad no tenga que verla correr de nuevo. Convencidos de que no hay más inocentes en esta vil ciudad que los que han sido oprimidos y arrojados a la cárcel por los asesinos del pueblo, desconfiamos de las lágrimas de arrepentimiento. Nada podrá desarmar nuestro rigor. Debemos confesarles, conciudadanos, que consideramos la indulgencia como una debilidad peligrosa, capaz solo de reavivar las esperanzas criminales en el momento mismo en que deben extinguirse por completo. Si conceden indulgencia a un individuo, se la conceden a todos los de su clase y así hacen ineficaz el efecto de su justicia. Las demoliciones funcionan con demasiada lentitud, la impaciencia republicana exige medios más rápidos: la explosión de las minas, la actividad consumidora de las llamas son las únicas que pueden expresar la violencia del pueblo. Su voluntad no debe detenerse como la de los tiranos, debe tener el efecto de una tempestad".

Esta tempestad estalla, tal como estaba previsto, el 4 de diciembre, y su eco no tardó en resonar inquietante por toda Francia. A primera hora de la mañana, sesenta jóvenes fueron sacados de las cárceles, atados de dos en dos. Pero no son conducidos a la guillotina, que, en palabras de Fouché, funciona "con demasiada lentitud", sino a la llanura de Brotteaux, al otro lado del Ródano. Dos fosas paralelas, excavadas a toda prisa, permiten a las víctimas adivinar su destino, y los cañones instalados a diez pasos de ellas revelan el método de la matanza masiva. Los indefensos son acorralados y atados en una masa de desesperación humana que grita, se estremece, aúlla, se enfurece y se defiende inútilmente. Una orden, y desde esta proximidad mortal, ráfagas de plomo picado salen de las embocaduras a un soplo de ellos hacia la masa de gente presa del miedo. Es cierto que esta primera descarga no acaba con todas las víctimas, a algunas solo les vuela un brazo o una pierna, a otras simplemente les desgarra los intestinos, unas pocas incluso sobreviven intactas por casualidad. Pero mientras la sangre corre ya por las trincheras como una amplia fuente, a una segunda orden los soldados de caballería se lanzan sobre las víctimas restantes con sables y pistolas, martilleando y disparando en medio de la manada de gente que se retuerce, gime y grita, incapaz aún de huir, hasta que se sofoca la última voz jadeante. Como recompensa por su carnicería, se les permite a los verdugos arrancar la ropa y los zapatos de los sesenta cadáveres aún calientes, antes de enterrarlos desnudos y desgarrados en las fosas.

Esta es la primera de las famosas ametralladas de Joseph Fouché, el posterior ministro de un rey cristianísimo, y una encendida proclama se jacta orgullosa de ello a la mañana siguiente: "Los representantes del pueblo permanecerán insensibles en la misión que se les ha confiado, el pueblo ha puesto en sus manos el trueno de su venganza, y no lo soltarán hasta que todos los enemigos de la libertad hayan sido aplastados. Tendrán el valor de pasar sobre vastas hileras de tumbas de conspiradores para alcanzar, a través de las ruinas, la felicidad de la nación y la renovación del mundo". El mismo día, ese triste "valor" es reconfirmado de forma asesina por los cañones de Brotteaux y sobre un grupo aún más numeroso. Esta vez, doscientas diez cabezas de ganado son conducidas con las manos atadas a la espalda y, en pocos minutos, son asesinadas por el plomo picado de los cartuchos y las salvas de la infantería. El procedimiento sigue siendo el mismo, solo que esta vez los carniceros se ven liberados de la incómoda tarea de ser los enterradores de sus víctimas después de tan agotadora masacre. ¿Para qué cavar tumbas para estos villanos? Se les quitan los zapatos ensangrentados de los pies llenos de garras y, a continuación, los cadáveres desnudos y a menudo todavía crispados son arrojados sin más a la caudalosa fosa del Ródano.

Pero incluso ante este horror espantoso, que repugna a todo el país y a la Historia Universal, Joseph Fouché se envuelve en el manto tranquilizador de las palabras de un himno. Elogia el hecho de que el Ródano esté contaminado por esos cadáveres desnudos como un acto político porque, flotando hasta Tolón, dan testimonio sensual de la implacable y terrible venganza republicana. "Es necesario —escribe— que los cadáveres sangrientos que arrojamos al Ródano floten por ambas orillas hasta su desembocadura, hasta la infame Tolón, para que acentúen ante los ojos de los cobardes y crueles ingleses la impresión de horror y la imagen de la omnipotencia del pueblo". En Lyon, por supuesto, tal ilustración ya no es necesaria, porque una ejecución sigue a la otra, una hecatombe a otra. Celebra la conquista de Tolón "con lágrimas de alegría" y también enviando "doscientos rebeldes ante la boca de los cañones" para festejar el día. Todos los llamamientos a la clemencia son en vano. Dos mujeres que habían suplicado con demasiada pasión que sus maridos fueran liberados ante el sangriento tribunal son atadas junto a la guillotina, nadie puede acercarse a la Cámara de los Representantes del pueblo para pedir clemencia. Pero cuanto más salvajemente traquetean las armas, más fuerte retumban las palabras de los procónsules: "Sí, nos atrevemos a decir que hemos derramado mucha sangre impura, pero solo por humanidad y sentido del deber... No soltaremos el rayo que han puesto en nuestras manos hasta que no hayan declarado su voluntad. Hasta entonces, seguiremos abatiendo a nuestros enemigos sin interrupción, los exterminaremos de la manera más perfecta, terrible y rápida".

Y mil seiscientas ejecuciones en pocas semanas atestiguan que esta vez, por única vez, Joseph Fouché dijo la verdad.

Organizar estas carnicerías y sus informes autocomplacientes no hacen que Joseph Fouché y su colega se olviden de la otra triste misión de la Convención que debían cumplir en Lyon. Desde el primer día, se quejan a París de que la demolición ordenada de la ciudad había tenido lugar "con demasiada lentitud" bajo su predecesor: "Ahora las minas acelerarán el trabajo de destrucción, los zapadores ya han empezado a trabajar, y dentro de dos días los edificios de Bellecourt serán volados". Estas famosas fachadas, iniciadas bajo Luis XIV y construidas por un alumno de Mansart, son las primeras en caer, porque eran las más bellas. Los habitantes de estas filas de casas son brutalmente expulsados, y centenares de hombres y mujeres sin trabajo hacen pedazos las magníficas obras de arte en unas semanas de destrucción sin sentido. La desdichada ciudad resuena con suspiros y gemidos, cañonazos y muros que se derrumban; mientras el "comité de justicia" mata a la gente, el "comité de demolición" derriba las casas, y el "comité de sustancias" lleva a cabo sin piedad la requisa de alimentos, materiales y objetos de valor. Se registran todas las casas, desde el sótano hasta el tejado, en busca de personas y tesoros ocultos, y en todas partes reina el terror de dos hombres: Fouché y Collot. Invisibles e inaccesibles, protegidos por centinelas, se mantienen ocultos en una casa. Los más bellos palacios ya han sido derribados, las cárceles, aunque siempre llenas de nuevos presos, han sido medio vaciadas, las tiendas han sido desalojadas y los campos de Brotteaux empapados con la sangre de mil personas, cuando al fin unos pocos ciudadanos audaces deciden (¡puede costarles la cabeza!) apresurarse a París y presentar a la Convención una petición para que no deje toda la ciudad por los suelos. Por supuesto, el texto de esta petición es muy cauto, incluso adulador; también comienzan cobardemente con una reverencia y alaban el decreto erostrático como uno "que parece haber sido dictado por el genio del Senado romano". Pero luego piden "misericordia para el arrepentimiento sincero, para la debilidad extraviada, misericordia —nos atrevemos a decir— para los inocentes mal juzgados".

Pero los cónsules han sido informados a tiempo de la encubierta acusación, y Collot d'Herbois, el más elocuente de los dos, viaja a París urgente para parar el golpe a tiempo. Al día siguiente tiene la audacia de elogiar las ejecuciones masivas en la Convención y entre los jacobinos como una forma de "humanidad", en lugar de excusarlas. "Queríamos —dice—liberar a la Humanidad del terrible espectáculo de demasiadas ejecuciones sucesivas, por lo que los comisarios decidieron destruir a todos los condenados y traidores a la vez en un solo día; ese deseo surgía de una emoción real [*véritable sensibilité*]". Ante los jacobinos se muestra aún más ferviente a favor del nuevo sistema "humanitario". "Sí, hemos aplastado a doscientos convictos con una sola descarga, y se nos reprocha por ello. ¡No se dan cuenta de que también fue un acto de moderación emocional! Cuando se guillotina a veinte, los veinte últimos mueren primero, pero aquí veinte traidores perecieron juntos". Y, en efecto, estas frases gastadas, extraídas apresuradamente del tintero sangriento de la jerga revolucionaria, causan impresión. La Convención y los jacobinos reciben con aprobación las declaraciones de Collot, dando así carta blanca a los procónsules para nuevas ejecuciones. Ese mismo día, París celebra los funerales de Chalier en el Panteón —un honor que hasta entonces solo se había concedido a Jean Jacques Rousseau y a Marat—, y su concubina, como la de Marat, recibe una pensión. Públicamente, el mártir se convierte así en santo nacional y cada acto de violencia de Fouché y Collot es aprobado como una venganza justificada.

Sin embargo, una cierta inseguridad se apodera de ambos, porque la peligrosa situación de la Convención, la vacilación entre Danton y Robespierre, entre la moderación y el Terror, exige una mayor prudencia. Así que los dos deciden repartirse los papeles: Collot d'Herbois permanece en París para vigilar los ánimos en los comités y en la Convención, para sofocar de antemano cualquier posible ataque con su brutal vehemencia oratoria; mientras, la continuación de las masacres quedaría asignada a la "energía" de Fouché. Es·importante señalar que, durante este período, Joseph Fouché fue el único gobernante sin restricciones. Más tarde, trataría hábilmente de atribuir toda la violencia a su colega de corazón más abierto, pero los hechos demuestran que incluso cuando era el único gobernante, la guadaña no era menos asesina. Se ejecutan cincuenta y cuatro, sesenta, cien personas al día. Incluso en ausencia de Collot, los muros se derrumban, las casas se queman y las prisiones se vacían con las ejecuciones. Joseph Fouché sigue gritando sobre sus propios hechos con entusiastas palabras de sangre: "Las sentencias de este tribunal pueden aterrorizar al criminal, pero tranquilizan y consuelan al pueblo, que las escucha y las aprueba. Se piensa erróneamente que hemos concedido a los culpables el honor de un solo indulto; ¡no hemos concedido ni uno!".

Pero, de repente, —¿qué ha ocurrido?— Fouché cambia de tono. Con su agudo olfato, intuye desde lejos que el viento en la

Convención debe haber cambiado, pues sus estridentes fanfarrias de ejecución no han tenido eco desde hace tiempo. Sus amigos jacobinos, sus camaradas ateos Hébert, Chaumette y Ronsin, han enmudecido de repente, muy silenciosos y para siempre, pues la mano despiadada de Robespierre los ha agarrado inesperadamente por el cuello. Siempre oscilando con habilidad entre lo demasiado salvaje y lo demasiado suave, a veces a la derecha, a veces a la izquierda, este tigre moral se lanzó de repente desde la oscuridad sobre los ultrarradicales. Ha hecho llamar a Carrier, que se ahogaba en Nantes con la misma radicalidad que Fouché en Lyon, para que rinda cuentas ante la Asamblea; ha hecho llevar a la guillotina en Estrasburgo al salvaje Eulogius Schneider por su discípulo Saint-Just; ha hecho denunciar públicamente como estupideces los espectáculos populares ateos, entre los que están los celebrados por Fouché en provincias y en Lyon, y los ha anulado en París. Y tan tímida y obedientemente como siempre, los preocupados diputados siguieron su ejemplo. A Fouché lo invade el viejo miedo de no estar ya con la mayoría. Los partidarios del Terror han sido vencidos. ¿Para qué seguir siendo uno de ellos? Mejor acercarse con rapidez a los moderados, a Danton y Desmoulins, que ahora piden un "tribunal de clemencia", para ponerse rápidamente el abrigo siguiendo la nueva dirección del viento. De repente, el 6 de febrero, ordena que cesen los ametrallamientos, y la guillotina (de la que había afirmado en sus panfletos que funcionaba con demasiada lentitud) reanuda a regañadientes su servicio, unas míseras dos o tres cabezas al día como mucho, una nimiedad comparada con las anteriores fiestas nacionales en la llanura de Brotteaux. En lugar de ello, vuelca de repente toda su energía contra los radicales, contra los organizadores de sus fiestas y los ejecutores de sus órdenes; un Saulo revolucionario se convierte de repente en un Pablo humano. Se lanza de lleno al bando contrario, califica a los amigos de Chalier de "arena de anarquistas y alborotadores" y disuelve bruscamente una o dos docenas de comités revolucionarios.

Y entonces ocurre algo muy extraño: la asustada población de Lyon, muerta de miedo, ve de repente en el héroe de los ametrallamientos, Fouché, a su salvador. Y los revolucionarios de Lyon, a su vez, escriben una carta furiosa tras otra acusándole de tibieza, traición y "opresión de los patriotas". Estos giros audaces, estos cruces descarados al otro bando a plena luz del día, estas huidas hacia el vencedor son el secreto de Fouché en la batalla. Y son los que le salvan la vida. Ha jugado en ambos bandos. Si se lo acusa de excesiva indulgencia en París, puede señalar las mil tumbas y las fachadas destrozadas de Lyon. Si se lo acusa de carnicero, puede remitirse a las acusaciones de los jacobinos, que le reprochan su "moderantismo", su excesiva moderación. Según sople el viento, puede sacar pruebas de implacabilidad de su bolsillo derecho y de humanidad del izquierdo; puede aparecer a la vez como el verdugo y el salvador de Lyon. Y, de hecho, con este hábil juego de manos, consigue más tarde colgar toda la responsabilidad de las masacres al cuello de su más franco y directo colega, Collot d'Herbois. Pero solo logra engañar a la posteridad: Robespierre, el enemigo que no le perdonaba haber expulsado de Lyon a su propio hombre, Couthon, mantiene una vigilancia implacable en París. Conoce a este hombre de dos caras, que ahora tiene prisa por escabullirse de la tormenta, y sigue infaliblemente todos sus vericuetos. La desconfianza de Robespierre tiene garras de hierro: no hay forma de escapar de ellas. El día 12 de Germinal, obliga al Comité de Salud Pública a emitir un decreto amenazador que le ordena a Fouché ir de inmediato a París y asumir la responsabilidad por los sucesos de Lyon. Él mismo había sido juzgado cruelmente durante tres meses y ahora debía comparecer ante el tribunal. ¿Por qué? ¿Porque hizo masacrar a dos mil franceses en tres meses? Como colega de Carrier y de los otros asesinos en masa, se podría suponer. Pero solo ahora nos damos cuenta de la genialidad política del asombrosamente descarado último giro de Fouché: no, tiene que asumir la responsabilidad por haber reprimido la radical *Société populaire*, por haber perseguido a los patriotas jacobinos. El *Mitrailleur de Lyon*, ejecutor de dos mil víctimas, está acusado —¡inolvidable farsa de la Historia!— del delito más noble que conoce la humanidad: el de exceso de humanidad.

La batalla con Robespierre

EL 3 DE ABRIL Joseph Fouché se entera de que el Comité de Salud Pública lo ha convocado a París, y el día 5 sube a la diligencia. Dieciséis sordos golpes acompañan su partida, dieciséis golpes de la guillotina, que cumple por última vez su afilado deber en su nombre. Y ese día se ejecutan apresuradamente dos últimas sentencias, dos sentencias muy extrañas, porque los dos rezagados de la gran masacre que deben escupir las cabezas (según la expresión jovial de la época) en el cesto, ¿quiénes son? Nada menos que el verdugo de Lyon y su ayudante. Los mismos que, en nombre de la reacción, guillotinaron a Chalier y a sus amigos; y los que, en nombre de la revolución, guillotinaron a centenares de reaccionarios, van a parar ahora ellos mismos bajo el filo. Ni con la mejor voluntad del mundo está claro en las actas judiciales de qué delito se los acusa. Probablemente solo se los sacrifica para que no cuenten demasiado sobre Lyon a los sucesores de Fouché y a la posteridad. Los muertos son los que mejor saben guardar secretos.

Entonces el carruaje se pone en marcha. Fouché tiene mucho en qué pensar en el viaje a París. Después de todo, puede consolarse, nada está perdido aún. Tiene algunos amigos influyentes en la Convención, sobre todo el gran adversario de Robespierre, Danton. Tal vez sea posible, después de todo, mantener a raya al hombre terrible. Pero ¿cómo podía saber Fouché que en estas horas fatídicas de la Revolución los acontecimientos se mueven mucho más rápido que las ruedas de una diligencia de Lyon a París? ¿Que su íntimo amigo Chaumette llevaba ya dos días en la cárcel, que la enorme cabeza de león de Danton había sido empujada el día anterior bajo la guillotina por Robespierre, que ese mismo día Condorcet, el líder intelectual de la derecha, deambula muerto de hambre por París y que al día siguiente se envenenaría para escapar al juicio? Todos ellos habían sido derrocados por un solo hombre, y precisamente ese único hombre, Robespierre, es su más enconado adversario político. Solo cuando llega a París, la tarde del 8 de abril, se da cuenta de la magnitud del peligro que había corrido. Dios sabe que el procónsul Joseph Fouché duerme poco en su primera noche en París.

A la mañana siguiente, Fouché acude a la Convención, esperando impaciente la apertura de la sesión. Pero, extrañamente, la inmensa sala se niega a llenarse; la mitad, de hecho más de la mitad de los asientos, permanecen vacíos. Es cierto que algunos de los diputados están de misión oficial o no pueden asistir, pero, a pesar de todo, ¡qué vacío hay a la derecha, donde antes se sentaban los líderes, los girondinos, los maravillosos oradores de la Revolución! ¿Dónde se han metido? Los veintidós más audaces, Vergniaud, Brissot, Pétion, acabaron en el cadalso, el suicidio o fueron despedazados por los lobos en su huida. Sesenta y tres de sus amigos, que se atrevieron a defenderlos, fueron desterrados por la mayoría. De un solo golpe terrible Robespierre se deshizo de cien de sus adversarios de la derecha. Pero su puño golpeó no menos enérgicamente en sus propias filas de la "montaña": Danton, Desmoulins, Chabot, Hébert, Fabre d'Eglantine, Chaumette y dos docenas más, todos los que se rebelaban contra su voluntad, contra su vanidad dogmática, fueron empujados a la fosa común.

Todos ellos han sido eliminados por ese hombre discreto, ese hombre pequeño y delgado, con el rostro gallardamente pálido, de frente baja y retraída, de ojos pequeños, acuosos y miopes, que pasó desapercibido, oculto durante mucho tiempo por las gigantescas figuras de sus predecesores. Pero la guadaña del tiempo le ha despejado el camino: desde que Mirabeau, Marat, Danton, Desmoulins, Vergniaud, Condorcet han sido liquidados, el tribuno, el insurrecto, el líder, el escritor, el orador y el pensador de la joven República, es ahora todo en una sola persona: *Pontifex maximus, Dictator y Triumphator.* Fouché mira con inquietud a su adversario, en torno al cual todos los serviles diputados se agolpan con insistente respeto. Robespierre, con imperturbable ecuanimidad, permite que se le rindan estos homenajes; envuelto en su "virtud" como en una armadura, inabordable, impenetrable, el hombre incorruptible observa la arena con su mirada miope, orgullosamente consciente de que ya nadie se atreve a levantarse contra su voluntad. Pero alguien se atreve a hacerlo. Uno que ya no tiene nada que perder: Joseph Fouché, que pide la palabra para justificar su comportamiento en Lyon.

Esa exigencia de justificación ante la Convención es un desafío al Comité de Salud Pública, pues no fue la Convención sino el Comité quien le ha pedido aclaraciones. Sin embargo, se dirige a la autoridad superior, la que le corresponde, la Asamblea de la Nación. La audacia de esta pretensión es inconfundible. Aun así, el presidente le da la palabra. Al fin y al cabo, Fouché no es cualquiera, su nombre se ha mencionado demasiadas veces en esta sala, no se han olvidado sus méritos, sus informes, sus hazañas. Fouché sube a la tribuna y lee un largo informe. La Asamblea escucha sin interrumpirlo, sin una señal de aplauso o desaprobación. Pero al final del discurso, no se levanta ni una mano. Porque la Convención se ha vuelto temerosa. Un año de guillotina ha castrado a todos estos hombres. Aquellos que antaño se entregaban libremente a sus convicciones como una pasión, que se lanzaban ruidosa, audaz y abiertamente a la batalla de las palabras y las opiniones, prefieren no confesarse. Puesto que, como Polifemo, el verdugo se introduce en sus filas, a veces a la izquierda, a veces a la derecha, puesto que la guillotina pesa como una sombra azul tras cada una de sus palabras, prefieren callar en lugar de hablar. Todos se agachan detrás de los demás, todos miran a derecha e izquierda antes de atreverse a moverse, el miedo yace gris en sus rostros como una niebla opresiva; y nada humilla más a la gente, y especialmente a una masa de gente, que el miedo a lo invisible. Así que tampoco esta vez se atreven a expresar una opinión. Ninguna intrusión en el dominio del Comité, ¡el tribunal invisible! La reivindicación de Fouché no es rechazada ni aceptada, sino simplemente enviada al Comité para su examen; en otras palabras, desembarca en la misma orilla que Fouché se había cuidado tanto de evitar. Su primera batalla está perdida.

Ahora a él también lo asalta el miedo. Se ha aventurado demasiado lejos sin conocer el terreno, mejor retirarse con rapidez. Mejor rendirse que luchar solo contra los más poderosos. Así que Fouché dobla la rodilla en señal de remordimiento e inclina la cabeza. Esa misma noche, se dirige al piso de Robespierre para hablar con él, o más bien, para pedirle perdón. Nadie es testigo de ese encuentro. Solo se conoce su desenlace, que se puede imaginar a partir de la analogía de la visita que Barras describió con truculenta claridad en sus memorias. Antes de subir la escalera de madera de la pequeña casa burguesa de la rue Saint-Honoré, donde Robespierre exhibe su virtud y su pobreza, Fouché también debe pasar el examen de los caseros, que custodian a su dios y a su inquilino como a un botín sagrado. Robespierre, como Barras, difícilmente lo habría invitado a sentarse en la pequeña y estrecha sala, vanamente decorada con sus propios cuadros, sino que lo habría recibido erguido, con frialdad y una arrogancia intencionadamente hiriente, como a un patético criminal. Porque este hombre, que ama apasionadamente la virtud y está igual de apasionada y viciosamente enamorado de su propia virtud, no conoce la indulgencia ni el perdón para nadie que haya estado alguna vez en desacuerdo con él. Intolerante y fanático, un Savonarola de la razón y de la "virtud", rechaza todo pacto, incluso toda capitulación de sus adversarios. Aun cuando la política urge imperiosamente al entendimiento, su dureza de odio y su orgullo dogmático lo frenan. Sea lo que sea que Fouché le dijo a Robespierre en su momento y lo que este le respondió, solo se sabe esto: no fue una buena acogida, sino una reprimenda devastadora y despiadada, una fría amenaza no disimulada, una condena a muerte en efigie. Y Joseph Fouché, temblando de rabia, bajando los escalones de la rue Saint Honoré, humillado, rechazado, amenazado, sabe que ahora solo hay una salvación para su cabeza: es necesario que la del otro, la de Robespierre, caiga en el cesto antes que la suya. Se declara la guerra a muerte. El duelo entre Robespierre y Fouché ha comenzado. Este duelo es uno de los episodios más excitantes y psicológicamente emocionantes de la historia de la Revolución. Ambos son inteligentes, ambos son políticos, pero tanto el retador como el retado tienen un error en común: se subestiman mutuamente durante largo tiempo porque creen conocerse desde hace mucho. Para Fouché, Robespierre sigue siendo el abogado gastado y enjuto que bromeaba con él en el club de su ciudad provinciana de Arras, que escribía dulces versitos al estilo de Grécourt y luego aburría a la Asamblea de 1789 con su torrente de palabras. Fouché no se dio cuenta, o se dio cuenta demasiado tarde, de que un demagogo como Robespierre se había convertido en un estadista, en un hábil intrigante, en un político de mente precisa, en un retórico, en un orador, gracias a un tenaz y persistente trabajo personal y al auge de sus tareas. La responsabilidad casi siempre eleva a un hombre a la grandeza; así Robespierre creció por el sentimiento de su misión, pues en medio de avariciosos y gritones, sintió que salvar la República era la tarea de su vida, impuesta a él solo por el destino. Como misión sagrada para la humanidad, siente la necesidad de realizar su propia concepción de la República, de la Revolución, de la moral e incluso de la divinidad. El rigor de Robespierre es a la vez la belleza y la debilidad de su carácter. Embriagado por su propia incorruptibilidad, encantado por su dureza dogmática, considera cualquier opinión distinta a la suya no solo como diferente, sino como traición, y con el puño gélido de un juez de la Inquisición, arroja a todo disidente a la nueva hoguera, la guillotina. Sin duda una gran idea, una idea pura vive en el Robespierre de 1794. Mejor dicho: no vive, está congelada en él. No puede salir completamente de él y él no puede salir completamente de ella (destino de todas las almas dogmáticas), y esa falta de calor comunicativo, de humanidad cautivadora, priva a su obra del poder genuinamente creador. Solo en la rigidez está su fuerza; solo en el rigor, su poder: lo dictatorial se ha convertido en el sentido y la forma de su vida. Así, solo puede imprimir su ego en la Revolución, o destruirla. Un hombre así no tolera ninguna contradicción, ninguna otra opinión en asuntos intelectuales, nadie a su lado y menos aún en su contra. Solo puede tolerar a las personas mientras reflejen sus propios puntos de vista, mientras sean esclavos de su alma, como Saint-Just y Couthon; la espuma feroz de su temperamento bilioso elimina inexorablemente a todos los demás. Pero ¡ay de aquellos que no solo se desvían de su opinión (también los perseguía), sino que incluso cruzan su voluntad y no respetan su infalibilidad! Eso es lo que hizo Joseph Fouché. Nunca buscó su consejo, nunca se inclinó ante su antiguo amigo, se sentó en los bancos de sus enemigos, sobrepasó audazmente los límites fijados por Robespierre de un socialismo moderado y prudente predicando el comunismo y el ateísmo. Pero hasta ahora Robespierre no se ha interesado seriamente por él; Fouché le parecía demasiado rastrero. Este diputado no era más que el pequeño sacerdote-maestro que había conocido con sotana y, luego, como pretendiente de su hermana; un ambicioso de pacotilla que había sido infiel a su Dios, a su novia y a todas sus convicciones. Lo desprecia con todo el odio grupal de la rigidez contra la flexibilidad, de la incondicionalidad contra la insidia del éxito, con la desconfianza de la naturaleza religiosa hacia la profana, pero hasta ahora ese odio no se ha dirigido aún contra la persona de Fouché, solo contra la especie de la que es variante. Él mismo lo ha pasado por alto con altanería: ¿para qué preocuparse por un intrigante así, que puede ser pisoteado en cualquier momento? Solo porque lo ha despreciado durante tanto tiempo, Robespierre se ha limitado hasta ahora a observar a Fouché, sin oponerse seriamente a él.

Ahora se dan cuenta ambos de lo mucho que han subestimado al otro. Fouché reconoce el enorme poder que Robespierre ha adquirido en su ausencia: todos los cargos le están subordinados, el ejército, la policía, la corte, los comités, la Convención y los jacobinos. Luchar contra él parece inútil. Pero Robespierre lo obliga a luchar, y Fouché sabe que está condenado si no gana. La fuerza final proviene siempre de la última desesperación, y así, a dos pasos del abismo, se lanza de repente hacia el perseguidor, como un ciervo precipitado hasta el extremo, que ataca al cazador desde un último matorral con el coraje de la desesperación. Robespierre abre las primeras hostilidades. Al principio solo quiere darle una lección al descarado, una advertencia, una patada. La ocasión es su famoso discurso del 6 de mayo, en el que llama a todos los intelectuales de la República a "reconocer la existencia de un ser supremo y la inmortalidad como fuerza rectora del Universo". Robespierre nunca ha pronunciado un discurso más bello, más vivo que este, que supuestamente escribió en la finca de Jean-Jacques Rousseau: aquí el dogmático casi se convierte en poeta, el idealista poco claro, en pensador. Separar la fe de la incredulidad y, por otro lado, de la superstición; crear una religión que se eleve por encima del cristianismo popular de culto a la imagen y del materialismo vacío y el ateísmo. En otras palabras, preservar el centro, como siempre intenta hacer en todos los asuntos espirituales, es la idea básica de su discurso. A pesar de su pomposa fraseología, está lleno de un *ethos* sincero, de una apasionada voluntad de elevar a la humanidad. Pero incluso en esa esfera superior, él, el ideólogo, no puede liberarse de lo político; incluso en sus pensamientos intemporales, su rencor bilioso y malhumorado se mezcla con los ataques personales. Recuerda con rencor a los muertos que él mismo ha empujado a la guillotina y se burla de las víctimas de su política, Danton y Chaumette, como ejemplos despreciables de inmoralidad e impiedad. Y de repente, con un golpe de corazón, se lanza contra el único de los predicadores ateos que ha sobrevivido a su ira, contra Joseph Fouché. "Dinos, ¿quién te ha encomendado la misión de proclamar al pueblo que no existía ninguna deidad? ¿Qué ventajas ves en persuadir al hombre de que una fuerza ciega determina su destino, que la virtud y el vicio son vencidos por el azar, y que su alma no es más que un delgado aliento que muere a las puertas de la tumba? Infeliz sofista, ¿con qué derecho pretendes arrebatar a la inocencia el cetro de la razón para entregarlo en manos del vicio? ¡Arrojar un velo de muerte sobre la naturaleza, hacer aún más desesperada la desgracia, exonerar el crimen, oscurecer la virtud y degradar a la humanidad! Solo un criminal, despreciable ante sí mismo y repugnante para todos los demás, puede creer que la Naturaleza no puede darnos nada más bello que la Nada".

El magnífico discurso de Robespierre es recibido con aplausos sin límites. De golpe, la Convención se siente libre de los bajos fondos de las disputas cotidianas y aprueba por unanimidad la celebración propuesta por Robespierre en honor del Ser Supremo. Solo Joseph Fouché permanece en silencio, mordiéndose los labios. Uno debe permanecer en silencio ante tal triunfo del enemigo. Sabe que no puede competir abiertamente con ese magistral retórico. Sin palabras, pálido, acepta esta derrota ante la Asamblea, pero decidido interiormente a vengarse y enmendarse.

No se sabe nada de él durante unos días, unas semanas. Robespierre piensa que está acabado: probablemente la patada ha sido suficiente para el descarado. Pero si no se ve ni se oye nada de Fouché, es porque trabaja en la clandestinidad, tenazmente, sistemáticamente, como un topo. Visita los comités, intenta hacer amigos entre los diputados, es simpático, se compromete con los individuos e intenta ganarse a todos. Lo que más hace es ganarse a los jacobinos, para quienes las palabras hábiles y suaves cuentan mucho. Su actuación en Lyon ha puesto algunas piedras en su ataúd. Nadie sabe con claridad qué quiere, qué planea, qué trama este hombre atareado, paseante, discreto, que teje hilos por todas partes.

Y de repente todo se aclara, inesperadamente para todos y más inesperadamente para Robespierre. El 18 de Pradial, Joseph Fouché es elegido presidente del Club Jacobino por unanimidad.

Robespierre se sobresalta: nadie había creído posible tal audacia. Solo ahora se da cuenta de la astucia y audacia del adversario que ha encontrado en Fouché. Hacía dos años que un hombre al que había atacado públicamente no se atrevía a mantenerse firme. Todos habían desaparecido al instante en cuanto sus ojos se cruzaron con ellos; un Danton había huido a su finca, los girondinos se habían refugiado en provincias, los demás permanecían en sus casas y no hacían mención de sí mismos. ¿Y este, este impúdico, al que tachó de impuro con el dedo extendido en una Asamblea Nacional abierta, se refugia en el santuario, en el sanctasanctórum de la Revolución, en el Club Jacobino, y allí obtiene la más alta dignidad que se puede conferir a un patriota? No hay que olvidar el tremendo poder moral que tiene el club en sus manos, especialmente en el último año de la Revolución. La prueba de oro más pura y valiosa de un patriota es superada solo cuando el Club Jacobino lo honra con su admisión; aquel a quien expulsa, quien rechaza, está marcado para el hacha. Generales, dirigentes populares, políticos, todos inclinan la cabeza ante este tribunal como la más alta autoridad, casi sacerdotal, del espíritu cívico. En cierto sentido, este club representa a los pretorianos de la Revolución, la guardia de corps y de la santa casa. Y estos pretorianos, estos republicanos más estrictos, más honestos, más inflexibles, ¡han elegido a un tal Joseph Fouché como su líder! La ira de Robespierre no tiene límites. Porque a plena luz del día, este canalla ha irrumpido en su reino, en sus dominios, en el mismo lugar donde él mismo acusa a sus enemigos, donde afianza su propia fuerza en el círculo de los probados. Y ahora, si quiere pronunciar un discurso, ¿tendrá que pedir permiso a Joseph Fouché? ¿Maximilien de Robespierre tendrá que someterse al capricho o al malhumor de un Joseph Fouché?

Inmediatamente pone todas sus fuerzas en tensión. Esta derrota debe ser vengada con sangre. ¡Abajo con él, abajo de inmediato, no solo de la silla presidencial, sino también de la sociedad de los patriotas! Enseguida lanza contra Fouché a varios ciudadanos de Lyon, que lo acusan. Cuando él muestra sorpresa, impotente en la oratoria abierta, y se defiende con torpeza, Robespierre interviene él mismo y advierte a los jacobinos "que no se dejen engañar por impostores". Casi consigue derribar a Fouché con esta primera estocada. Pero Fouché aún tiene la presidencia en sus manos y, por tanto, los medios para llevar el debate a una conclusión prematura. Interrumpe la discusión de manera poco gloriosa y huye de nuevo a la oscuridad para preparar un nuevo ataque.

Pero ahora Robespierre está preparado. Ha reconocido el estilo de lucha de Fouché; sabe que este hombre no se batirá en duelo, sino que huirá una y otra vez para preparar en secreto sus contragolpes desde las sombras. A un intrigante tan tenaz no le basta con contraatacar y golpear; hay que perseguirlo hasta el último rincón y pisotearlo. Hay que exprimirle el último aliento de su garganta, dejarlo inofensivo, por fin y para siempre.

Por eso, Robespierre vuelve a cargarse contra él, repite su acusación pública ante los jacobinos y le exige a Fouché justificarse en la próxima sesión. Claramente, Fouché se niega a hacer tal cosa. Conoce sus puntos fuertes y sus puntos débiles, no quiere que Robespierre se regocije de humillarlo en público ante tres mil personas. ¡Mejor regresar a la oscuridad, dejarse vencer y ganar tiempo, un tiempo valioso! Por eso, les escribe a los jacobinos que lamentablemente no le queda otra opción que rechazar una disculpa pública. Los jacobinos deberían retrasar el juicio hasta que ambas comisiones hayan tomado una decisión sobre su conducta.

Robespierre aprovecha esta carta para agarrar y aplastar definitivamente a Joseph Fouché. El discurso que pronuncia el 23 de Mesidor (11 de junio) es el más cruel, el más peligroso y el más furioso que haya emitido alguna vez contra un adversario.

En las primeras frases ya se puede deducir que Robespierre no quiere solo alcanzar a su enemigo, sino alcanzarlo mortalmente, que no quiere solo humillarlo, sino exterminarlo. Su discurso empieza con hipócrita tranquilidad. La primera explicación sigue sonando tibia, asegura que el "individuo" Fouché no le interesa en absoluto: "Puede que haya tenido ciertos vínculos con él en el pasado porque lo consideraba un patriota, y si lo acuso aquí no es tanto por sus crímenes, sino porque se oculta para cometer otros, y porque lo considero el jefe de la conspiración que tenemos que destruir. Examino la carta que se acaba de leer y digo que está escrita por un hombre que, acusado, se niega a justificarse ante sus conciudadanos. Este es el comienzo de un sistema de tiranía, pues quien se niega a justificarse ante una comunidad de la que es miembro está atentando contra la autoridad de esa comunidad. Es asombroso que el mismo hombre que antes cortejaba la aprobación de la sociedad la desprecie en cuanto se lo acusa, y que parezca, por así decirlo, invocar la ayuda de la Convención contra los jacobinos".

Su odio estalla de repente con carácter personal, e incluso aprovecha la fealdad física de Fouché para humillarlo. "¿Tiene miedo —se burla— de los ojos y los oídos del pueblo, tiene miedo de que su lúgubre aspecto revele de forma demasiado evidente su crimen? ¿Que seis mil miradas dirigidas a él descubran toda su alma en sus ojos, aunque la naturaleza la haya ocultado tan insidiosamente? ¿Teme que su lenguaje revele la confusión, la contradicción de un hombre culpable? Todo hombre sensato debe darse cuenta de que el miedo es la única razón de su conducta, y quien teme las miradas de sus conciudadanos es culpable. Llamo por este medio a presentarse a Fouché ante el tribunal. Que responda por sí mismo y diga si él o nosotros somos más dignos de defender los derechos de los representantes del pueblo, y cuál de nosotros ha sido más valiente a la hora de aplastar a todas las facciones". Luego lo llama "impostor bajo y despreciable", cuyo comportamiento es la confesión de su crimen, y habla con pérfidas insinuaciones "de hombres cuyas manos están llenas de botín y crimen", y concluye con las amenazadoras palabras: "Fouché se ha caracterizado lo suficiente a sí mismo; yo solo hago estas observaciones para que los conspiradores sepan de una vez por todas que no escaparán a la vigilancia del pueblo".

Aunque estas palabras significaban claramente una sentencia de muerte, la Asamblea obedece a Robespierre y, sin vacilar, expulsa a su antiguo presidente del Club Jacobino por indigno.

Joseph Fouché está destinado a la guillotina como un árbol para el hacha. La expulsión del Club Jacobino significa la marca; la acusación de Robespierre, una condena tan amarga como cierta. Fouché lleva ahora su mortaja a plena luz del día. A partir de ahora, todo el mundo espera su detención de un momento a otro, especialmente él mismo. Hace tiempo que ha dejado de dormir en su propia cama por miedo a que los gendarmes lo saquen de casa por la noche, como a Danton y a Desmoulins. Se refugia con algunos amigos valientes, porque hace falta valor para acoger a un proscrito tan evidente, valor incluso para hablarle en público. La policía del Comité de Salud Pública, dirigida por Robespierre, le sigue cada uno de sus pasos y comunica su comportamiento y sus visitas. Está invisiblemente rodeado, todos sus movimientos son vigilados y ya se encuentra expuesto al filo. De los setecientos diputados, Fouché es el más vulnerable y no tiene forma de escapar. Vuelve a intentar una vez más aferrarse a alguna parte, acude a los jacobinos, pero el puño feroz de Robespierre lo ha desgarrado, y ahora su cabeza está inestable sobre los hombros. ¿Qué puede esperar de la Convención, de este rebaño de ovejas cobardes y tímidas que balan pacientemente el "sí" en cuanto el Comité exige a uno de los suyos para la guillotina? Han entregado sin resistencia a todos sus antiguos líderes al tribunal revolucionario: Danton, Desmoulins, Vergniaud, solo para no llamar la atención mediante la resistencia... ¿Por qué no Fouché? Silenciosos, temerosos, conmocionados, se sientan en sus bancos, antaño tan valientes y apasionados. El terrible veneno del miedo, que les destroza los nervios y el alma, paraliza su voluntad.

Pero hay siempre un secreto en el veneno, que contiene poder curativo cuando se destila artificialmente y se comprimen sus poderes ocultos. Así —paradójicamente— el miedo a Robespierre puede convertirse en la salvación de Fouché. No se perdona a un hombre si obliga a otros a temerle incesantemente durante semanas y meses, si destruye el alma y paraliza la voluntad a través de la incertidumbre. Jamás la humanidad o una parte de ella, un solo grupo, podrá soportar durante mucho tiempo la dictadura de un solo hombre sin odiarlo. Y ese odio de los sometidos crece subterráneo en todos los círculos. Cincuenta o sesenta de los diputados que, como Fouché, ya no se atreven a dormir en casa, aprietan los labios cuando Robespierre pasa a su lado, muchos cierran los puños a la espalda cuando vitorean sus discursos. Cuanto más duramente y durante más tiempo gobierna el incorruptible, más crece el resentimiento contra su voluntad avasalladora. Uno a uno los ha golpeado y ofendido a todos: a la derecha, por llevar a los girondinos al cadalso, a la izquierda, por meter en el saco las cabezas de los extremistas, al Comité de Salud Pública, por imponerle su voluntad, a los negociantes por poner en peligro sus negocios, a los ambiciosos, por cerrarles el paso, a los envidiosos, por gobernar y a los conciliadores, por no asociarse con ellos. Si ese odio de cien cabezas, esa cobardía dispersa pudiera canalizarse en una sola voluntad, en una punta de lanza cuya estocada clavara a Robespierre en el corazón, entonces se salvarían todos, Fouché, Barras, Tallien, Carnot, todos sus enemigos secretos. Pero para que esto sea posible, primero hay que convencer a muchos de estos débiles personajes de que están amenazados por Robespierre, ampliar la esfera del miedo y la desconfianza, aumentar artificialmente la tensión que él mismo ejerce. Habría que hacer pesar aún más sobre los nervios de los individuos la dulzura plomiza, esta presión de incertidumbre de los discursos sombríos de Robespierre, aumentar aún más terriblemente el miedo, más temerosamente la ansiedad. Entonces, quizá las masas tendrían el valor suficiente para atacar a este individuo.

Aquí comienza la verdadera actividad de Fouché. Desde primera hora de la mañana hasta última hora de la tarde, se escabulle de un diputado a otro, rumoreando sobre las misteriosas nuevas listas de reclutamiento que Robespierre está preparando. Y susurra a cada uno de ellos: "Estás en la lista" o: "Estarás en la próxima tanda". Y realmente, poco a poco, cunde el pánico en la clandestinidad, porque muy pocos diputados tienen la conciencia completamente tranquila ante semejante Catón, ante tan absoluta incorruptibilidad. Uno puede haber sido demasiado descuidado con su dinero, el segundo puede haber contradicho una vez a Robespierre, el tercero puede haber tenido demasiados amoríos con mujeres (todos delitos a los ojos de este puritano republicano), el cuarto puede haberse hecho amigo de Danton o de otro de los ciento cincuenta condenados, el quinto puede haber acogido a un condenado, el sexto puede haber recibido una carta de un emigrante. En resumen, todos tiemblan, todos consideran posible un atentado contra ellos, nadie se siente lo bastante puro para hacer plena justicia a las desmesuradas exigencias que Robespierre impone a la virtud cívica. Y una y otra vez, como la bobina en el telar, Fouché se dispara de uno a otro, tirando siempre de nuevos hilos, tejiendo siempre nuevas mallas, atrapando cada vez más en esta tela de araña de la desconfianza y la sospecha. Pero es un juego peligroso, porque solo está tejiendo una tela de araña, y un solo movimiento brusco de Robespierre, una palabra de traición, puede romper su tejido.

Este papel misterioso, desesperado, peligroso y enigmático de Fouché en la conspiración contra Robespierre no ha sido lo suficientemente subrayado en la mayoría de los relatos, y en los superficiales a menudo no se lo menciona en absoluto. La historia casi siempre se escribe según las apariencias, y así los que retratan aquellos emocionantes últimos días normalmente describen los gestos dramáticos y patéticos de Tallien blandiendo la daga con la que pretende atravesarse en la tribuna, la brusca energía de Barras convocando a las tropas, el discurso acusador de Bourdon. En resumen, describen a los actores, a los protagonistas del gran drama que entonces se desarrolló el 9 de Termidor, y pasan por alto a Fouché. De hecho, él no desempeña ningún papel en el escenario de la Convención en aquellos días. Su actuación se desarrolla entre bambalinas y es la más difícil, se mueve como el director de juego en esta obra audazmente peligrosa. Prepara las escenas, elige a los actores, ensaya invisiblemente en la oscuridad y da las indicaciones en las sombras, que siempre es su verdadero ámbito. Pero aunque los historiadores posteriores pasaran por alto su papel, una persona, Robespierre, ya era consciente de su presencia activa y a plena luz del día llamaba a Fouché por su verdadero nombre: *Chef de la Conspiration*, el jefe de la conspiración.

Este espíritu desconfiado y suspicaz intuye que en secreto se prepara algo contra él. Lo intuye por el súbito recrudecimiento de la resistencia en los comités y, quizá aún más claramente, por la exagerada cortesía y obsequiosidad de algunos diputados, que sabe que son sus enemigos. Robespierre intuye que se está planeando un golpe desde la oscuridad. Conoce la mano que ha de guiarlo, el *Chef de la Conspiration*, y se pone en guardia. Las antenas de Robespierre sondean con cuidado: su propia policía y sus espías privados le informan cada paso, cada encuentro, cada conversación entre Tallien, Fouché y los demás conspiradores. Cartas anónimas lo advierten o lo incitan a tomar rápidamente la dictadura y abatir a los enemigos antes de que se reúnan. Para confundirlos y engañarlos, asume de pronto la máscara de la indiferencia ante el poder político. Ya no aparece en la Convención ni en el Comité. Se lo puede ver solo, acompañado de su gran perro de Terranova, con un libro en la mano, recorriendo las calles o los bosques cercanos con la boca cerrada, aparentemente preocupado solo en la filosofía e indiferente al poder. Pero cuando vuelve a su habitación por la noche, pasa horas trabajando en su gran discurso. Trabaja sin cesar. El manuscrito muestra innumerables cambios y complementos, porque ese gran discurso decisivo, con el que quiere aplastar de una vez a todos sus enemigos, ha de ser sacado a relucir inesperadamente y será cortante como un hacha, lleno de vigor retórico, radiante de espíritu y pulido de odio. Con esta arma quiere golpear de pronto a los sorprendidos antes de que puedan recomponerse y llegar a un entendimiento. No puede hacer lo suficiente para afilar su filo y envenenarlo fatalmente, y pasa largos y preciosos días dedicado a este siniestro trabajo.

Pero no hay más tiempo que perder, pues los espías informan cada vez con más urgencia sobre las convenciones secretas. El 5 de Termidor, Robespierre recibe una carta de Fouché, dirigida a su hermana, que misteriosamente dice: "No tengo nada que temer de las calumnias de Maximilien de Robespierre... dentro de poco conocerás el desenlace de este asunto, que espero sea favorable a la República". Así que en poco tiempo Robespierre ha sido advertido. Llama a su amigo Saint-Just y se encierra con él en su estrecha buhardilla de la rue Saint Honoré. Allí se decide el día y el método del atentado. El 8 de Termidor, Robespierre deberá sorprender y paralizar a la Convención con su discurso.

Y un día después, Saint-Just pedirá las cabezas de sus enemigos, las de los miembros recalcitrantes del Comité y, sobre todo, la de Joseph Fouché.

La tensión es casi insoportable, incluso los conspiradores sienten el rayo entre las nubes. Pero aún dudan en atacar al hombre más poderoso de Francia, el que tiene todos los poderes en sus manos, el ayuntamiento y el ejército, los jacobinos y el pueblo, y posee la fama y el poder de un nombre intachable. Aún no parecen estar seguros de sí mismos, aún no son numerosos, aún no están decididos, aún no son lo bastante audaces para enfrentarse a este gigante de la revolución en una batalla abierta, y ya algunos están retrocediendo con cautela, hablando de retirada y reconciliación. La conspiración, laboriosamente urdida, amenaza con desmoronarse.

En ese momento, el destino, más ingenioso que cualquier poeta, arroja un peso decisivo sobre el tambaleante armazón. Fouché es el elegido para hacer estallar la mina. Porque en estos días, el hombre acosado con desesperación por todos los perros, amenazado cada hora por el rayo del hacha, experimenta una última y extrema desgracia en su propia vida, además de su desgracia política. Duro, frío, intrigante e intransigente en público y en política, este hombre extraño es el marido más conmovedor y el padre de familia más tierno en casa. Ama con pasión a su espantosamente fea esposa y, sobre todo, a la niña que dio a luz en tiempos del proconsulado, a la que bautizó Nièvre con su propia mano en la plaza del mercado de Nevers. Esa niña pequeña, delicada y pálida, su preferida, enfermó de gravedad de repente durante aquellos días de tortura termal, y además de las preocupaciones por su propia vida, ahora está terriblemente preocupado por la de su hija. La prueba más cruel: sabe que el ser amado, su querida criatura, débil y enferma del pecho, se está muriendo con su esposa y, acosado por Robespierre, no se le permite sentarse por la noche junto a la cama de su niña enferma, sino que tiene que esconderse en pisos y buhardillas ajenos. En lugar de cuidar de ella y escuchar su respiración entrecortada, tiene que correr de un diputado a otro con las suelas ardiendo, mintiendo, suplicando, implorando, defendiendo su propia vida. Con los sentidos perturbados, el corazón desgarrado, el desdichado vaga incansablemente de un lado a otro de la arena política durante los abrasadores días de julio (los más calurosos desde hace años) y no puede estar presente cuando su amada hija sufre y muere.

El 5 o 6 de Termidor, ese calvario llega a su fin. Fouché acompaña un pequeño ataúd hasta el cementerio de la iglesia. La niña ha muerto. Tales pruebas lo endurecen a uno. Ya no teme la muerte de su propia hija, ya no teme la suya. Una nueva audacia, la de la desesperación, templa su voluntad. Y como los conspiradores aún vacilan y quieren aplazar la batalla, Fouché, que no tiene nada más que perder que su vida, pronuncia la frase decisiva: "Mañana debemos atacar". Y esa frase fue dicha el 7 de Termidor. A primera hora de la mañana siguiente, un resplandor de julio sin nubes se cierne ya sobre la ciudad desprevenida; es un día histórico para el mundo. Y solo en la Convención se percibe desde temprano una extraña excitación. Los diputados permanecen juntos en los rincones y cuchichean; nunca se han visto tantos extraños y curiosos en los pasillos y en las tribunas. El misterio y la tensión rondan incorpóreos por la sala, pues inexplicablemente se ha extendido el rumor de que hoy Robespierre ajustará cuentas con sus enemigos. Tal vez alguien haya escuchado a Saint-Just y lo haya visto regresar de la habitación cerrada por la noche, y la Convención conoce demasiado bien el efecto de estas consultas secretas. ¿O acaso Robespierre tenía noticias de los planes de guerra de sus adversarios? Todos los conspiradores, todos los que se sienten amenazados, escrutan ansiosamente los rostros de sus colegas. ¿Ha sido alguno de ellos el que ha develado el peligroso secreto? ¿Logrará Robespierre adelantarse a ellos o serán capaces de aplastarlo antes de que hable? ¿La masa insegura y cobarde de la mayoría —*Le Marais*— los entregará o los protegerá? Todo el mundo se estremece. Al igual que la tristeza del cielo gris plomizo de la ciudad, la inquietud mental pesa amenazadoramente sobre la Asamblea.

Y, en efecto, apenas abierta la sesión, Robespierre toma la palabra. Se ha vestido tan solemnemente como en aquella celebración del Ser Supremo —lleva el traje azul cielo con medias de seda blanca que ya se ha convertido en histórico—, y de manera lenta, con deliberada solemnidad, sube a la tribuna. Esta vez, sin embargo, no lleva una antorcha en las manos al igual que entonces, sino un gran pergamino de papel, como los lictores que sostienen el mango del hacha: su discurso. Saber su nombre en estas hojas de papel selladas significa la ruina para todos, por lo que el parloteo y el zumbido en los bancos se detiene de repente, como si los hubieran arrancado. Los diputados se apresuran a salir del jardín y de las tribunas, y toman asiento. Todos miran con ansiedad la expresión de ese rostro estrecho, demasiado familiar. Pero, gélido y encerrado en sí mismo, impenetrable a toda curiosidad, Robespierre desenrolla lentamente su discurso en la tribuna. Antes de empezar a leer con sus ojos miopes, levanta la mirada para aumentar la tensión. La deja girar lenta, fría y amenazadora alrededor de la Asamblea que, casi anestesiada, se ubica de derecha a izquierda, de izquierda a derecha, de abajo a arriba, de arriba a abajo. Allí están sentados sus pocos amigos, los muchos desconocidos y la cobarde camarilla de conspiradores que acechan su perdición. Mira uno por uno. Solo hay uno al que no ve. Solo falta uno de sus enemigos en esa hora decisiva: Joseph Fouché.

Pero, extrañamente, nada más que el nombre de este ausente, Joseph Fouché, se menciona en el debate. Y es su nombre el que desencadena la batalla final y decisiva.

Robespierre habla largo y tendido, farragoso y tedioso. Según su vieja costumbre, da repetidas vueltas con el hacha sobre personas innominadas, habla de complots y conspiraciones, de indignos y criminales, de traidores y maquinaciones, pero no menciona ningún nombre. Le basta con hipnotizar a la

Asamblea: mañana Saint-Just asestará el golpe mortal a las víctimas paralizadas. Durante tres horas, deja que su discurso vago y a menudo fraseológico se prolongue en el vacío, y cuando por fin termina, la Asamblea está más desconcertada que asustada.

Al principio, no se levanta ni una mano. La incertidumbre se cierne sobre todos. Nadie puede decir si este silencio confirma una derrota o una victoria, solo el debate lo decidirá.

Por fin, uno de sus satélites pide a la Convención que decida imprimir el discurso y aprobarlo. Nadie se pronuncia en contra. La mayoría, en un acto de cobardía y servilismo, está de acuerdo, aliviada de que no se le exija más: ni nuevas cabezas, ni nuevas detenciones, ni nuevas autorrestricciones, Entonces, en el último momento, uno de los conspiradores —el nombre pertenece a la Historia Universal: Bourdon de l'Oise— habla en contra de la impresión. Y esa única voz libera a todos los demás. Los cobardes se unen poco a poco y se transforman en un coraje desesperado; uno tras otro acusan a Robespierre de ser demasiado vago en sus declaraciones y amenazas. Debe decir con claridad a quién está acusando realmente. En un cuarto de hora, la escena cambia: Robespierre, el atacante, se ve obligado a defenderse, debilita su discurso en lugar de reforzarlo, declara que no ha acusado ni culpado a nadie.

En ese momento, suena de pronto una voz, la de un pequeño e insignificante diputado que le grita: *"Et Fouché?"* [¿Y Fouché?]. Se nombra al hombre al que ya ha marcado como el líder de la conspiración, el traidor a la Revolución. Ahora Robespierre podría, ahora tendría que contraatacar. Pero extraña, inexplicablemente, Robespierre se evade: "No quiero ocuparme de él en este momento, solo escucho la voz de mi deber".

Esta respuesta evasiva de Robespierre es uno de los secretos que se llevó a la tumba. ¿Por qué perdona a su enemigo más acérrimo, puesto que ya siente que se trata de una cuestión de vida o muerte? ¿Por qué no lo aplasta, por qué no ataca al único ausente de todos? ¿Por qué no releva a los demás, que se sienten atemorizados e indudablemente abandonarían a Fouché para salvarse? Esa misma noche, afirma Saint-Just, Fouché intentó de nuevo acercarse a Robespierre. ¿Es una finta o es verdad? Varios testigos afirman haberlo visto sentado en un banco con Charlotte Robespierre, su antigua novia, durante esos días. ¿Intentó persuadirla una vez más para que intercediera ante su hermano? ¿Este hombre desesperado quería traicionar a los conspiradores para salvar su cabeza? ¿O buscaba fingir remordimiento y devoción hacia Robespierre para mantenerlo a salvo y encubrir la conspiración? Fouché, conocido por jugar con dobles cartas mil veces antes, ¿era el más ambivalente de todos? Y el incorruptible e igualmente amenazado Robespierre, ¿estaba dispuesto a perdonar a su más odiado enemigo en aquella hora solo para mantenerse íntegro? ¿Fue esta evasión de la acusación de Fouché una señal de un acuerdo secreto o simplemente una evasión?

No se sabe. Después de tantos años, una sombra de misterio se cierne aún sobre la figura de Robespierre. La Historia nunca adivinará del todo a este hombre impenetrable. Nunca se sabrán sus últimos pensamientos: si realmente quería una dictadura para él o una República para todos, si quería salvar la Revolución o heredarla como Napoleón. Nadie conoció sus pensamientos más secretos, los pensamientos de su última noche del 8 al 9 de Termidor.

Porque esta es su última noche, aquí se toma la decisión. A la luz de la luna en la sofocante y bochornosa noche de julio, la guillotina brilla intensamente. ¿Caerá mañana el frío filo de la guillotina sobre Tallien, Barras y Fouché, o sobre Robespierre? Ninguno de los seiscientos diputados duerme esa noche; ambos partidos se preparan para la batalla final. Robespierre ha salido corriendo de la Convención hacia los jacobinos; temblando de excitación delante de velas parpadeantes, les lee su discurso, rechazado por los diputados. Locos aplausos lo aclaman una vez más, por última vez, pero él, lleno de amargos presentimientos, no se engaña, porque esos tres mil se reúnen a su alrededor gritando, y considera el discurso como su testamento. Mientras tanto, el guardián de su sello, Saint-Just, lucha en el Comité como un desesperado hasta el amanecer contra Collot, Carnot y los demás conspiradores. Al mismo tiempo, en los pasillos de la Convención, se teje la red que mañana envolverá a Robespierre. Dos, tres veces, como la bobina en el telar, los hilos pasan de la derecha a la izquierda, de la montaña a la vieja reacción, hasta que finalmente se hilan en la luz temprana en un pacto firme e irrompible. Aquí es donde Fouché reaparece de repente, porque la noche es su elemento; la intriga, su verdadera esfera. Su rostro color plomo, blanqueado aún más por el miedo, recorre fantasmal las habitaciones en penumbra. Susurra, engatusa, promete, asusta, atemoriza y amenaza uno tras otro, y no descansa hasta haber consumado el pacto. A las dos de la madrugada, todos los adversarios se ponen de acuerdo para acabar con su enemigo común, Robespierre. Solo entonces Fouché puede por fin descansar.

Joseph Fouché también estuvo ausente en la reunión del 9 de Termidor. Pero puede descansar y estar ausente, pues su trabajo está hecho, la red está anudada y la mayoría está decidida a no dejar escapar con vida a Robespierre, hombre demasiado fuerte y peligroso. En cuanto Saint-Just, el portador de la espada de Robespierre, comienza el discurso mortal preparado contra los conspiradores, Tallien interviene, pues el día anterior habían acordado que ni Saint-Just ni Robespierre podrían hablar. Los dos deben ser estrangulados antes de que puedan hablar, antes de que puedan acusar. Un orador tras otro, hábilmente dirigidos por el complaciente presidente, se abalanzan sobre la tribuna. Cuando Robespierre intenta defenderse, la multitud grita, ruge, tamborilea su voz. La cobardía reprimida de seiscientas almas inseguras, junto con el odio y la envidia acumulados durante semanas y meses, se lanza ahora contra el hombre ante el que todos temblaban por separado. A las seis de la tarde todo está decidido, Robespierre es condenado al ostracismo y llevado a prisión. En vano sus amigos, los verdaderos revolucionarios, que admiran en él el alma dura y apasionada de la República, lo liberan y rescatan en el ayuntamiento. Por la noche, las tropas de la Convención asaltan ese bastión de la Revolución, y a las dos de la mañana, veinticuatro horas después de que Fouché y los suyos hubieran sellado el pacto para la destrucción, Maximilien de Robespierre, enemigo de Fouché y ayer el hombre más poderoso de Francia, yace cubierto de sangre con la mandíbula destrozada sobre dos sillones en la antesala de la Convención. La presa mayor ha sido cazada, Fouché está salvado. A la tarde siguiente, el carro traquetea hasta el lugar de la ejecución. El Terror ha pasado, pero el espíritu ardiente de la Revolución también se ha apagado, la época heroica ha terminado. Ahora llega la hora de los herederos, de los soldados de fortuna y de los vencedores, de los saqueadores y de las almas dobles, de los generales y de los hombres de dinero, la hora de los nuevos gremios. Ahora, se podría decir, también llega la hora de Joseph Fouché.

Mientras el carro de Maximilien de Robespierre y sus seguidores avanza lentamente hacia la guillotina por la calle Saint-Honoré —el trágico camino que siguieron Luis XVI, Danton, Desmoulin y las innumerables víctimas restantes— la curiosidad está entusiasta y exultante. La ejecución vuelve a convertirse en una fiesta popular, los tejados se llenan de banderas ondeantes, desde las ventanas se oyen gritos de júbilo, una ola de alegría ruge sobre París. Cuando la cabeza de Robespierre rueda en la cesta, la enorme plaza vibra con un único y extático grito de euforia. Los conjurados se asombran: ¿por qué el pueblo celebra con tanta pasión el aniquilamiento de ese hombre al que Francia veneraba hasta ayer como a un Dios? Tallien y Barras se asombran aún más cuando a la entrada de la Convención una multitud tempestuosa los recibe con gritos de admiración, como si hubiesen vencido finalmente el Terror. Al ejecutar a ese hombre superior no habían deseado otra cosa más que liberarse de un incómodo dechado de virtudes que les observaba los dedos con demasiada atención, pero ninguno de ellos se había puesto a pensar en dejar que la guillotina se oxidase ni en poner fin al Terror. Sin embargo, al percibir el rechazo que reciben las ejecuciones masivas y lo populares que podrían volverse argumentando más adelante razones de humanidad para su venganza privada, toman la rápida decisión de sacar provecho del malentendido. Ahora ellos, que siempre estuvieron a favor de la clemencia y se proclamaron en contra de la rigidez y la exageración, afirmarán que solo Robespierre tenía sobre su conciencia los actos violentos de la Revolución, porque desde la fosa común no se puede emitir sonido.

La cobarde y embustera actitud de los sucesores es la que le da sentido histórico al 9 de Termidor, no la ejecución de Robespierre. Porque hasta ese día la Revolución había reclamado para sí todo derecho, se había hecho cargo de toda responsabilidad. Desde ese día, confiesa temerosa haber cometido injusticias, y sus caudillos comienzan a negarlas. Pero toda creencia espiritual, toda cosmovisión, se rompe en su más íntima fuerza en cuanto niega su derecho incondicional, su infalibilidad. Cuando Tallien y Barras, los tristes vencedores, insultan los cuerpos de sus grandes predecesores, Danton y Robespierre, nombrándolos cadáveres de asesinos y se sientan temerosos en los bancos de la derecha, entre los moderados, entre los secretos enemigos de la República, no sólo traicionan a la historia y al espíritu de la Revolución, sino que se están traicionando a ellos mismos.

Todo el mundo espera encontrar a su lado a Fouché, el principal conspirador, el más encarnizado enemigo de Robespierre. Él, siendo el más amenazado y el *Chef de la Conspiration*, bien tendría derecho a una parte especialmente jugosa del botín. Pero, curiosamente, Fouché no se sienta con los demás en los bancos de la derecha, sino en su viejo sitio, en la "montaña", entre los radicales, y permanece en silencio. Por primera vez —asombra—, no se une a la mayoría.

¿Por qué actúa Fouché de forma tan poco convencional?, se preguntan algunos entonces y se lo preguntarán después. La respuesta es sencilla: Fouché piensa con más sabiduría y clarividencia que los demás porque su intelecto político superior tiene una comprensión más profunda de los hechos que los imberbes Tallien y Barras, a los que el peligro solo dio una energía efímera. Él, antiguo profesor de física, conoce la ley de las fuerzas del movimiento, según la cual una onda no puede permanecer inmóvil en el aire. Debe, lo sabe, fluir hacia delante o hacia atrás. Si la onda sube, si comienza una reacción, no se detendrá más que la revolución anterior, correrá hasta su extremo, hasta la violencia, igual que el movimiento precedente. Si la reacción gana, entonces todos los campeones de la Revolución estarán perdidos. Porque con las nuevas ideas también cambian peligrosamente los colores de los hechos de ayer. Lo que ayer se consideraba un deber y una virtud republicana —por ejemplo, la masacre de mil seiscientas personas y el saqueo de iglesias— se considerará un crimen, y los acusadores de ayer serán los acusados de mañana. Fouché, que tiene un gran cargo de conciencia, no quiere compartir el enorme error de los demás termidoristas (así se llaman ahora los abolicionistas de Robespierre), que se aferran temerosos a la rueda de la reacción. Sabe que no servirá de nada: una vez que la reacción se pone en marcha, se lleva a todo el mundo por delante. Solo por sabiduría y previsión, Fouché se mantiene fiel a la izquierda, se mantiene fiel a los radicales, porque intuye que los más audaces pronto estarán en apuros.

Y Fouché tenía razón. Para hacerse populares, para afirmar una humanidad sin precedentes, los termidoristas sacrificaron al más enérgico de los procónsules, ejecutaron a Carrier, que ahogó a seis mil personas en el Loira, a Joseph Lebon, el tribuno de Arras, y a Fouquier-Tinville. Para complacer a la derecha, recuperaron a los setenta y tres expulsados de la Gironda y se dieron cuenta demasiado tarde de que, al reforzar la reacción, ellos mismos se habían hecho dependientes de ella. Ahora deben acusar obedientes a sus propios cómplices contra Robespierre, Billaud-Varenne y Collot d'Herbois, colega de Fouché en Lyon. La reacción se acerca cada vez más al cuello de Fouché. Esta vez se salva negando con cobardía toda complicidad en Lyon (aunque había firmado todas las hojas junto con Collot) y afirmando con la misma mendacidad que solo había sido perseguido por el tirano Robespierre a causa de su excesiva indulgencia. De este modo, el astuto hombre engañó realmente a la Convención durante un tiempo. Se le permite permanecer en su puesto sin ser molestado, mientras que Collot es enviado a la "guillotina seca", es decir, a las islas febriles de las Antillas, donde perece a los pocos meses. Pero Fouché es demasiado inteligente para sentirse seguro después de esta primera defensa; conoce la implacabilidad de las pasiones políticas, sabe que una reacción, como una revolución, no se alimenta de gente mientras no se le rompan los dientes. No se detendrá en su venganza hasta que el último de los jacobinos haya sido llevado ante la justicia y la República haya sido destruida.

Por eso, solo ve una salvación para la Revolución, a la que está indisolublemente ligado por su culpa de sangre: que se renueve. Y solo ve una salvación para sí mismo: que caiga el gobierno. De nuevo el más amenazado de todos, igual que hace seis meses, emprende una lucha desesperada por su vida, solo contra las fuerzas superiores.

Siempre que el poder y su vida están en juego, Fouché desata fuerzas asombrosas. Se da cuenta de que ya no es posible impedir por medios legales que la Convención procese a los antiguos terroristas, por lo que no le queda otra opción que la tantas veces probada durante la Revolución: el Terror. Ya una vez, cuando se condenó a los girondinos y al Rey, se había intimidado a los cobardes y cautelosos diputados (entre ellos al entonces todavía conservador Joseph Fouché) movilizando las calles contra el Parlamento, trayendo batallones de obreros de los suburbios con su fuerza proletaria y su irresistible ímpetu, e izando la bandera roja de la revuelta en el ayuntamiento.

¿Por qué no lanzar de nuevo a esta vieja guardia de la Revolución, a los Asaltantes de la Bastilla y a los hombres del diez de agosto contra la cobarde Convención y aplastar con los puños a la fuerza superior? Solo el miedo descarado a la revuelta, a la furia proletaria, podía intimidar a los termidoristas, así que Fouché decidió agitar al pueblo de París, a las amplias masas, y lanzarlas contra sus enemigos, sus acusadores.

Hay que reconocer que Fouché es demasiado prudente para ir a los suburbios, pronunciar encendidos discursos revolucionarios o, como Marat, lanzar panfletos provocadores al pueblo arriesgando su vida. No le gusta exponerse, le gusta eludir responsabilidades. Su arte magistral no es el de hablar alto y cautivador, sino el de susurrar, el de esconderse detrás de otro. Y también esta vez encuentra a un hombre adecuado que, dando un paso al frente con valentía y decisión, lo cubre con su sombra.

Un republicano honesto y apasionado, François Babeuf, que se hace llamar Gracchus Babeuf, deambula por el París de la época, condenado al ostracismo y a la opresión. Un corazón fluido, una mente mediocre. Proletario de las profundidades, antiguo agrimensor e impresor, solo tenía algunas ideas primitivas, pero las alimentaba con una pasión varonil, avivándolas en las brasas de la verdadera convicción republicana y socialista. Los republicanos e incluso Robespierre se cuidaron de dejar de lado las ideas socialistas y a veces bolcheviques de Marat sobre la igualación de la riqueza; prefirieron hablar mucho de libertad y fraternidad, pero poco de igualdad en lo que se refiere al dinero y la propiedad.

Babeuf recoge los pensamientos de Marat, los medio aplastados, los aviva con su aliento y los lleva como una antorcha por los barrios proletarios de París. Y esta llama puede encenderse de repente y consumir en pocas horas todo París, todo el país, porque el pueblo se da cuenta poco a poco de la traición que los termidoristas están cometiendo contra la revolución proletaria, en su propio beneficio. Fouché está ahora detrás de Gracchus

Babeuf. No se muestra brazo a brazo con él en público, pero en secreto le susurra para que agite al pueblo. Lo convence para que escriba folletos provocativos y él mismo corrige las hojas impresas. Porque solo —piensa de esta manera—, cuando los trabajadores marchen, cuando los suburbios marchen de nuevo con sus picas y tambores, esta Convención cobarde entrará en razón. Solo mediante el terror, el miedo y la intimidación puede salvarse la República, solo mediante una enérgica sacudida de la izquierda puede contrarrestarse esta peligrosa tendencia a la derecha. Y para este avance audaz, que realmente pone en peligro la vida, este hombre de buena fe, decente, ruidoso y recto, le sirve maravillosamente como testaferro: uno puede esconderse bien detrás de su ancha espalda proletaria. Babeuf, por su parte, que se hace llamar orgullosamente Graco y tribuno del pueblo, se siente muy honrado de que el famoso diputado Fouché lo asesore. Sí, se trata de un último republicano honesto, piensa, uno que ha permanecido sentado en los bancos de la montaña, que no se ha hecho amigo de la *Jeunesse dorée* [juventud dorada] y de los proveedores del ejército. Acepta de buen grado los consejos y ahora, empujado por la espalda por esta hábil mano, carga contra Tallien, los termidoristas y el gobierno.

Pero solo este bonachón y franco pensador es capaz de engañar a Fouché. El gobierno no tarda en reconocer la mano que carga el arma contra ellos y Tallien acusa, en sesión pública, a Fouché de ser el patrocinador de Babeuf. Como siempre, Fouché desmiente con rapidez a su aliado (como Chaumette había hecho con los jacobinos, como Collot había hecho con Lyon). No, solo conoce a Babeuf de pasada, condena sus exageraciones, en resumen, se retira con la mayor rapidez. Y de nuevo el contraataque golpea al de enfrente. Babeuf es detenido pronto, y también es fusilado pronto en un patio de cuartel (el otro siempre paga con su sangre las palabras y la política de Fouché).

El audaz contraataque de Fouché fracasa, no consigue nada, salvo llamar de nuevo la atención, y eso no es bueno.

Porque Lyon y los campos empapados de sangre de Brotteaux vuelven a recordarse. Una y otra vez, y ahora con el doble de vigor, la reacción se abalanza sobre los acusadores de las provincias en las que estuvo activo. Apenas había conseguido rechazar los ataques de Lyon cuando Nevers y Clamecy se adelantaron. Joseph Fouché fue acusado de terrorismo ante el cuartel de la Convención, cada vez más alto y ruidoso. Se defiende con astucia, con vigor y no sin suerte. Incluso Tallien, su adversario, se esfuerza ahora por protegerlo, pues hasta él se inquieta ante la superioridad de la reacción, y empieza a pensar en su propia cabeza. Pero ya es demasiado tarde: el 22 de Termidor de 1795, un año y doce días después de la caída de Robespierre, tras un largo debate, se presentan cargos contra Joseph Fouché por sus actos de terror. Y el 23 de Termidor, se decide arrestarlo. Como la sombra de Danton tras Robespierre, la sombra de Robespierre cae ahora sobre Fouché.

Pero se estaba escribiendo el Termidor del cuarto año de la República —y el astuto político lo había calculado correctamente— y ya no del tercero. En 1793, acusación significaba orden de detención, detención significaba muerte: llevado a la *Conciergerie* por la noche, uno era interrogado al día siguiente y por la tarde ya estaba en el carro. Pero en 1794, el férreo control de los "incorruptibles" ya no sujetaba las riendas de la corte; las leyes se habían vuelto más laxas, podías deslizarte entre ellas si eras flexible. Y Fouché no sería Fouché si él, tan a menudo peligrosamente enredado, no pudiera atravesar unas redes tan flexibles. Lo consigue con sigilo y por la puerta de atrás, que no lo detengan de inmediato, que le den tiempo para replicar, para responder, para justificarse. El tiempo lo es todo. "Quédate en la oscuridad y te olvidarán, quédate callado mientras los demás gritan y pasarás desapercibido", dice la famosa receta de Sièyes, que se sentó en la Convención durante todos los años del Terror sin abrir la boca, y más tarde, cuando le preguntaron qué había estado haciendo durante ese tiempo, dio la ingeniosa respuesta con una sonrisa: *"J'ai vécu"* [He vivido]. Fouché posa ahora como algunos animales, muertos en apariencia, para que no los maten. Solo ahora, el breve período de transición, salva la vida y se salva. Porque el experimentado meteorólogo del viento intuye que el pleno esplendor y poder de esta Convención durará tan solo unas semanas más, unos meses más.

Así que Joseph Fouché salva su vida, y eso es mucho en aquellos días. Por supuesto, solo salva su vida desnuda, no su nombre ni su cargo, porque ya no fue elegido para la nueva asamblea. Sus inmensos esfuerzos fueron en vano, derrochó un exceso de pasión y astucia, de audacia y traición: solo salva su vida desnuda. Ya no es Joseph Fouché de Nantes, diputado del pueblo, ya no es profesor de curas, ya no es más que un hombre olvidado, despreciado, sin rango, sin fortuna, sin importancia, una sombra hereditaria protegida solo por la oscuridad.

Y durante tres años nadie pronuncia su nombre en Francia.

Ministros del Directorio y del Consulado

¿**A**LGUIEN HA COMPUESTO YA el himno del exilio, esa fuerza creadora de destino que eleva al hombre en la caída, que vuelve a reunir, y en otro orden, las potencias destrozadas del alma en las duras coacciones de la soledad? Los artistas siempre han denunciado el exilio solo como una interrupción aparente del ascenso, como un intervalo inútil, como una interrupción cruel. Pero el ritmo de la naturaleza quiere interrupciones violentas. Porque solo quien conoce las profundidades conoce la vida entera. Solo el retroceso da al hombre toda su fuerza de empuje.

El genio creador, sobre todo, necesita esta soledad temporalmente forzada para calibrar el horizonte y la altura de su verdadera tarea desde las profundidades de la desesperación, desde la distancia de ser un paria. Los mensajes más importantes de la humanidad salieron del exilio. Los creadores de las grandes religiones: Moisés, Cristo, Mahoma, Buda, todos ellos tuvieron que entrar en el silencio del desierto, en el no estar entre los hombres, antes de poder hablar con decisión. La ceguera de Milton, la sordera de Beethoven, la prisión de Dostoievski, la mazmorra de Cervantes, el confinamiento de Lutero en el Wartburg, el exilio de Dante y el destierro voluntario de Nietzsche a las zonas heladas de la Engadina fueron todas exigencias secretamente queridas por el propio genio del hombre, en contra de su voluntad despierta.

Pero incluso en lo más bajo, en lo más terrenal, en el mundo político, una estancia temporal en el exterior proporciona al estadista una nueva frescura de visión, una mejor consideración y cálculo del juego político de fuerzas. Nada más feliz puede sucederle, por tanto, a una carrera que su interrupción temporal, pues quien solo ve el mundo desde arriba, desde la nube imperial, desde la altura de la torre de marfil y del poder solo conoce la sonrisa de los sumisos y su peligrosa presteza; quien siempre tiene la medida en sus manos olvida su verdadero peso. Nada debilita más al artista, al comandante, al hombre de poder que el éxito incesante según la voluntad y el deseo. Solo en el fracaso aprende el artista su verdadera relación con la obra, solo en la derrota aprende el comandante sus errores, solo en la desgracia aprende el estadista su verdadera visión política de conjunto. La riqueza perpetua ablanda, el aplauso perpetuo embota; solo la interrupción crea nueva tensión y elasticidad creativa en el ritmo ocioso. Solo la desgracia proporciona una visión profunda y clarividente de la realidad del mundo. Dura enseñanza, pero todo exilio es enseñanza y aprendizaje: amasa de nuevo la voluntad de los blandos, hace decididos a los vacilantes, aún más duros a los duros. Para los verdaderamente fuertes, el exilio nunca es una disminución, sino solo un fortalecimiento de la fuerza.

El exilio de Joseph Fouché dura más de tres años, y la isla solitaria e inhóspita a la que es enviado se llama pobreza. Ayer todavía procónsul y codiseñador del destino de la Revolución, se sumerge desde las más altas esferas del poder en tales tinieblas, en tal suciedad y fango que ya no pueden encontrarse sus huellas. La única persona que lo ve entonces, Barras, da una imagen desgarradora de la miserable buhardilla, la cueva justo debajo del cielo, donde Fouché vive con su fea esposa y dos hijos pequeños, malsanos y pelirrojos, albinos de rara fealdad. Subiendo cinco tramos de escalera, en una habitación sucia, apagada, tostada por el sol, se esconde el hombre caído, ante cuyas palabras han temblado decenas de miles de personas y que dentro de unos años volverá a estar al timón de la fortuna europea como duque de Otranto, pero que ahora no sabe con qué dinero comprará leche para sus hijos al día siguiente, pagará el miserable alquiler y al mismo tiempo defenderá esta miserable vida de enemigos invisibles e incontables, de los vengadores de Lyon. Nadie, ni siquiera su biógrafo más fiel y preciso, Madelin, sabe dar cuenta exhaustiva de cómo Joseph Fouché se gana la vida a duras penas durante estos años de miseria. Ya no cobra sueldo como diputado, ha perdido la fortuna familiar en la sublevación de San Domingo, nadie se atreve a emplear al *Mitrailleur de Lyon* en público, todos sus amigos lo abandonan, todo el mundo lo evita. Se dice que se dedica a los negocios más extraños y oscuros —de hecho, no es una fábula, el posterior duque de Otranto se dedica entonces al engorde de cerdos—. Pero pronto elige un negocio aún más sucio, el de espía de Barras, el único de los nuevos gobernantes que aún recibe al hombre caído con una extraña compasión. Ciertamente, no en la sala de audiencias del ministerio, sino en algún lugar oscuro. Allí le lanza de vez en cuando, al incansable mendigo, un pequeño trato grasiento, un traslado del ejército, un viaje de inspección, siempre una lucratividad tan ínfima que mantiene a flote al molesto hombre durante quince días. Pero es en estos múltiples intentos donde se revela el verdadero talento de Fouché. Ya entonces, Barras tenía todo tipo de planes políticos, desconfiaba de sus colegas y le venía bien un espía privado, un alimentador y susurrador clandestino que no

formara parte oficialmente del gobierno. Fouché es ideal para
esto. Escucha y oye, entra en las casas por las escaleras traseras,
consigue con entusiasmo la charla del día de todos sus conocidos y en secreto lleva esta sucia baba a las Barras públicas. Y
cuanto más ambicioso se vuelve Barras, cuanto más ávidos son
sus planes de golpe de Estado, más necesita a Fouché. Las dos
personas decentes del Directorio (el Consejo de los Cinco que
ahora gobierna Francia) le molestan desde hace tiempo, especialmente Carnot, el hombre más recto de la Revolución Francesa, y
está pensando en deshacerse de ellas. Pero quien planea un golpe
de Estado e instiga conspiraciones necesita, sobre todo, gente
sin escrúpulos que vaya y venga, hombres *à tout faire*, Bravos
y Bulos, como los llaman los italianos. Gente que, por un lado,
no tenga carácter y, al mismo tiempo, en esa falta de carácter sea
fiable. Fouché no está bien preparado para esto. El exilio se convierte en la escuela para su carrera, y en él desarrolla su futuro
talento como maestro policial.

Por fin, después de una noche muy, muy larga en el frío de
la vida, en la oscuridad de la pobreza, Fouché huele el aire de la
mañana. Hay un nuevo amo en la Tierra, un nuevo poder está
surgiendo y él decide servirlo. Este nuevo poder es el dinero.
Tan pronto como Robespierre y sus seguidores yacen sobre la
dura tabla de madera, el todopoderoso dinero resucita y vuelve
a tener mil guardias y sirvientes. Por las calles vuelven a circular
carruajes con caballos bellamente cuidados y recién embridados,
y sentadas en su interior, semidesnudas como diosas griegas, se
encuentran mujeres encantadoras vestidas de preciosos tafetanes
y muselinas. En el Bois, la *Jeunesse Dorée* cabalga con ajustados
pantalones blancos de Nanking y frac amarillo, marrón y rojo.
En sus manos anilladas llevan elegantes fustas con mangos dorados, que también les gusta utilizar contra antiguos terroristas.
Se hacen buenos negocios en las perfumerías y en las joyerías,
de repente aparecen quinientos, seiscientos, mil puestos de baile
y cafés, construyen villas y compran casas, se va al teatro, se

especula y apuesta, se compra, vende y apuesta por miles detrás de las cortinas de damasco del Palacio Real. El dinero ha vuelto, prepotente, descarado y atrevido.

Pero ¿dónde estuvo el dinero entre 1791 y 1795 en Francia? Siempre estuvo ahí, simplemente se había escondido. Al igual que en Alemania y Austria durante el pánico comunista, en 1919 los ricos de repente fingieron estar muertos y se quejaron con ropas andrajosas, porque bajo Robespierre cualquiera que tolerara el más mínimo lujo a su alrededor, incluso cualquiera que se acercara él, era considerado, en palabras de Fouché, un *"mauvais riche"* [malvado rico], era juzgado sospechoso. Hoy en día, solo cuentan los que son ricos. Y afortunadamente, ahora es un momento maravilloso (como siempre en el caos) para ganar dinero. Los activos se están redistribuyendo. Los bienes se venden, se gana dinero con ello. Las propiedades de los emigrados se subastan, la gente gana dinero con ellas. A los condenados se les confiscan sus bienes, ganan dinero con ello. El precio del *assignat* [asignado] cae día a día, una fiebre inflacionaria salvaje sacude al país, se gana dinero con ello. Se puede ganar dinero con cualquier cosa si se tiene manos rápidas y audaces y contactos en el gobierno. Pero sobre todo hay un manantial que fluye de manera incomparablemente maravillosa: la guerra. Ya en 1791, al principio, algunos individuos (al igual que algunos en 1914) habían descubierto que también se podía sacar provecho de la guerra devoradora de hombres y destructora de valores, pero en aquella época Robespierre y Saint-Just, los incorruptibles, habían saltado furiosos al cuello de los *"accapareurs"* [acaparadores]. En este momento después de que ese Catón haya sido —¡gracias a Dios!— eliminado y mientras la guillotina se oxida en el almacén, los traficantes y proveedores del ejército sienten que es una época dorada. Ahora se puede distribuir con confianza zapatos malos a cambio de buen dinero, llenarse los bolsillos con anticipos y requisas. El requisito previo, por supuesto, es que los contratos de suministro estén asignados. Por eso, este tipo de negocios siempre requieren un verdadero intermediario, un líder bien acreditado, pero al mismo tiempo dispuesto, que abra la puerta trasera del establo a los especuladores para que accedan a la cuna del Estado y la guerra.

Joseph Fouché es ahora el hombre ideal para semejantes negocios sucios. La miseria ha borrado por completo su conciencia republicana, ha colgado silenciosamente en la chimenea su odio al dinero, se puede comprar barato a este hombre medio muerto de hambre. Y, por otro lado, tiene las mejores "conexiones", ya que entra y sale (como espía) de la antecámara de Barras, el presidente de la Junta Directiva. Así, de la noche a la mañana, el comunista radical de 1793, el que quería que se horneara el "pan de la igualdad", se convierte en íntimo de los nuevos banqueros republicanos y se ocupa de todos sus deseos y transacciones a cambio de un buen porcentaje. Por ejemplo, el estafador Hinguerlot, uno de los negociantes más audaces y sin escrúpulos de la República (Napoleón lo odiaba amargamente), se enfrenta a una grave acusación: ha sido demasiado atrevido y se ha llenado demasiado los bolsillos a la hora de realizar entregas. Ahora tiene un pleito colgando de su cuello que podría costarle mucho dinero y quizás su cabeza. ¿Qué se hace (entonces y ahora) en tales situaciones? Uno recurre a alguien que tenga buenos contactos con los de "arriba", que tenga influencia política o privada y que pueda "arreglar" el molesto asunto. Entonces uno recurre a Fouché, el informante de Barras, quien de inmediato se engrasa las suelas y corre hacia el Todopoderoso (la carta está impresa en sus memorias) y, de hecho, el complicado asunto se termina de manera silenciosa y sin dolor. A cambio, Hinguerlot lo lleva consigo en entregas militares, transacciones bursátiles y "*l'appétit vient en mangeant*" [del comer surge el apetito]. En 1797, Fouché descubre que el dinero huele mucho mejor que la sangre de 1793 y, gracias a sus nuevas "relaciones" con las grandes finanzas, por un lado, y con el gobierno corrupto, por otro, funda una nueva empresa de suministro para el ejército de Scherer. Los soldados del buen general recibirán malas botas y se congelarán en sus finos abrigos, serán derrotados en las llanuras de Italia, pero lo más importante: la compañía de Fouché-Hinguerlot, y probablemente el propio Barras, obtendrán sólidos beneficios. Atrás ha quedado el aborrecimiento ante el "metal despreciable y corruptor" que con tanta elocuencia proclamaba el ultrajacobino y supercomunista Fouché hace apenas tres años, olvidados también los arrebatos de odio contra los "malvados ricos", olvidado que "el buen republicano no necesita más que pan y hierro y cuarenta escudos al día", ahora ha llegado el momento, por fin, de enriquecerse él mismo. Porque en el exilio Fouché ha reconocido el poder del dinero y le sirve como a cualquier poder. Durante demasiado tiempo, de forma demasiado dolorosa, ha sufrido el fondo, el espantoso fondo, entre la suciedad del desprecio y la privación. Ahora dirige todas sus fuerzas para llegar a la cima, a ese mundo donde el poder se compra con el dinero y el poder se utiliza para acuñar dinero de nuevo. Se ha excavado el primer túnel en la más productiva de las minas, se ha dado el primer paso en el fantástico viaje que va de una buhardilla del quinto piso a una residencia ducal, de la nada a una fortuna de veinte millones de francos.

Ahora que Fouché se ha desprendido por completo del desagradable lastre de los principios revolucionarios, se ha vuelto ágil: de la noche a la mañana vuelve a tener el pie en el estribo. Su amigo Barras no solo hace turbias transacciones monetarias, sino también turbios negocios políticos. Quiere vender discretamente la República a Luis XVIII a cambio de un título ducal y una gran suma de dinero. Lo único que le molesta es la presencia de colegas decentes y de mentalidad republicana, como Carnot, que aún creen en la República y no quieren entender que los ideales solo están ahí para hacer dinero con ellos. Y en el golpe de Estado de Barras del 18 de Fructidor, que se deshizo de estos molestos guardias, Fouché ayuda sin duda mucho a su compinche de negocios al socavarlo, porque apenas su protector

Barras es el amo irrestricto del Consejo de los Cinco, y con el Directorio renovado, el tímido hombre arremete y exige su recompensa. Barras tiene que darle un empleo, en la política, en el ejército, en cualquier lugar, en cualquier misión, donde pudiera llenarse los bolsillos y recuperarse de los años de miseria. Barras, que necesita a este hombre, difícilmente puede decir que no al sirviente de sus oscuros negocios, pero después de todo, el nombre de Fouché, el *Mitrailleur de Lyon*, todavía apesta demasiado a sangre derramada como para comprometerse abiertamente con él en París durante la luna de miel de la reacción. Así que Barras lo envía, como representante del gobierno, primero al ejército en Italia y luego a la República Bátava en Holanda, para llevar a cabo negociaciones secretas. Barras sabe ahora por experiencia que es un maestro de la intriga subterránea. Pronto la experimentará aún más a fondo por sí mismo.

En 1798, Fouché es el embajador de la República Francesa, vuelve a tener el pie en el estribo. Al igual que había hecho en su misión sangrienta, desarrolla una fría energía en las tareas diplomáticas. Consigue éxitos fulgurantes, especialmente en Holanda. Envejecido por trágicas experiencias, madurado por tiempos tormentosos y suavizado por el duro azote de la miseria, Fouché demuestra su antiguo vigor unido a una nueva prudencia. Los nuevos amos de la cúpula reconocen pronto que se trata de un hombre utilizable, que baila con el viento y salta con el dinero, complaciente con los de arriba, despiadado con los de abajo, marinero correcto y hábil en mares agitados. Y como el barco del gobierno se balancea cada vez más peligrosamente y amenaza con zozobrar en cualquier momento en su rumbo incierto, el Directorio toma una decisión inesperada el 3 de Termidor de 1799: Joseph Fouché, en misión secreta en Holanda, es nombrado de la noche a la mañana ministro de Policía de la República Francesa.

¡Joseph Fouché, ministro! París se sobresalta como ante un cañonazo. ¿Comenzará de nuevo el Terror, cuando dejen libre a este sabueso, el *Mitrailleur de Lyon*, el profanador de hostias y saqueador de iglesias, el amigo del anarquista Babeuf? ¿Van a traer ahora también —¡Dios no lo quiera!— a Collot d'Herbois y Billaud de las islas febriles de la Guayana francesa y volverán a poner la guillotina en la Plaza de la República? ¿Acabaremos horneando de nuevo el "pan de la igualdad", introduciendo comités filantrópicos que le sacan el dinero a los ricos? París, pacificada desde hace tiempo, con sus mil quinientas salas de baile, sus tiendas deslumbrantes, su *Jeunesse Dorée*, se horroriza. Los ricos y los burgueses vuelven a temblar como en el año 1792. Solo los jacobinos, los últimos republicanos, están satisfechos. Por fin, después de terribles persecuciones, vuelve al poder uno de los suyos, el más audaz, el más radical, el más inflexible. ¡Ahora por fin la reacción será doblegada y la República purgada de realistas y conspiradores! Pero, extrañamente, al cabo de unos días, tanto unos como otros se preguntan: ¿se llama realmente Joseph Fouché este ministro de Policía? Una vez más, ha demostrado su valor el sabio dicho de Mirabeau (todavía válido hoy para los socialistas) de que los jacobinos como ministros dejan de ser ministros jacobinos. Los labios que antes chorreaban sangre ahora rebosan del aceite de las palabras conciliadoras. *Orden, paz, seguridad*, estas palabras se repiten incesantemente en las proclamas policiales del ex partidario del Terror, y la lucha contra la anarquía es su primer lema. Hay que restringir la libertad de prensa, hay que poner fin a las eternas diatribas. Orden, orden, paz y seguridad. Ningún Metternich, ningún Seldnitzki, ningún archirreaccionario del Imperio austríaco escribe decretos más conservadores que Joseph Fouché, el *Mitrailleur de Lyon*.

Los ciudadanos respiran aliviados: ¡en qué san Pablo se ha convertido este Saulo! Pero los verdaderos republicanos rabian de indignación en sus salas de reuniones. Han aprendido poco en estos años, todavía hacen discursos feroces, discursos y discursos. Amenazan al Directorio, a los ministros y a la Constitución con citas de Plutarco. Actúan tan salvajemente como si Danton y Marat siguieran vivos, como si las campanas de tormenta aún pudieran reunir a cientos de miles de personas de los suburbios como entonces. Al fin y al cabo, sus molestas quejas inquietan a la dirección. "¿Qué hacer al respecto?", le preguntan sus colegas al recién elegido ministro de Policía. "Cerrar el club", responde el incondicional. Los demás lo miran incrédulos y le preguntan cuándo tomará esta audaz medida. "Mañana", responde Fouché con calma.

Y, en efecto, a la noche siguiente, Fouché, antiguo presidente de los jacobinos, acude al club radical de la *rue du Bac*. El corazón de la Revolución ha estado latiendo en este círculo todos estos años. Son los mismos hombres ante los que Robespierre, Danton, Marat y Fouché mismo pronunciaron apasionados discursos. Tras la caída de Robespierre, tras la derrota de Babeuf, solo en el *Club de Manège* pervive el recuerdo de los días tormentosos de la Revolución.

Pero el sentimentalismo no es cosa de Fouché. Si quiere, puede olvidar su pasado con increíble rapidez. El antiguo profesor de matemáticas del oratorio solo mide el paralelogramo de las fuerzas reales en persona. Sabe que la idea republicana está muerta, que los mejores líderes, los hombres de acción, están bajo tierra. Desde hace tiempo que todos los clubes se han ido rebajando hasta convertirse en tertulias de charlatanes, que se sacan las palabras de la boca. En 1799, las citas de Plutarco y las frases patrióticas han caído en desgracia con los asignados: se han pronunciado demasiadas frases y se han impreso demasiados billetes. Francia (¡quién lo sabe mejor que el ministro de Policía, que controla la opinión pública!) está cansada de defensores y oradores e innovadores, cansada de decretos y leyes, solo quiere calma, orden, paz y finanzas claras. Después de unos años de guerra, después de unos años de revolución y de éxtasis colectivo, el imparable egoísmo del individuo de familia reclama sus derechos.

En el momento en que uno de los republicanos, uno de los amortizados hace tiempo, pronuncia un encendido discurso, la puerta se abre de un empujón y entra Fouché, con su uniforme de ministro, acompañado de gendarmes. Con mirada fría, observa atónito a la multitud: ¡qué opositores tan miserables! Los hombres de acción, los espíritus de la Revolución, sus héroes y sus forajidos, hace tiempo que han desaparecido. Solo quedan los charlatanes, y contra los charlatanes basta un gesto decisivo. Por primera vez en seis años, los jacobinos vuelven a oír su voz gélida y sobria, pero no para llamar a la libertad y al odio contra los déspotas como antes, sino para declarar con calma y claridad que el club está cerrado. La sorpresa es tan grande que nadie opone resistencia. No se enfurecen, no se abalanzan, como siempre habían jurado hacer, con puñales contra el destructor de la libertad. Se limitan a balbucear, retroceden y abandonan la sala consternados. Fouché había calculado bien: contra los hombres hay que luchar, a los habladores se los derrota con un gesto.

Una vez despejada la sala, se dirige tranquilamente a la puerta, la cierra y se guarda la llave en el bolsillo. Y con este giro de llave, la Revolución Francesa ha terminado realmente.

Un cargo es siempre lo que un hombre hace de él. Cuando Joseph Fouché asume el Ministerio de Policía, se le asigna una función totalmente subalterna, una especie de subprefectura del Ministerio del Interior. Debe supervisar e informar, actuar como vigilante y reunir el material para la política interior y exterior, que los amos de la Dirección utilizaban entonces para operar como reyes. Pero apenas lleva tres meses en el poder cuando sus benefactores se dan cuenta, conmocionados, asombrados y ya indefensos, de que no solo supervisa hacia abajo, sino también hacia arriba. El ministro de Policía controla a los demás ministros, al Directorio, a los generales, a toda la política. Su red cubre todos los cargos y responsabilidades, todas las noticias fluyen a sus manos, hace política junto a la política, guerra junto a la guerra, ensancha en todas direcciones los límites de sus poderes, hasta que, por fin, Talleyrand tiene que redefinir, con enojo, la posición del ministro de Policía: "El ministro de Policía es un hombre que en primer lugar se ocupa de todas las cosas que le conciernen; y luego, en segundo lugar, de todas las cosas que no le conciernen".

Esta complicada máquina, este aparato de control universal de todo un país, está maravillosamente organizado. Mil mensajes llegan cada día a la casa del Quai Voltaire, porque al cabo de unos meses este maestro ha plagado todo el país de espías, agentes secretos e informantes. Pero no hay que imaginarse a sus informantes como los torpes detectives pequeñoburgueses habituales, que escuchan a hurtadillas los cotilleos del día en las porterías y las bodegas, en los burdeles y las iglesias; los agentes de Fouché llevan galones de oro, faldas diplomáticas y delicados trajes de encaje, charlan en los salones del Faubourg Saint-Germain y, por otro lado, se cuelan en las reuniones secretas de los jacobinos, patrióticamente disfrazados. En su lista de mercenarios figuran marqueses y duquesas con los nombres más ilustres de Francia, e incluso puede presumir (¡hecho fantástico!) de tener a su servicio a la mujer más encumbrada del reino, Josefina Bonaparte, futura emperatriz. En la oficina de su futuro amo y emperador, el secretario se vende a él; en Hartwell, Inglaterra, el cocinero del rey Luis XVIII es sobornado por él. Cada charla es denunciada, cada carta es abierta. En el ejército, entre los comerciantes, entre los diputados, en el bar de vinos y en la Asamblea, el ministro de Policía escucha invisible, y todos estos miles de mensajes convergen diariamente en dirección a su escritorio. Allí las denuncias, algunas verdaderas e importantes, otras simplemente chismosas, son escudriñadas, tamizadas y comparadas hasta que surgen noticias claras de entre mil claves.

Porque la información lo es todo; en la guerra como en la paz, en la política como en las finanzas. En 1799, el poder en Francia ya no es el terror, sino el conocimiento. El conocimiento de cada uno de esos tristes termidoristas va a parar al despacho de Fouché: cuánto dinero se lleva, por quién es sobornado, por cuánto puede ser comprado para mantenerlo en jaque y hacer así del superior un súbdito. El conocimiento de las conspiraciones sirve, en parte, para sofocarlas; también para promoverlas y así estar siempre en el lado correcto de la política. La previsión de las noticias del escenario bélico y de las negociaciones de paz resulta útil para operar en la bolsa con financieros complacientes y finalmente anclarse en una fortuna. En manos de Fouché, esta máquina de información crea dinero constantemente, y el dinero, a su vez, sirve de aceite para mantenerla rodando en silencio. De las casas de juego, de los burdeles, de los bancos, llegan a sus manos discretos impuestos millonarios para ser convertidos en sobornos, y los sobornos traen a su vez información. Así, esta inmensa e ingeniosa maquinaria policial, que un solo hombre crea de la nada en pocos meses gracias a su inmenso trabajo y a su genio psicológico, nunca vacila y nunca falla.

Pero lo más ingenioso de la inigualable maquinaria de Fouché es que solo funciona en una única mano. En alguna parte lleva un tornillo incorporado: si se saca, el giro vertiginoso se detiene de inmediato. Fouché lo previene todo desde el primer momento, por si algún día cayera en desgracia. Sabe que, si lo despiden, basta un movimiento de muñeca para detener de inmediato la máquina que ha construido. Porque este hombre de poder no crea su obra para el Estado, ni para el Directorio, ni para Napoleón, sino únicamente para sí mismo. No piensa en transmitir obediente a sus superiores el destilado de toda la información que extrae químicamente en su retorta; despiadada y egoístamente, solo transmite lo que quiere transmitir. ¿Para qué hacer más listos a los tontos del Directorio y dejarles mirar sus cartas? Solo deja salir de su laboratorio lo que le es útil, lo que es absolutamente necesario para su propio provecho. El resto de flechas y venenos los guarda cuidadosamente en su arsenal privado para la venganza personal y el asesinato político. Fouché siempre sabe más de lo que nadie en el Directorio sabe que sabe, y esto lo hace a la vez peligroso e indispensable para todos. Sabe de las negociaciones de Barras con los realistas, de las pretensiones de Bonaparte a la corona, de las maquinaciones tanto de los jacobinos como de los reaccionarios, pero nunca revela esos secretos en cuanto los conoce, sino solo en el momento en que le parece ventajoso revelarlos. A veces alienta las conspiraciones, a veces las inhibe, a veces las instiga artificialmente, a veces las desenmascara ruidosamente (y al mismo tiempo advierte a los implicados para que se pongan a salvo a tiempo). Siempre juega a un doble, triple, cuádruple juego, y el engaño y la tomadura de pelo por todas partes, en todas las mesas, se convierte poco a poco en su pasión. Por supuesto, esto requiere mucha energía y tiempo. Fouché, el trabajador de diez horas, no escatima en ello. Prefiere estar sentado en su despacho de la mañana a la noche, comprobando personalmente todos los papeles y ocupándose de cada uno de los expedientes, antes que dar a conocer a una segunda persona los secretos de la policía. Interroga a cada acusado importante a solas en su gabinete con las puertas cerradas, para que solo él, y ni siquiera sus subordinados, pueda conocer los detalles decisivos, y así tiene poco a poco los secretos de todas las personas en sus manos como si fuera, sin ser nombrado para ello, el confesor de todo el país. Vuelve a reinar el terror como antaño en Lyon, solo que ya no es a través del hacha cruda y mortal que cruje, sino mediante el veneno mental del miedo, de la culpa, del sentimiento de ser escuchado y del conocimiento de ser descubierto. Así exprime el aliento de miles de personas. La máquina de 1792, la guillotina, inventada para aplastar cualquier resistencia al Estado, es una torpe herramienta comparada con la refinada maquinaria policial de Joseph Fouché de 1799, combinada con la superioridad intelectual.

En este instrumento, que construyó para sí mismo, Fouché actúa como un artista consumado. Conoce el secreto supremo del poder: disfrutarlo en secreto, utilizarlo con moderación. Atrás quedaron los días de Lyon, donde feroces guardias revolucionarios con bayonetas caladas negaban el acceso a la cámara del todopoderoso. Ahora, las damas del Faubourg Saint-Germain se agolpan en su antecámara y son admitidas de buen grado. Él sabe lo que quieren. Una de ellas pide que se elimine a un pariente de la lista de emigrados, otra desea arreglar un buen puesto para un primo y la tercera quiere poner fin a un pleito embarazoso. Fouché es igual de amable con todas ellas. ¿Por qué hacerse impopular con cualquier partido, jacobino o monárquico, moderado o bonapartista, mientras no se sepa cuál estará al timón mañana? Así que el otrora temido terrorista juega al hombre de la conciliación encantadora; públicamente, en sus discursos y proclamas, truena con fuerza contra monárquicos y anarquistas, pero en secreto, bajo la mesa, los advierte o soborna. Evita los juicios ruidosos, los juicios sombríos de sangre: le basta el gesto de la fuerza en lugar de la violencia, el verdadero poder subterráneo en el Estado en lugar de un maniquí vacío, como el que llevan Barras y sus colegas en sus sombreros de plumas.

Así sucedió que, en pocos meses, Fouché, el padrino de todos nosotros, se convirtió en el favorito de todos, pues ¿qué ministro y estadista es más popular en todo tiempo y lugar que aquel que se deja hablar, que mira tranquilamente e incluso ayuda a ganar dinero, a conseguir cargos, que hace concesiones a todo el mundo y rechaza amablemente las miradas severas, con tal de que no metan demasiado las narices en política ni lo estorben en sus propios planes? ¿No es mejor comprar las convicciones de la gente y adularla en lugar de dejar que rueden las armas? ¿No basta con convocar a las mentes inquietas al gabinete secreto y mostrarles su sentencia de muerte escrita en un cajón en lugar de ejecutarla realmente? Por supuesto, allí donde hay una rebelión real, la vieja mano dura actúa sin piedad. Pero el viejo terrorista desarrolla su aún más vieja tolerancia sacerdotal hacia los que callan y no lamen el aguijón. Conoce la debilidad de la Humanidad por el dinero, por el lujo, por los pequeños vicios, por los placeres privados... ¡bien hecho! Pero ¡que mantengan la calma! Los grandes banqueros, perseguidos a muerte hasta ese momento bajo la República, pueden hoy acaparar y ganar tranquilamente. Fouché les da noticias y ellos le dan una parte de la ganancia. La Prensa, que era bajo Marat y Desmoulins un chucho mordaz y sanguinario, ¡oh, con qué placer le lame los pies! También ella prefiere la zanahoria al palo. Al cabo de muy poco tiempo, el clamor de los patriotas privilegiados ha dado paso a un silencio abofeteante. Fouché les ha tirado a todos un hueso o los ha arrinconado con unos cuantos golpes firmes. Y ya sus colegas de todos los partidos saben que es tan agradable y provechoso tener a Fouché como amigo como es incómodo sacarle las garras de sus zarpas de terciopelo. Así que, de repente, el más despreciado de todos, porque lo sabe todo y ata a todos con su silencio, tiene una miríada de buenos amigos. La ciudad destrozada del Ródano aún no ha sido reconstruida, y las *Mitraillades de Lyon* ya están olvidadas; Joseph Fouché ya es popular.

Joseph Fouché tiene la primera, la mejor información de todo lo que ocurre en el imperio gracias a una vigilancia de mil cabezas y mil orejas. Nadie ve en todos los pliegues de los acontecimientos con tanta precisión, nadie conoce la fuerza o la debilidad de los partidos y de las personas mejor que este observador de nervios fríos y calculadores ante su grabadora, que registra las más pequeñas vibraciones de la política. Así que solo hacen falta unas semanas, unos meses, y Joseph Fouché se da cuenta claramente de que el Directorio está perdido. Los cinco hombres estaban enfrentados entre sí, cada uno jugando a la espalda del otro y esperando el momento justo para apartarlo. Los ejércitos derrotados, las finanzas en desorden, el país sumido en la confusión, no se puede seguir así. Fouché presiente que el viento está a punto de cambiar. Unos agentes le informan que Barras ya negocia en secreto con Luis XVIII la venta de la República a la dinastía borbónica a cambio de una corona ducal. Sus colegas, en cambio, coquetean con el duque de Orleans o sueñan con la restauración de la Convención. Pero todos saben que las cosas no pueden seguir así. Porque la nación está sacudida por revueltas internas, los asignados se están desmoronando en papel sin valor, los soldados ya están fallando. Si una nueva fuerza no reúne a las fuerzas dispersas, la República caerá.

Solo un dictador puede ayudar, y todas las miradas se lanzan al vacío para encontrar uno. "Necesitamos una cabeza y un sable", le dice Barras a Fouché, creyéndose secretamente la cabeza y buscando el sable adecuado. Pero Hoche y Joubert, los victoriosos, han muerto muy a destiempo para sus carreras. Bernadotte sigue siendo demasiado jacobino, y el único del que todos saben que sería a la vez el sable y la cabeza, Bonaparte, el héroe de Arcola y Rívoli, se ha mantenido lejos de sus cuellos por miedo y ahora maniobra inútilmente en las arenas del desierto egipcio. Con él, que está a kilómetros de distancia, no se puede contar, dicen. De todos los ministros, solo Fouché sabe entonces que ese general Bonaparte, de quien los demás sospechan aún a la sombra de las pirámides, no está tan lejos y que pronto desembarcará en Francia. Lo habían enviado lejos por ser demasiado ambicioso y popular, demasiado dominante. Lo habían enviado a unos miles de kilómetros de París. Puede que incluso hubo quien respiraran secretamente aliviados cuando Nelson destruyó la flota en Abukir, pues ¿qué les importaban a los intrigantes y a los políticos unos miles de muertos, con tal de que se eliminara a un solo contrincante? Ahora duermen tranquilos, saben que está clavado en el ejército y recelan de volver a llamarlo. Ni por un momento se atreven a sospechar que pueda tener la temeridad de transferir el mando a otro general por su propia autoridad y hacerlos moverse de sus blandos divanes: cuentan con todas las posibilidades, pero no con Bonaparte.

Fouché, sin embargo, sabe más que ellos, y de la mejor fuente. Porque la persona que le revela todo, que le transmite cada carta, cada medida, la mejor, la más informada, la más leal de sus espías a sueldo, no es otra que la propia esposa de

Bonaparte, Josefina de Beauharnais. Corromper a esta frívola criolla no fue en sí una gran hazaña. Gran derrochadora, necesita dinero constantemente, y aunque Napoleón le asigne generoso cientos de miles de las arcas del Estado, se escurren como gotas en una mujer que compra trescientos sombreros y setecientos vestidos al año, que no sabe economizar, ni con el dinero, ni con su cuerpo, ni con su reputación, y que, además, no se encuentra especialmente bien en este momento. Dios mío, se acuesta con un guapo Charles mientras el pequeño general de sangre caliente que quiere llevársela al aburrido país de los mamelucos está en el campo de batalla, y quizá también con algunos otros, probablemente incluso con su antiguo amante, Barras, otra vez. Los estúpidos e intrigantes hermanos Joseph y Lucien se ofenden por ello y se lo cuentan todo a su temperamental y celoso marido. Así que necesita a alguien que la ayude y espíe a los espías fraternales que vigilan toda la correspondencia. Por esta razón, y también por unos cuantos rollos de ducados —él mismo lo dice en sus memorias: mil luises de oro—, la futura emperatriz le proporciona a Fouché todos sus secretos, especialmente el más importante y peligroso del inminente regreso de Bonaparte.

A Fouché le basta con estar informado. Naturalmente, al ciudadano ministro de la Policía no se le ocurre informar a sus superiores. Por el momento, se limita a consolidar su amistad con la esposa del pretendiente, saborea tranquilamente la noticia y, como siempre bien preparado, espera con impaciencia la decisión que, ya sabe, no tardará en llegar.

El 11 de octubre de 1799, el Directorio convoca precipitadamente a Fouché. El heliógrafo informa noticias increíbles: Bonaparte habría regresado de Egipto y desembarcado en Fréjus por su propia cuenta, sin haber sido llamado. ¿Qué hacer ahora? ¿Arrestar de inmediato al general que abandonó su ejército sin órdenes, como desertor, o recibirlo cortésmente? Fouché, aún más sorprendido que los demás, aconseja condescendencia. ¡Hay que esperar! ¡Hay que esperar! Porque aún no ha decidido si estará a favor o en contra de Bonaparte, primero quiere dejar que los acontecimientos se desarrollen con calma. Pero mientras las cinco cabezas sin seso del Directorio siguen ocupadas discutiendo si Bonaparte debe ser indultado o arrestado a pesar de su deserción, la voz del pueblo hace tiempo que ha hablado. Aviñón, Lyon y París lo reciben como una figura triunfante, todas las ciudades se iluminan a su paso, la noticia se proclama al público enfervorizado desde el escenario del teatro. No es un subordinado el que regresa, sino un amo, un gran poder. Apenas llega a París, a su piso de la *rue Chantereine* (que pronto se llamará *rue Victoire* en su honor), todos sus amigos y aquellos que creen útil ser considerados como tales no tardan en agolparse a su alrededor. Generales, diputados, ministros y hasta incluso Talleyrand presentan sus obedientes respetos al hombre del sable. No pasa mucho tiempo antes de que el ministro de Policía también haga su aparición personal. Viaja a la *rue Chantereine* y se hace anunciar a Bonaparte. Pero este Sr. Fouché le parece una visita más bien indiferente e insignificante. Así que lo hace esperar en la antesala durante una buena hora, como si fuera un molesto peticionario. Fouché, ese nombre, no significa mucho para él: no lo conoce personalmente, solo recuerda que un hombre con ese apellido desempeñó un papel bastante triste en los años del Terror en Lyon. Tal vez también lo recuerde como un pequeño informante de la policía, desgarrado y destartalado, en la antesala de su amigo Barras. En cualquier caso, no lo considera un hombre de importancia, sino un traficante de poca monta que ahora había logrado conseguir un pequeño ministerio a escondidas. Ese es el tipo de hombre que se ve obligado a esperar en la antecámara. En efecto, Fouché aguarda pacientemente durante una hora en la sala del general. Tal vez se hubiera sentado en el sillón que un criado le había empujado compasivo una segunda y una tercera vez si no fuera porque Real, uno de los futuros conspiradores de Bonaparte en el golpe de Estado, se percata de la miserable situación del todopoderoso Fouché.

Conmocionado por la desafortunada ofensa, se precipita en el despacho del general y le explica, emocionado, el monstruoso error de hacer esperar de manera tan insultante precisamente a este hombre, que puede hacer estallar todo el complot como una bomba con solo apretar una mano. Bonaparte se apresura a salir y le pide a Fouché que lo acompañe. Cortés, se disculpa con él y hablan juntos durante dos horas sin testigos.

Por primera vez, ambos se encuentran frente a frente: uno examina y mide cuidadosamente al otro para ver si es adecuado para sus fines personales. Las personalidades superiores siempre se reconocen sobre la marcha. Fouché identifica de inmediato el genio indomable del gobierno en el dinamismo inaudito de este hombre de poder, y Bonaparte, con su mirada aguda y depredadora, reconoce de inmediato en Fouché al útil y rápido ayudante que podía servir para todo, que podía captarlo todo y ponerlo en práctica con energía. Nadie —cuenta en Santa Elena— le había presentado toda la situación de Francia y del Directorio tan sucinta y claramente como Fouché en esta primera conversación de dos horas. El hecho de que Fouché, entre cuyas virtudes no solía figurar la franqueza, dijera enseguida la verdad al Pretendiente de la Corona demuestra que él también estaba decidido a ponerse a su disposición. En la primera hora, se asignan los papeles de amo y siervo, forjador del mundo y político de la época. Ahora puede comenzar el juego.

En su primer encuentro, Fouché se confía a Bonaparte con una buena disposición. Pero no se entrega a sus manos. No participa públicamente en la conspiración para derrocar al Directorio y convertir a Bonaparte en único gobernante: es demasiado cauto para ello. Es demasiado estricto, demasiado fiel a su principio vital: no tomar nunca una decisión definitiva hasta que la victoria esté decidida. Lo único extraño que ocurre en las semanas siguientes es que el ministro de Policía francés, por lo demás tan fino de mente y tan perspicaz, sufre una aflicción embarazosa. De repente se queda ciego y sordo. No oye nada de los rumores que susurran sobre un inminente golpe de Estado en la ciudad, no ve nada de las cartas que llegan a sus manos. Toda su información, por lo demás impecablemente fiable, parece fallar por arte de magia, y mientras dos de los cinco miembros del Directorio ya están en la trama y el tercero está medio ganado, el ministro de Policía no tiene la menor idea de que exista una conspiración militar o, mejor dicho, finge no tenerla. Sus informes diarios al Directorio no contienen ni una sola línea sobre el general Bonaparte y la camarilla que ya ruge impaciente como un sable. Por supuesto, tampoco cede una sola línea o palabra escrita al lado contrario, a Bonaparte. Solo con el silencio traiciona al Directorio, solo con el silencio se compromete con Bonaparte y espera, espera, espera. En esos momentos de tensión, dos minutos antes de la decisión, su naturaleza anfibia se siente más a gusto. Ser temido por dos partes, ser cortejado por dos partes y sentir temblar la punta de la balanza en su propia mano, esos son todos los deseos de este intrigante apasionado. El más maravilloso de todos los juegos, incomparable en tensión al de la mesa verde o al de Eros, ¡esos segundos en los que el juego del mundo rueda hacia las decisiones! Saber en esos minutos que uno puede acelerar los acontecimientos o inhibirlos, y sin embargo, a partir de este mismo conocimiento, controlarse y, por mucho que le ardan las manos, apretar, no hacer nada, nada más que mirar con la curiosidad hormigueante, placentera, casi viciosa del psicólogo…, ese es el único placer que enciende este espíritu frío, solo él excita esa sangre turbia, delgada, casi acuosa. Solo este tipo de placer psicológicamente perverso, mentalmente lujurioso, puede embriagar al hombre sobrio y sin nervios Joseph Fouché. En esos segundos de aguda tensión que preceden al disparo decisivo, su seriedad, por lo demás hosca, se ve siempre alimentada por una especie de cruel y cínica alegría. ¿Cómo puede relajarse el placer intelectual si no es en la algarabía, en un buen o sombrío sentido de la diversión? Y así, Fouché bromea justo cuando los demás corren el mayor peligro. Bromea, como el juez de Raskolnikov, de la manera más ingeniosa y diabólica. Bromea justo cuando el escalofrío recorre ya la espina dorsal del culpable. Es precisamente en esos momentos cuando le gusta desconcertar, y por eso, también esta vez, organiza una comedia ingeniosa en el momento más peligroso, cuyas tablas están puestas sobre el polvorín, por así decirlo. Unos días antes del golpe de Estado (por supuesto, conoce la fecha), organiza una pequeña reunión. Bonaparte, Real y los demás conspiradores son invitados a esta velada íntima y, de repente, mientras se sientan a la mesa, se dan cuenta de que toda su lista está completa, que el ministro de Policía del Directorio ha invitado a su casa a toda la camarilla que conspira contra el Directorio. ¿Qué significa esto? Bonaparte y sus hombres se miran inquietos. ¿Están ya los gendarmes en la puerta, dispuestos a acabar con todo el nido golpista? Tal vez uno u otro recuerde de la Historia Universal la desastrosa cena que Pedro el Grande dio a los Strelitz, en la que el verdugo sirvió sus cabezas de postre. Pero ninguna de estas crueldades ocurre con un Fouché. Al contrario, cuando, para sorpresa general de los conspiradores, llega por fin un invitado más, a saber (¡la broma es realmente diabólica!) el mismísimo presidente Gohier, contra el que se dirige su conspiración, son testigos de un diálogo asombroso. El presidente pregunta al ministro de Policía sobre los últimos acontecimientos:

—Oh, siempre lo mismo —responde Fouché, levantando despreocupadamente los párpados sin mirar a nadie en particular—. Siempre se habla de conspiraciones. Pero yo ya sé qué pensar. Si realmente hay una, pronto tendremos la prueba en la Plaza de la Revolución.

Esta sutil alusión a la guillotina recorre como un cuchillo frío la espina dorsal de los aterrorizados conspiradores. No lo saben: ¿está bromeando con ellos, está bromeando con él? ¿Los está engañando a ellos o al presidente del Directorio? No lo saben, y probablemente ni el propio Fouché lo sepa, porque solo disfruta de una cosa en el mundo: el placer del crepúsculo, la ardiente atracción y el hormigueante peligro del doble juego.

Después de esta alegre bromita, el ministro de Policía vuelve a caer en su extraño letargo hasta la hora de la huelga, permaneciendo ciego y sordo, mientras la mitad del Senado ya ha sido sobornada y el ejército ha ganado. Y curiosamente, conocido por ser un madrugador, el primero en su despacho, Joseph Fouché tuvo un sueño matinal admirablemente bueno y profundo el 18 de Brumario, el mismo día del golpe de Estado de Napoleón. Hubiera preferido dormir todo el día, pero dos mensajeros del Directorio lo levantaron de la cama y le informaron de los extraños acontecimientos en el Senado, de la concentración de tropas y del golpe de Estado que ya se avecinaba. Joseph Fouché se frota los ojos y se muestra obedientemente sorprendido (aunque la noche anterior había mantenido una larga conferencia con Bonaparte). Pero, por desgracia, ya no se puede dormir ni fingir que se duerme. El ministro de Policía tiene que vestirse y acudir al Directorio, donde el presidente Gohier lo recibe con brusquedad, sin permitir que continúe la comedia de la sorpresa. "Usted tenía el deber —lo acusa— de informarnos de semejante conspiración, y sin duda su policía habría podido enterarse de ella". Fouché asimila tranquilo la grosería y pregunta por sus órdenes como si fuera el más fiel de los sirvientes. Pero Gohier se niega tajantemente: si el Directorio tiene órdenes que dar, las transmitirá a quienes sean dignos de su confianza. Fouché sonríe para sus adentros: ¡este tonto que aún no sabe que su Directorio hace tiempo que dejó de dar órdenes, que dos de los cinco ya han caído y que el tercero ha sido vendido! Pero ¿para qué instruir a los tontos? Se inclina fríamente y se va a su puesto.

Sin embargo, Fouché aún no sabe exactamente dónde está ese puesto, si es ministro de Policía del antiguo o del nuevo gobierno, depende de la victoria de uno u otro. Solo las próximas veinticuatro horas decidirán entre el Directorio y Bonaparte. El primer día ha estado bien para Bonaparte: el Senado, atiborrado de promesas y aún mejor lubricado de dinero, cumple todos sus deseos. Lo nombran comandante de las tropas y traslada la reunión de la cámara baja, el Consejo de los Quinientos, a Saint-Cloud, donde no hay batallones de obreros, ni opinión pública, ni "pueblo", solo un hermoso parque que puede cerrarse herméticamente con dos compañías de granaderos. Pero eso no gana la partida, porque entre esos quinientos hay unas cuantas docenas más de tipos problemáticos que no se dejan sobornar ni intimidar, quizá haya incluso uno que defienda la República con daga o pistola contra el pretendiente a la corona. Se trata de mantener los nervios, de no dejarse llevar por las simpatías por un lado y por una nimiedad como el juramento de fidelidad por otro, sino de quedarse quieto, de esperar, de estar en guardia hasta que se hayan tomado las decisiones.

Y Fouché mantiene la calma. Apenas Bonaparte parte hacia Saint-Cloud a la cabeza de su caballería, apenas sus grandes conspiradores Talleyrand, Sieyès y algunas docenas más lo siguen en carruajes, las barreras de la frontera parisina caen de repente por orden del ministro de Policía. A nadie se le permite salir de la ciudad, a nadie se le permite entrar en la ciudad excepto a los mensajeros del ministro de Policía. Así que ninguna de las ochocientas mil personas puede saber si el golpe tiene éxito o fracasa, excepto este hombre decidido. Cada media hora un mensajero le informa lo que ocurre durante el golpe, y aun así no toma ninguna decisión. Si Bonaparte triunfa, Fouché será por supuesto su ministro y leal servidor; si fracasa, seguirá siendo el leal servidor del Directorio, dispuesto con gusto y frialdad a arrestar al "rebelde". Las noticias que circulan son bastante contradictorias, ya que mientras Fouché preserva los nervios, el gran Bonaparte los pierde por completo. Este 18 Brumario, que le da a Bonaparte el único poder en Europa, irónicamente sigue siendo quizás el día más débil en la vida personal de este gran hombre. Resuelto frente a los cañones, Bonaparte siempre se confunde cuando tiene que ganarse a la gente con palabras.

Acostumbrado durante años a mandar, ha aprendido a cortejar. Puede agarrar una bandera y cabalgar delante de sus granaderos, puede aplastar ejércitos. Pero este soldado de acero no puede intimidar a unos cuantos abogados republicanos desde su posición. Se ha descrito a menudo la escena en la que el indomable general, nervioso por las lluvias de gritos de los diputados, balbucea frases simples y huecas como: "El Dios de las batallas está conmigo…" y tartamudea tan miserablemente que sus amigos tienen que hacerlo bajar de la tribuna lo más rápido posible. Solo las bayonetas de sus soldados salvan al héroe de Arcola y Rívoli de una derrota ignominiosa a manos de unos cuantos abogados ruidosos. Solo cuando vuelve a montar a caballo, amo y dictador, y ordena a sus soldados que despejen la sala por asalto, la empuñadura del sable le devuelve la fuerza a su mente conmocionada.

A las siete de la tarde todo está decidido, Bonaparte es cónsul y único gobernante de Francia. Si hubiera sido derrotado o superado en las votaciones, Fouché habría colocado de inmediato una patética proclama en todos los muros de París: "Una vil conspiración ha sido descubierta". Pero como Bonaparte venció, de inmediato se apodera de la victoria. Y al día siguiente, no a través de Bonaparte, sino a través del ministro de Policía Fouché, París vive el fin real de la República, el comienzo de la dictadura napoleónica. "El ministro de Policía informa a sus conciudadanos —dice este relato falso— que el Consejo se había reunido en Saint-Cloud para discutir los intereses de la República, cuando el general Bonaparte, que había comparecido ante el Consejo de los Quinientos, para exponer las maquinaciones revolucionarias, estuvo a punto de ser víctima de un asesinato. Pero el genio de la República salvó al general. Que todos los republicanos se calmen…, porque sus deseos ahora se cumplirán…, qué los débiles se calmen, están con los fuertes…, y solo hay que temer a aquellos que causan malestar, confunden a la opinión pública y preparan el desorden. Se han tomado todas las medidas para impedirlo".

Una vez más, Fouché ha colgado felizmente su manto al viento. Y su transición hacia la victoria se produce de manera tan audaz, tan descarada en un lugar soleado, que poco a poco la gente empieza a conocer a Fouché en los círculos más amplios. Unas semanas más tarde, en un teatro de cercanías de París aparece una animada comedia: *La veleta de Saint-Cloud*, entendida por todos y aplaudida por todos, con nombres poco disimulados, en la que se parodia de la manera más divertida su comportamiento cambiante y al mismo tiempo cauteloso. Fouché hubiera podido, como censor, prohibir tal sátira de su persona, pero afortunadamente tiene bastante ingenio para no hacerlo. No oculta en absoluto su carácter, o más bien que no lo tiene; al contrario, incluso admira su inconstancia e imprevisibilidad, porque le confiere un aura especial. Que se rían de él, siempre que lo obedezcan, siempre que lo teman.

Bonaparte es el vencedor de la jornada; Fouché, el ayudante secreto y desertor. La verdadera víctima es Barras, el amo del Directorio. Este día le da una lección casi histórica sobre la ingratitud. Porque estos dos hombres, que lo derriban juntos y lo despachan como a un molesto mendigo con una propina millonaria, habían sido hace dos años sus criaturas, sus agradecidas criaturas, a las que había salvado de la nada. Bonachón, frívolo, un *bon homme* epicúreo al que le gusta dejar que todo el mundo tenga su parte, había sacado literalmente de la calle a este pequeño oficial de artillería color aceituna, perseguido y casi desterrado, Napoleón Bonaparte, prendido con alfileres en su casaca militar remendada y aún sin pagar. Lo hizo comandante de París de la noche a la mañana por encima de todos los demás, le dio su propia amante, le llenó los bolsillos de dinero, lo obligó a tomar el mando supremo del ejército italiano y construyó así el puente hacia la inmortalidad. Y también había sacado a Fouché de su cochambrosa buhardilla del quinto piso, salvado su cabeza de la guillotina, había sido el único que lo salvó de morir de hambre cuando todos le habían dado la espalda, lo había puesto por fin en la silla de montar y le había llenado los bolsillos de oro. Y estos dos, que le debían la vida, unieron sus fuerzas dos años más tarde y lo arrojaron al mismo fango del que los había sacado. La Historia Universal, que no es en absoluto un código moral, apenas conoce un ejemplo más flagrante de ingratitud total que el comportamiento de Napoleón y Fouché contra Barras en el 18 Brumario.

Pero la ingratitud de Napoleón hacia su protector tiene al menos la justificación del genio. Su fuerza le da un derecho especial, pues el camino del genio, que apunta a las estrellas, puede, si es necesario, pasar también por encima de las personas, puede abusar de los pequeños fenómenos efímeros para cumplir el sentido más profundo, el mandamiento invisible de la Historia. La ingratitud de Fouché, en cambio, no es más que la del amoral absoluto, que ingenuamente solo se siente a sí mismo y a su propio provecho. Fouché puede, si quiere, olvidar todo su pasado de un modo asombroso e increíblemente rápido, y su carrera posterior le proporcionará muestras cada vez más asombrosas de esta particular maestría. Quince días más tarde, envía a Barras, el hombre que lo había salvado de la guillotina y el exilio, una orden formal para que se exiliara él mismo y hace que le saquen todos los papeles. Es probable que incluyeran sus propias cartas de súplica y los informes de sus delatores. Barras, mortalmente ofendido, aprieta los dientes. Aún se oye crujir el recuerdo cuando se mencionan los nombres de Bonaparte y Fouché. Solo una cosa consuela a Barras: que Bonaparte se lleve a Fouché. Con visión profética, presiente que uno se vengará del otro y que no serán amigos por mucho tiempo.

Al principio, por supuesto, en los primeros meses de su cooperación, el ciudadano ministro de Policía se puso al servicio del ciudadano cónsul con la mayor dedicación. Porque "ciudadano" aún se escribía en los documentos oficiales de la época; aún era suficiente para la ambición de Bonaparte ser el primer ciudadano de una República. Enfrentado a una tarea inmensa que superaría las facultades de cualquier otro, revela en aquellos años la plenitud y versatilidad de su genio juvenil. La figura de Bonaparte nunca aparece más magnífica, más creativa y más humana que en aquella época de reorganización. Transformar la Revolución en estatuto, preservar sus logros y al mismo tiempo aliviar su exuberancia, poner fin a la guerra mediante la victoria y luego dar a esta victoria su verdadero significado mediante una paz poderosamente honesta, esa es la sublime idea a la que se consagró el nuevo héroe, al mismo tiempo con la previsión de una mente penetrante y la energía tenaz y laboriosa de un apasionado jornalero de diez horas. No son los años que la leyenda siempre celebra, los años que siempre toman solo las cargas de caballería como hazañas y los países conquistados como logros, no Austerlitz y Eylau y Valladolid, los que significan la gesta heroica de Napoleón Bonaparte, sino los años en que Francia, destrozada y desgarrada por las facciones, vuelve a constituirse en un Estado vigoroso, las asignaciones sin valor dieron paso a una moneda real y el recién creado Código Napoleónico moldea la ley y las costumbres en formas férreas y sin embargo humanas, mientras este gran genio estadista sana el Estado y pacifica Europa con igual perfección en todos los ámbitos de la administración. Estos años, no los militares, son los de su verdadero sacrificio, y nunca sus ministros han trabajado más honrada, enérgica y fielmente a su lado que durante este período. También en Fouché encuentra un perfecto servidor, unido a él en la convicción de que es mejor poner fin a la guerra civil mediante la negociación y la conformidad que con ejecuciones y fusilamientos violentos. En pocos meses, Fouché devuelve la calma total al país, desaloja los últimos nidos, tanto de los terroristas como de los monárquicos, y limpia las calles de los asaltos. Su energía burocrática, práctica a pequeña e individual escala, se subordina de buen grado a los grandes proyectos políticos de Bonaparte. Las grandes y saludables obras siempre unen a los hombres. El siervo ha encontrado a su amo y el amo, a su correcto siervo.

El momento en que Bonaparte empieza a desconfiar de Fouché puede determinarse, por extraño que parezca, de manera clara en una fecha y hora precisas, aunque ese episodio permaneció casi siempre oculto en medio de la plétora de acontecimientos de aquellos años atestados. Solo el ojo de halcón psicológico de Balzac, entrenado para reconocer lo esencial en lo discreto, el impulso continuo en el "pequeño detalle", lo sacó a la luz (hay que admitir que inmediatamente embellecido de forma un tanto poética). La pequeña escena tiene lugar durante la campaña italiana que va a decidir entre Austria y Francia. El 20 de enero de 1800, los ministros y consejeros están reunidos en París en un ambiente extraño. Ha llegado un mensajero del campo de batalla de Marengo con malas noticias, informa que Bonaparte ha sido aplastado y que el ejército francés está en plena retirada. Cada uno de los reunidos piensa en secreto lo mismo: es imposible mantener como Primer Cónsul a un general derrotado. Todos piensan inmediatamente en un sucesor. Nunca se ha revelado con qué claridad expresaron los individuos esta necesidad, pero los preparativos para un derrocamiento fueron sin duda discutidos en voz baja, y los hermanos de Napoleón se dieron cuenta de ello. Carnot fue el que más se aventuró, deseando renovar cuanto antes el antiguo Comité de Seguridad. En cuanto a Fouché, al menos en carácter, es probable que, en vez de apoyar con lealtad al cónsul supuestamente derrotado, guardara un prudente silencio. Llegado el caso, se congraciaría con el antiguo amo o, si fuera necesario, con el nuevo. Pero al día siguiente llega un segundo relevo que informa exactamente lo contrario. Es noticia la brillante victoria en Marengo: a última hora el general Desaix, con el genio de la intuición militar, ha acudido en ayuda de Bonaparte y ha convertido la derrota en triunfo. Cien veces más fuerte que cuando partió, ahora completamente seguro de su poder, Bonaparte, el Primer Cónsul, regresa en los días siguientes. Sin duda se entera enseguida de que todos sus ministros y confidentes lo arrojaban por la borda a la primera noticia de una derrota. La primera víctima en sufrirla fue Carnot, que se había aventurado demasiado: perdió el ministerio. Los demás, incluido Fouché, permanecen en sus puestos. No se los puede acusar de deslealtad, ni tampoco de lealtad. No se ha comprometido, pero tampoco se ha probado, es decir, ha demostrado una vez más ser lo que siempre fue: fiable en la buena fortuna, poco fiable en la desgracia. Bonaparte no lo destituye, no lo censura, no lo castiga. Pero desde ese día, ya no confía en él.

Este pequeño episodio, casi totalmente eclipsado en la historia contemporánea, tiene también otros efectos psicológicos. Porque es un recordatorio clarísimo de que un gobierno basado únicamente en el sable y la victoria cae siempre con la primera derrota, y de que todo gobernante que carece de la legitimidad natural de la sangre y los antepasados debe crear uno nuevo a su debido tiempo. El propio Bonaparte, consciente de su poder, lleno de ese indomable optimismo que es siempre inherente a las naturalezas geniales en su ascenso, podría estar inclinado a olvidar tan tranquila admonición, pero no sus hermanos. Porque —dato a menudo pasado por alto por todos los relatos— Napoleón no había llegado solo a Francia, sino rodeado de un clan familiar hambriento y ávido de poder. Al principio, a la madre, a los cuatro hermanos sin puesto, les habría bastado con que su pionero, su Napoleón, se casara con la hija de un rico fabricante para proporcionar a las hermanas unos cuantos vestidos. Pero ahora que ha ascendido tan inesperadamente al poder, todos se agarran a él precipitadamente para que arrastre consigo a toda la familia. Ellos también quieren ascender a la gloria, quieren hacer de toda Francia y más tarde del mundo entero una encomienda de la familia Bonaparte; y su impuro, insaciable y grosero pillaje libre, no excusado por ningún atisbo de genio, insta poderosamente al hermano a tomar precauciones para transformar su poder, dependiente del favor popular, en un poder independiente y duradero, en una realeza hereditaria. Le exigen que establezca una regla para todos, que se convierta en rey o emperador; quieren que se divorcie de Josefina para casarse con una princesa de Baden... ¡Nadie se atreve a pensar aún en la hermana del zar o en una hija de los Habsburgo! Y con sus constantes intrigas lo empujan cada vez más lejos de sus antiguos compañeros, de sus viejas ideas; de la República, a la reacción; de la libertad, al despotismo.

Josefina, la esposa del cónsul, se encuentra sola e indefensa ante este clan insaciable e insolidario, en constante agitación. Sabe que cada paso hacia las alturas, hacia el gobierno en solitario, aleja de ella a Bonaparte, porque es incapaz de dar al rey o al emperador lo que la idea dinástica exige como primer y único logro: el heredero al trono y, por tanto, la permanencia del gobierno. Solo unos pocos asesores de Bonaparte están de su parte (porque no tiene dinero que repartir, sino deudas), y el más leal en estos momentos es Fouché. Lleva mucho tiempo observando con recelo cómo la ambición de Bonaparte ha crecido hasta proporciones insospechadas como consecuencia de sus inesperados éxitos, y cómo persigue y con persistencia tacha de anarquista y terrorista a toda persona recta y de mentalidad republicana. Ve con su ojo agudo y suspicaz que, para usar las palabras de Victor Hugo: *"Déjà Napoleon perçait sous Bonaparte"*, que el emperador parece peligroso detrás del general, el gobernante cesarista debajo del ciudadano. Pero él mismo, encadenado a la República para bien o para mal por su voto contra el Rey, tiene todo el interés en que la República y la forma republicana de gobierno sigan existiendo. Por eso teme todo lo monárquico, por eso lucha secreta y abiertamente al lado de Josefina. El clan no se lo perdona. Y con odio corso, vigilan cada uno de sus movimientos para arrojar a la zanja, al primer tropiezo, al incómodo que perturbe sus negocios.

Esperan larga e impacientemente. De repente, se presenta la oportunidad de hacer tropezar a Fouché. El 24 de diciembre de 1800, Bonaparte se dirigía a la ópera para asistir al estreno en París de *La Creación* de Haydn cuando, en la estrecha *rue*

Nicaise, justo detrás de su coche, un géiser de explosivos, pólvora y balas picadas estalló de forma tan terrible que la explosión hizo volar escombros por encima de edificios enteros. Se trataba de un atentado, la infame máquina infernal. Solo la velocidad frenética de su cochero, supuestamente borracho, ha salvado al Primer Cónsul, pero cuarenta personas yacen sangrando en el carril con los cuerpos destrozados, y el carruaje se encabrita como un animal atropellado, lanzado hacia arriba por la presión del aire. Pálido, con el rostro marmóreo, Bonaparte se dirige a la ópera para mostrar su sangre fría al público entusiasta. Escucha las tiernas melodías del padre Haydn con expresión tranquila y fija, mientras Josefina, a su lado, sacudida por un espasmo nervioso, no puede ocultar las lágrimas y agradece los rugientes vítores con forzada ecuanimidad. Pero cuando regresa de la ópera, sus ministros y consejeros de Estado en las Tullerías no tardan en darse cuenta de hasta qué punto esta sangre fría era una puesta en escena. Desata su furia contra Fouché, sobre todo. Arremete contra el hombre pálido e inmóvil como un maníaco furioso. El ministro de Policía debería haber estado tras la pista de semejante conspiración hace mucho tiempo. Perdona, en cambio, a sus amigos, sus antiguos cómplices, los jacobinos, con una indulgencia criminal. Fouché da su opinión, tranquilo de que hasta el momento no se había demostrado que este asesinato hubiera sido llevado a cabo por jacobinos, y que él estaba personalmente convencido de que los conspiradores monárquicos y el dinero inglés habían desempeñado el papel principal. Pero este silencio de contradicción enfurece aún más al Primer Cónsul: "Son los jacobinos, los terroristas, esos villanos en revuelta permanente, en masa unida contra todos los gobiernos. Son los mismos canallas que, para asesinarme, no tuvieron reparos en masacrar a miles de víctimas. Pero yo quiero hacerles una justicia que se vea en todas partes". Fouché se atreve a expresar sus dudas por segunda vez. Entonces el corso de sangre caliente casi se lanza físicamente contra el ministro, por lo que Josefina interviene y agarra a su marido del brazo para calmarlo. Pero Bonaparte se suelta, y en un torrente de palabras relata a Fouché todos los asesinatos y crímenes de los jacobinos, las jornadas de diciembre en París, las bodas republicanas en Nantes, la matanza de los prisioneros en Versalles..., una clara indicación para el *Mitrailleur de Lyon* de que también recordaba muy bien su propio pasado. Pero cuanto más grita Bonaparte, más obstinadamente calla Fouché. Ni un músculo se mueve en su máscara de hierro mientras llueven las acusaciones, mientras los hermanos de Napoleón y los cortesanos miran burlonamente al ministro de Policía, que por fin se ha delatado. Rechaza todas las sospechas y abandona las Tullerías.

Su caída parece inevitable, ya que Napoleón rechaza todos los ánimos de Josefina en favor de Fouché. "¿No era él mismo uno de sus líderes? ¿Acaso ignoro lo que hizo en Lyon y en el Loira? Solo Lyon y el Loira pueden explicarme el comportamiento de Fouché", grita amargamente. Comienzan las conjeturas en torno al nombre del nuevo ministro de Policía, los cortesanos empiezan a dar la espalda al caído en desgracia y (como suele ocurrir) Joseph Fouché parece estar acabado para siempre.

La situación no mejora en los días siguientes. Bonaparte no se deja disuadir de su opinión de que los jacobinos han organizado este asesinato. Exige medidas y castigos severos. Y cuando Fouché le insinúa a él y a los demás que está siguiendo otras pistas, es tratado con desdén y desprecio. Todos los tontos se ríen y se burlan del simplón ministro de Policía por no querer sacar a la luz este asunto abierto. Todos sus enemigos triunfan porque se aferra tan obstinadamente a su error. Fouché no responde a nadie. No discute, calla. Calla durante quince días, guarda silencio y obedece sin protestar, incluso cuando se le ordena elaborar una lista de ciento treinta radicales y antiguos jacobinos destinados a ser enviados a la Guayana, es decir, a la "guillotina seca". Sin pestañear, redacta el decreto que somete a juicio a los últimos *montagnards*, los últimos de "la montaña", Topino y Arena, los discípulos de su amigo Babeuf, los dos que no cometieron otro delito que decir públicamente que Napoleón había robado unos cuantos millones en Italia y quería utilizarlos para comprarse la autocracia. En contra de sus convicciones, observa cómo unos son deportados y otros ejecutados. Guarda silencio como un sacerdote que, atado por el sello de la confesión, asiste con los labios sellados a la condena de un inocente. Porque Fouché lleva mucho tiempo tras la pista, y mientras los demás se mofan de él, mientras el propio Bonaparte le reprocha irónicamente a diario su insensata obstinación, en su inaccesible gabinete se van acumulando pruebas concluyentes de que el asesinato había sido efectivamente preparado por los chuanes, por el partido realista. Y mientras en el Consejo de Estado y en las antecámaras de las Tullerías muestra una fría y despreocupada indiferencia ante todas las acusaciones, en su habitación secreta trabaja febrilmente con los mejores agentes. Se ofrece dinero en masa como recompensa, se moviliza a todos los espías e informantes de Francia, se llama a toda la ciudad a dar testimonio. La yegua, partida en cien pedazos y enjaezada a la máquina infernal, ya ha sido identificada y su antiguo propietario establecido, los hombres que la compraron ya han sido descritos en detalle, los nombres de los asesinos ya han sido establecidos gracias a esa magistral "biografía chuánica" (esa enciclopedia inventada por Fouché de todas las descripciones personales de emigrantes y realistas, de todos los chuanes), y aun así Fouché permanece en silencio. Sigue permitiendo que se burlen heroicamente de él y que triunfen sus enemigos. Los últimos hilos se tejen cada vez más lentamente en una tela irrompible; solo unos días más y la araña venenosa quedará atrapada en ella. ¡Solo unos días más! Porque Fouché, irritado en su ambición, humillado en su orgullo, no quiere una pequeña y mediana victoria sobre Bonaparte y todos los que lo acusan de desinformado; quiere también un Marengo, un triunfo completo, demoledor.

Y de repente, quince días después, ataca. La conspiración se descubre por completo, todas las pistas quedan al descubierto.

Tal y como Fouché había predicho, el más temido de todos los chuanes, Cadoudal, había sido el líder, y los realistas juramentados, comprados con dinero inglés, eran sus secuaces. La noticia cae como un rayo sobre sus enemigos. Porque ven que ciento treinta personas han sido condenadas en vano e injustamente, y que este hombre impenetrable ha sido burlado demasiado pronto y con demasiada insolencia. El infalible ministro de Policía se presenta ante el público más fuerte, más respetado y más temido que nunca. Bonaparte mira con una mezcla de cólera y admiración al calculador de hierro, que una vez más ha dado la razón a sus cálculos de sangre fría. Admite a regañadientes: "Fouché ha hecho mejores juicios que muchos otros. Tenía razón. Hay que estar atentos a los emigrantes que regresan, a los chuanes y a toda la gente de ese partido". Pero la reputación de Fouché se vio favorecida por este asunto con Bonaparte, no por su amor. Porque los autócratas nunca están agradecidos a quien les ha señalado un error o una injusticia, y la historia de Plutarco sobre el soldado que salvó la vida del rey amenazado en la batalla y, en lugar de huir inmediatamente, como le aconsejó correctamente un sabio, esperó la gratitud del rey y perdió la cabeza en el proceso, permanece inmortalizada. Los reyes no aman a los hombres a los que han visto en un momento de debilidad, y las naturalezas despóticas no aman a los consejeros que han demostrado ser más sabios que ellos mismos ni siquiera una vez.

En un círculo tan estrecho como el de la policía, Fouché ha logrado ahora el mayor triunfo posible. Pero ¡qué pequeño es comparado con los triunfos de Bonaparte en los dos últimos años del Consulado! El dictador ha coronado una serie de victorias de lo más hermosas, con la paz definitiva con Inglaterra, con el concordato con la Iglesia: las dos potencias más poderosas del mundo ya no son enemigas de Francia gracias a su vigor, a su superioridad planificadora y creadora. Tranquiliza el país, organiza sus finanzas, acaba con los partidismos y alivia las tensiones. La riqueza comienza a florecer de nuevo, la industria vuelve a desarrollarse, las artes a florecer, una era augústea ha amanecido y no está lejos la hora en que Augusto pueda llamarse a sí mismo César. Fouché, que conoce cada nervio y cada pensamiento de Bonaparte, se da cuenta exactamente de hacia dónde se dirige la ambición del corso. Sabe que su primer papel en la República ya no le basta, sino que quiere apoderarse de este país que ha guardado como propiedad suya y de su familia para toda la vida y la eternidad. En público, por supuesto, él, el cónsul de la República, nunca expresa una ambición tan poco republicana, pero en secreto deja escapar a sus confidentes que el Senado querría expresarle su gratitud mediante un acto especial de confianza, mediante un *témoignage éclatant* [testimonio abrumador]. En el fondo, anhela un Marco Antonio, un servidor confiable y fiel que reclame para él la corona imperial, y Fouché, el astuto y dúctil Fouché, podría ahora asegurarse su gratitud para siempre.

Pero Fouché rechaza este papel, o más bien, no lo rechaza abiertamente. Por el contrario, intenta frustrar estas intenciones desde la oscuridad, con una complacencia fingida. Se posiciona contra los hermanos, contra el clan Bonaparte y del lado de Josefina, que tiembla de miedo y aprensión ante el último paso de su marido hacia la monarquía, pues sabe que no será su esposa por mucho tiempo. Fouché la previene contra una resistencia abierta: "Compórtate con calma —le dice—, estás estorbando innecesariamente a tu marido. Tus preocupaciones le aburren, mis consejos lo perjudicarían". Así que, fiel a su naturaleza, prefiere intentar frustrar soterradamente los ambiciosos deseos, y cuando Bonaparte, con falsa modestia, sigue sin explicarse y, por otra parte, el Senado quiere proponer un *temoignage èclatant,* es de los que susurran a los senadores que el gran hombre, como leal republicano, no quiere otra cosa que el cargo de Primer Cónsul se prolongue a diez años. Los senadores, convencidos de honrar y complacer a Bonaparte, aprueban solemnemente esta resolución. Pero Bonaparte, que se da cuenta de la intriga y reconoce a los autores intelectuales, se enfurece cuando recibe este regalo indeseado. Envía a la delegación a la casa con frías palabras. Cuando ya se siente una corona imperial temblando de oro alrededor de las sienes, diez míseros años son una nuez vacía que se pisotea con desprecio.

Ahora Bonaparte se quita por fin la máscara de la modestia y da a conocer su voluntad de forma clara e inequívoca: "¡Cónsul vitalicio!". Y bajo la delgada cubierta de esas palabras, brilla ya la futura corona imperial, reconocible para cualquiera que tenga perspicacia. Bonaparte ya se ha hecho tan fuerte que el pueblo convierte su deseo en ley por una mayoría de millones y lo elige soberano (como ellos y él piensan) de por vida. La República ha terminado, la monarquía ha comenzado.

El hecho de que Joseph Fouché hubiera puesto tantos obstáculos al deseo decisivo del impaciente pretendiente a la corona no es olvidado por la camarilla de hermanos y hermanas. Y por eso instan con impaciencia a Bonaparte: ahora que está tan firmemente sentado en la silla, ¿para qué quedarse con el molesto estribo? Si el país ha expresado unánimemente su consentimiento al consulado vitalicio, si las diferencias se han resuelto felizmente y se han eliminado, ¿para qué un guardián tan celoso que, como el país, guarda sus propios trucos oscuros? ¡Fuera con él! ¡A acabar con él, a destituir a ese eterno intrigante y alborotador! Hablan con su hermano, que todavía vacila, sin cesar, con impaciencia, tenacidad y perseverancia.

Bonaparte comparte básicamente su opinión. A él también le molesta este hombre que sabe demasiado y siempre quiere saber más, esa sombra gris que se esconde detrás de su luz. Pero destituir al ministro que ha hecho contribuciones tan especiales y que goza de absoluto respeto en el país requeriría un pretexto. Y, además, este hombre se ha vuelto fuerte con él. Por lo tanto, es mejor no convertirlo en un oponente abierto. Tiene en sus manos todos los secretos, conoce de manera asombrosa todas las intimidades no muy limpias del clan corso, por lo que no está bien insultarlo bruscamente. Así que idean una salida inteligente y amable que no haga que la partida de Fouché parezca una vergüenza para el mundo. No despiden al ministro Joseph Fouché, sino que declaran que ha desempeñado su cargo de forma tan perfecta, tan magistral, que una oficina de vigilancia para los ciudadanos, un departamento de policía, se ha vuelto innecesario por completo. Así que no se despide al ministro, sino que se elimina el Ministerio de Policía, su cargo y, por tanto, de forma discreta, a él mismo.

Para ahorrarle a este ser sensible el duro golpe con el que lo ponen en la calle, la despedida se envuelve cuidadosamente entre algodones. Se lo indemniza por la pérdida de su cargo con un escaño en el Senado, y en una carta en la que Bonaparte anuncia este aumento de rango para el despedido, se dice literalmente: "El ciudadano Fouché, ministro de Policía en las circunstancias más difíciles, a través de su talento y su energía, a través de su lealtad al gobierno, siempre cumplió con todos los requisitos que los acontecimientos exigieron. Y al darle un puesto en el Senado, el gobierno sabe que, si en otros tiempos se necesitara un ministro de Policía, no encontraría a nadie más digno de su confianza". Además, Bonaparte, que ha visto lo meticuloso que ha sido el antiguo comunista para reconciliarse con su viejo enemigo, el dinero, le facilita un gran puente dorado hacia la jubilación. Cuando, durante el acuerdo, el ministro le entrega dos millones cuatrocientos mil francos como resto de los bienes liquidados de la policía, Bonaparte simplemente le entrega la mitad, es decir, un millón doscientos mil francos. Además de su título senatorial, el converso despreciador del dinero, que hace una década arremetía furiosamente contra el "metal sucio y corruptor", recibe también con su título de senador la posesión de Aix, un pequeño principado que se extiende desde Marsella hasta Toulon y que vale diez millones de francos. Bonaparte conoce a Fouché, sabe que tiene manos intrigantes, inquietas y adictas al juego. Como no se las puede atar, prefiere cargarlas de oro. Por eso, rara vez en la historia se ha despedido a un ministro con más honor y, sobre todo, con más cautela que a Joseph Fouché.

Ministro del emperador

En 1802, Joseph Fouché —es decir, Su Excelencia el honorable Senador Joseph Fouché—, a causa de la petición amable e insistente del Primer Cónsul, se retira a la vida privada de la que había salido diez años antes. Una década increíble, homicida y fatídica, que cambió el mundo y puso en peligro la vida, pero Joseph Fouché supo aprovechar ese tiempo. No huye, como en 1794, a un ático miserable y sin calefacción, sino que compra una casa hermosa y bien equipada en la calle Cerutti, que pudo haber pertenecido a uno de los "bajos aristócratas" o "ricos infames". En Ferrières, futura residencia de los Rothschild, instala la más magnífica residencia de verano, y su principado en Provenza, el Senado de Aix, le envía diligentemente ingresos. También domina el arte del noble alquimista de hacer oro de todo de manera ejemplar. Sus protegidos en la Bolsa le permiten participar en sus negocios, amplía ventajosamente sus propiedades durante algunos años más y el hombre del primer manifiesto comunista se convierte en el segundo ciudadano más rico de Francia, el mayor terrateniente del país. El tigre de Lyon se ha transformado en un buen hámster, un capitalista inteligente, ahorrativo y que gana intereses. Sin embargo, esta fantástica riqueza del advenedizo político no cambia su innata falta de necesidad, que entonces se practica persistentemente en la disciplina monástica. Con quince millones, la vida personal de Joseph Fouché difícilmente puede ser diferente de cuando juntaba con esfuerzo sus quince sueldos diarios en su desván; no fuma, no bebe, no juega, no gasta dinero en mujeres ni en vanidades. Como un honrado hacendado rural, camina con sus hijos (tres nuevos nacieron después de los dos que perecieron a causa de las privaciones), pasea tranquilo por sus prados, organiza de vez en cuando pequeñas fiestas, escucha música de las amigas de su mujer, lee libros y disfruta conversaciones intelectuales; muy profundamente, de forma inasequible, se esconde en el fondo de esta burguesía sobria y huesuda su lujuria demoníaca por los líos de la política, por las tensiones y peligros del juego mundial.

Sus vecinos no ven nada de esto, solo al serio administrador de fincas, al excelente padre de familia, al tierno marido. Y nadie que no lo conozca de antes sospecha que la pasión, cada vez más inquieta tras su serena taciturnidad, se adelanta y vuelve a entrometerse.

¡La mirada de Medusa del Poder! Una vez que se la ha mirado a la cara, ya no se puede apartar los ojos de ella, uno se queda hipnotizado y hechizado. Una vez que se ha practicado la embriaguez de gobernar y dominar, nunca más se podrá renunciar a ella. Si se buscan en la historia del mundo ejemplos de renuncia voluntaria, aparte de Sila y Carlos V, entre miles y decenas de miles de figuras apenas hay una docena que, con el corazón saciado y la mente lúcida, renunciaron al deseo casi sacrílego de jugar con el destino de millones. Joseph Fouché no podría renunciar a la política más de lo que un jugador podría renunciar al juego, un borracho a la bebida o un cazador furtivo a la caza. Lo atormenta el descanso, y mientras imita alegremente a Cincinato en el arado con bien fingida indiferencia, ya le arden los dedos y le crispan los nervios por volver a agarrar las cartas políticas. Aunque separado del servicio activo, continúa voluntariamente con sus deberes de policía y, para practicar su pluma y no ser olvidado del todo, envía cada semana información secreta al Primer Cónsul. Esto divierte y engancha a su espíritu intrigante de forma poco comprometida, sin satisfacerlo de verdad, y su aparente distanciamiento no es más que una febril espera de volver a tomar por fin las riendas, de sentir el poder sobre las personas, el poder sobre el destino del mundo, ¡el poder!

Bonaparte advierte muchos signos de la acuciante impaciencia de Fouché, pero se contenta con pasarlos por alto. Mientras pueda mantener alejado de sí mismo a este hombre misteriosamente inteligente, misteriosamente laborioso, lo mantendrá en la oscuridad. Desde que la gente ha empezado a reconocer el obstinado poder de este hombre subterráneo, nadie lo tomará a su servicio a menos que lo necesite absolutamente y lo necesite de la forma más peligrosa. El Cónsul le hace toda clase de favores, lo utiliza para todo tipo de negocios, le agradece las buenas informaciones, lo invita de vez en cuando al Consejo de la Corona y, sobre todo, lo deja ganar y enriquecerse para que se calle; pero hay una cosa que se niega obstinado a hacer mientras haga falta: readmitirlo y reconstruir el Ministerio de Policía. Mientras Bonaparte sea fuerte, mientras no cometa errores, no necesita un sirviente tan precario y demasiado prudente. Por fortuna para Fouché, Bonaparte cometió un error. Sobre todo, el gran error histórico e imperdonable: ya no le basta con ser Bonaparte, desea el pálido esplendor de la legitimidad, la pompa de un título, además de la seguridad en sí mismo, además del triunfo de su singularidad. Él, que no tenía por qué temer a nadie gracias a su poder, a su personalidad única, tenía miedo de las sombras del pasado, del nimbo impotente de los Borbones exiliados. Y así se deja tentar por Talleyrand para hacer sacar al Duque de Enghien de territorio neutral por gendarmes y fusilarlo, violando el Derecho Internacional. Para este hecho, Fouché inventa la famosa frase: "Más que un crimen, fue un error". Esta ejecución crea un vacío de miedo y horror, de indignación y odio en torno a Bonaparte. Y pronto le parecerá aconsejable volver al amparo del Argos de los mil ojos, bajo la protección de la policía.

Entonces, y sobre todo en 1804, el cónsul Bonaparte necesitará de nuevo un ayudante hábil y sin escrúpulos para su mayor ascenso. Una vez más, necesita un estribero. Lo que hace dos años había imaginado como la máxima realización de su ambición, el cargo de Cónsul vitalicio, vuelve a parecerle insuficiente al hombre arrastrado por todas las alas del éxito. Ya no quiere ser simplemente el primer ciudadano entre los ciudadanos, sino señor y gobernante sobre sus súbditos. Anhela refrescar su frente caliente con el aro dorado de una corona imperial. Pero si uno se quiere convertir en César, se necesita un Antonio, y aunque Fouché ha interpretado durante mucho tiempo el papel de Bruto (antes incluso el de Catalina), se muestra, famélico por dos años de ayuno político, perfectamente dispuesto a pescar esta corona imperial en el Senado, que se ha convertido en un pantano. El dinero y las buenas promesas sirven de tocino para la caña de pescar, y así el mundo asiste al extraño espectáculo del antiguo presidente del Club de los Jacobinos, ahora Excelencia, intercambiando sospechosos apretones de manos en los pasillos del Senado, empujándose y cuchicheando hasta que finalmente unos cuantos bizantinos complacientes proponen que "se cree una institución que destruya para siempre las esperanzas de los conspiradores, garantizando la duración del Gobierno más allá de la vida del líder". Si se corta la hinchazón de esta frase, se encuentra el núcleo de la intención de transformar al Cónsul vitalicio Bonaparte en el emperador hereditario Napoleón. Y es probable que de la pluma de Fouché (que escribe tan bien con aceite como con sangre) salga esa petición perruna y obsequiosa del Senado en la que se pide a Bonaparte que "complete su obra inmortalizándola". Pocos fueron más valientes a la hora de cavar la tumba final de la República que Joseph Fouché, el de Nantes, ex diputado de la Convención, ex presidente del Club Jacobino, el *Mitrailleur de Lyon*, el combatiente de los tiranos y, antes, el más republicano de todos los republicanos.

La recompensa no deja de materializarse. Del mismo modo que una vez el ciudadano Fouché fue nombrado ministro por el ciudadano Cónsul Bonaparte, en 1804, tras dos años de exilio dorado, Su Excelencia el Senador Fouché vuelve a ser nombrado ministro por Su Majestad el Emperador Napoleón. Por quinta vez, Joseph Fouché jura fidelidad: la primera al gobierno, entonces todavía real, la segunda a la República, la tercera al Directorio y la cuarta al Consulado. Pero Fouché solo tenía cuarenta y cinco años: ¡cuánto tiempo quedaba para nuevos juramentos, nuevas lealtades e infidelidades! Y con vigor, descansado, se sumerge de nuevo en su viejo elemento favorito de viento y olas, jurando al nuevo emperador y, sin embargo, solo conspirando a su propia lujuria inquieta.

Durante una década, las dos figuras, Napoleón y Fouché, se encuentran frente a frente, o más bien entre bastidores, en la escena mundial, fatalmente encadenados a pesar de su mutua resistencia clarividente. Napoleón no ama a Fouché y Fouché no ama a Napoleón. Llenos de secreta aversión, se ayudan mutuamente, unidos solo por la atracción de polos opuestos. Fouché conoce bien la naturaleza demoníaca, magnífica y peligrosa de Napoleón; sabe que el mundo no volverá a crear en décadas un genio tan superior, tan digno de servirle. Napoleón, por su parte, sabe que nadie lo comprende tan rápido como este espejo y espía sobrio, brillante, de reflejos nítidos, este esforzado talento político, capaz de todo por igual, de lo mejor y de lo peor, y al que solo le falta una cosa para convertirse en un sirviente perfecto: la devoción incondicional, la lealtad.

Fouché nunca se convierte en siervo de nadie, y menos aún en lacayo. Nunca sacrifica por completo su independencia intelectual, su voluntad propia, a la causa de otro. Al contrario:

cuanto más caen los viejos republicanos, disfrazados de nueva nobleza, en el nimbo del emperador, cuanto más se hunden de consejeros a aduladores y lacayos, más se endurece y tensa la espalda de Fouché. Por supuesto, ya no es posible oponerse al opinante y cada vez más cesáreo emperador con una abierta contradicción, con una descarada oposición, pues la camaradería abierta y el libre diálogo entre los ciudadanos hace tiempo que han sido abolidos en el palacio de las Tullerías. El emperador Napoleón, que se hace llamar "Sire" por sus antiguos compañeros de armas e incluso (¡cómo se habrán reído!) por propios hermanos, y a quien ya nadie puede tutear, excepto la esposa, ya no desea ser aconsejado por sus ministros. El ciudadano ministro Fouché ya no entra, como antes, con un jabot suelto, con el cuello desabrochado y el paso desenfrenado, en el gabinete del ciudadano Cónsul Bonaparte. El ministro Joseph Fouché con el cuello alto y bordado en oro rígido, envuelto en el pomposo uniforme de la corte, con medias de seda negra y zapatos reflectantes, cubierto de medallas, con el sombrero en la mano, entra ahora en una especie de audiencia con el emperador Napoleón. El "señor" Fouché debe primero inclinarse respetuosamente ante su antiguo conjurado y camarada antes de dirigirse a él como "Su Majestad". Debe hacer una reverencia al entrar y al despedirse, aceptar las órdenes bruscamente dadas sin objeciones en lugar de entablar discusiones más íntimas. No hay resistencia contra la opinión de este impetuoso hombre de voluntad.

Al menos no abiertamente. Fouché conoce demasiado bien a Napoleón como para querer imponerle su propia opinión si tiene otras diferentes. Se deja ordenar y mandar como todos los demás aduladores y ministros serviles de la época imperial, con la pequeña diferencia de que no siempre obedece esas órdenes. Si se le ordena efectuar detenciones que él mismo no aprueba, hace que las personas amenazadas sean advertidas tranquilamente de antemano, o si tiene que castigarlas, subraya en todas partes que esto se hace expresamente por orden del emperador, no a petición propia. Los favores y gentilezas, por el contrario, siempre los reparte como gracias propias. Cuanto más dominante se revela Napoleón —y, en efecto, es sorprendente cómo su temperamento, dominante desde el principio, se vuelve cada vez más desenfrenado y autocrático a medida que aumenta su poder—, más amable, más conciliador se comporta Fouché. Y así, sin una palabra contra el emperador, solo con pequeños saludos, sonrisas y silencio, él solo forma una oposición visible y sin embargo nunca comprensible al nuevo favor divino. Ya no se toma la peligrosa molestia de imponer verdades, sabe que a los emperadores y a los reyes, aunque antes se llamaran Bonaparte, no les sirve de nada. Solo a hurtadillas desliza a veces maliciosamente sinceridades en sus informes diarios como contrabando. En lugar de decir "quiero decir", "pienso" y hacerse reprender por su opinión y pensamiento independientes, escribe en sus informes "dicen" o "un enviado habría dicho"; de ese modo, casi siempre añade unos granos de pimienta sobre la familia imperial a la tarta de trufa diaria de sabrosas noticias. Con los labios pálidos, Napoleón tiene que leer toda la suciedad, todas las desgracias de sus hermanas registradas como "rumores malvados" y, además, maldades bien picadas sobre sí mismo, notas afiladas y ardientes con las que la hábil mano de Fouché condimenta deliberadamente el boletín. Sin pronunciar una sola palabra, el astuto criado sirve de vez en cuando verdades inoportunas a su incómodo amo y, de pie, cortésmente y ajeno a la lectura, ve cómo el duro amo se atraganta con ellas. Así, Fouché se venga un poco del teniente Bonaparte, quien, desde que se puso a sí mismo la capa imperial, solo desea ver a sus antiguos consejeros temblando ante él, con la espalda encorvada.

Como se ve, no hay aire amistoso entre estos dos hombres. Al igual que Fouché no es un criado agradable para Napoleón, Napoleón no es un amo agradable para Fouché. Ni una sola vez permite despreocupada y fielmente que le pongan sobre la mesa un informe policial. Examina cada línea con su ojo de halcón en busca de la más mínima discrepancia, del más mínimo descuido. Luego, se marcha atronadoramente, regañando a su ministro como un colegial, completamente entregado al desenfreno corso de su temperamento. Los porteros, los vigilantes de la cerradura y los colegas del Consejo de Ministros relatan de forma unánime cómo fue precisamente la contrastada sangre fría de la resistencia de Fouché lo que enfureció al Emperador. Pero incluso sin su testimonio (pues todas las memorias de la época solo deben leerse con lupa), uno lo sabría, porque se puede oír la voz de mando, áspera y aguda, retumbando incluso en las cartas: "Me parece que la policía no lleva a cabo la vigilancia de la prensa con el vigor necesario", reprende al viejo y experimentado maestro, o lo sermonea: "Se diría que en el Ministerio de Policía no saben leer: no se cuidan de nada". O: "Le ruego que se mantenga dentro de los límites de sus actividades y no interfiera en asuntos exteriores". Napoleón, como sabemos por un centenar de informes, lo menospreció de forma implacable delante de testigos, de sus ayudantes de campo y del Consejo de Estado, y cuando sus labios echaban espuma de rabia, no dudó en recordarle Lyon, su época de terrorismo, en llamarle regicida, traidor. Pero Fouché, el observador frío como el cristal, que después de diez años conoce toda la gama de estos arrebatos de cólera, sabe que a veces brotan de la sangre caliente del hombre de forma desenfrenada, pero también que Napoleón a veces los utiliza de forma actoral. No se deja intimidar ni por las tormentas reales ni por las teatrales, como el ministro austríaco Cobenzl, que tembló cuando el emperador arrojó a sus pies una preciosa vasija de porcelana. No se deja engañar ni por el fingimiento de cólera ni por la cólera real del emperador. Con su rostro incoloro, como una máscara, calcáreo, sin un tic en el rabillo del ojo, sin traicionar un nervio de excitación, permanece imperturbable bajo este repiqueteo de palabras... Solo, quizás, cuando sale de la habitación, se le dibuja una sonrisa irónica o maligna en sus finos labios. Ni siquiera tiembla cuando el emperador le grita: "Traidor, debería fusilarte", sino que contesta con aire serio, sin dar a su voz un acento diferente: "No comparto esa opinión, sire". Él mismo se ha despedido cien veces, amenazado con el destierro y la destitución, y sin embargo abandona tranquilo la sala, completamente seguro de que el emperador volverá a convocarlo al día siguiente. Y siempre tiene razón. Porque a pesar de su desconfianza, su cólera y su odio secreto, Napoleón nunca pudo deshacerse por completo de Fouché durante una década, hasta la última hora.

El poder de Fouché sobre Napoleón, un misterio para todos sus contemporáneos, no tenía nada de mágico o hipnótico. Es un poder adquirido, un poder calculado y ganado con diligencia, destreza y observación sistemática. Fouché sabe mucho, incluso demasiado. Conoce todos los secretos imperiales, no solo gracias a la inteligencia del emperador, sino también contra su voluntad y, como todo el imperio, mantiene a raya a su amo mediante una información completa y casi mágica. A través de la propia esposa del emperador, Josefina, conoce los detalles más íntimos de su lecho conyugal. A través de Barras, cada peldaño de la escalera de caracol de su ascenso. A través de sus propias conexiones con los hombres del dinero, controla toda la situación financiera privada del emperador. No se le escapa ninguno de los cien sórdidos asuntos de la familia Bonaparte, los asuntos de juego de sus hermanos, las aventuras de Mesalina de Pauline. Tampoco ignora las infidelidades conyugales de su señor. Cuando Napoleón, envuelto en una extraña capa y casi encapuchado, se escabulle por una puerta lateral secreta de las Tullerías hacia una amante a las once de la noche, Fouché sabe a la mañana siguiente adónde fue el carruaje, cuánto tiempo permaneció el emperador en esa casa, cuándo regresó, e incluso puede avergonzar al soberano del mundo informándole de que ese elegido lo está engañando, a Napoleón, con un dandy del espectáculo no tan bien elegido. Todas las cartas importantes del gabinete del emperador son copiadas a Fouché gracias a un secretario sobornado, y algunos lacayos de alto y bajo rango reciben una asignación mensual de las arcas secretas del ministro de Policía por la grabación fidedigna de todas las conversaciones de palacio. Napoleón es vigilado día y noche, en la mesa y en la cama, por su celoso criado. Es imposible ocultarle un secreto. El emperador se ve obligado a confiar en él, quiera o no. Y este conocimiento de todo y de todos crea el poder único de Fouché sobre la gente, que Balzac tanto admiraba.

Pero con el mismo cuidado con que Fouché vigila todos los asuntos, planes, pensamientos y palabras del emperador, se esfuerza por ocultarle los suyos. Fouché nunca confía sus verdaderas intenciones y su trabajo ni al emperador ni a nadie; solo entrega lo que le conviene de su vasto acervo de noticias. Todo lo demás permanece encerrado en el cajón del escritorio del ministro de Policía. Fouché no permite que nadie se asome a esta última ciudadela, es más, pone toda su pasión, su única pasión, en el único y maravilloso placer de permanecer inimaginable, impenetrable, inescrutable, una posición que nadie puede tener en cuenta. Fue en vano que Napoleón pusiera a unos cuantos espías a seguirlo: Fouché los puso en ridículo o incluso los utilizó para dirigir informes completamente falsos y vergonzosos a su magullado patrón. Con el paso de los años, este juego de espionaje y contraespionaje entre los dos se vuelve cada vez más astuto y rencoroso, sus actitudes casi abiertamente insinceras… No, de hecho, no hay una atmósfera clara y transparente entre estos dos hombres, uno de los cuales quiere ser demasiado amo y el otro demasiado poco siervo. Cuanto más fuerte es Napoleón, más molesto le resulta Fouché. Cuanto más fuerte se hace Fouché, más odia a Napoleón. Detrás de este antagonismo privado de disensiones intelectuales, surge poco a poco toda la tensión de la época, que crece enormemente. Pues de año en año, una voluntad y una contravoluntad surgen cada vez más claras dentro de Francia: el país quiere por fin la paz, pero Napoleón quiere la guerra una y otra vez. El Bonaparte de los años mil ochocientos, heredero y organizador de la Revolución, sigue estando completamente en armonía con su país, su pueblo y sus ministros. El Napoleón de 1804, el emperador de la nueva década, hace tiempo que ha dejado de pensar en su país, en su pueblo, y solo piensa en Europa, en el mundo y en la inmortalidad. Después de resolver con maestría la tarea que se le ha encomendado, se impone nuevas tareas, más difíciles, a partir del exceso de sus fuerzas, y el que ha transformado el caos en orden vuelve a desgarrar con violencia su propia obra, su propio orden en caos. Esto no quiere decir que su mente, su mente diamantina y nítida, estuviera confusa, ni mucho menos: el intelecto de Napoleón, matemáticamente exacto y preciso para todos sus demonios, permanece magníficamente alerta hasta el último segundo, cuando el moribundo escribe con mano temblorosa su testamento, la obra de sus obras. Pero esta mente suya hace tiempo que perdió su medida terrenal, ¡y cómo podría ser de otro modo después de semejante cumplimiento de lo improbable! Después de tan inauditas victorias contra todas las reglas del juego del mundo, ¡cómo podría el alma, acostumbrada a tan desmedido empeño, no verse invadida por el deseo de superar lo increíble con algo aún más increíble! Napoleón es tan poco confuso mentalmente, incluso en sus mayores aventuras, como Alejandro Magno, Carlos XII de Suecia o Cortés. Como ellos, solo perdió la medida real de lo posible en victorias inauditas, y es precisamente esta carrera a la luz del día, un magnífico espectáculo natural de la mente, maravilloso como una tormenta de mistral en un cielo despejado, lo que produce esas hazañas que son a la vez el crimen de un solo hombre contra cientos de miles y, sin embargo, el enriquecimiento legendario de la humanidad. La marcha de Alejandro de Grecia a la India —todavía hoy fabulosa si se traza en un mapa con el dedo—, el viaje de Cortés, la marcha de Carlos XII de Estocolmo a Poltava, la caravana de seiscientas mil personas que Napoleón arrastró de España a Moscú; esas grandes hazañas simultáneamente de coraje y de exceso de coraje son en nuestra historia moderna lo que las batallas de Prometeo y los titanes contra los dioses fueron a la miología griega: arrogancia y heroísmo, pero en cualquier caso el máximo ya sacrílego de todo lo terrenalmente alcanzable. Y Napoleón se dirige de forma inexorable hacia esa medida extrema en cuanto siente la corona imperial alrededor de sus sienes. Sus metas crecen con sus éxitos; su audacia, con sus victorias; su deseo de desafiar al destino cada vez más audaz, con sus triunfos sobre él. Nada más natural, por tanto, que las demás personas que lo rodean, siempre que no estén ensordecidas por las fanfarrias de los boletines de victoria ni cegadas por los éxitos, empiecen a estremecerse al mismo tiempo que los inteligentes y prudentes como Talleyrand y Fouché. Pensaban en el tiempo, en el presente, en Francia, en Napoleón, en la posteridad, en la leyenda, en la Historia.

Esta oposición entre razón y pasión, entre personajes lógicos y demoníacos, eternamente repetida en la Historia, surgió tras las figuras de Francia poco después del cambio de siglo. La guerra hizo grande a Napoleón, elevándolo de la nada al trono imperial. ¿Qué podría ser más natural que él deseando la guerra una y otra vez, y buscando oponentes aún más grandes y formidables? Incluso en términos numéricos, su apuesta alcanza proporciones fantásticas. En Marengo, en 1800, salió victorioso con treinta mil hombres, cinco años más tarde puso en el campo de batalla a trescientos mil hombres, y otros cinco años más tarde ya estaba desarraigando a un millón de defensores del país desangrado y cansado de la guerra. Al último soldado de su ejército, al campesino más estúpido, se le podía hacer comprender contando con los dedos que tal *guerromanía* y *cazamanía* (Stendhal acuñó esta palabra) debían conducir finalmente a una catástrofe, y Fouché dijo una vez de forma profética a Metternich durante una conversación cinco años antes de Moscú: "Cuando los haya vencido, solo quedarán Rusia y China". Solo hay una persona que no se da cuenta de esto o se tapa los ojos con la mano: Napoleón. Quien ha vivido los segundos de Austerlitz y luego los de Marengo y Eylau, la Historia Universal comprimida siempre en dos horas, ya no puede sentir ninguna emoción ni satisfacción al recibir a cortesanos uniformados en fardos de la corte, sentarse en el teatro de la ópera decorado con solemnidad, escuchar hablar a diputados aburridos… No, durante mucho tiempo solo ha sentido temblar sus nervios, cuando arrasa países enteros a marchas forzadas a la cabeza de sus tropas, aplasta ejércitos, mueve reyes de su sitio como piezas de ajedrez con un movimiento casual de sus dedos y pone a otros en su lugar, cuando la catedral de los Inválidos se convierte en un bosque susurrante de banderas y el tesoro recién fundado se llena del preciado botín de toda Europa. Solo piensa en regimientos, en cuerpos de ejército, en ejércitos; hace tiempo que ha llegado a considerar Francia, el país entero, el mundo entero solo como una misión, como su propiedad ilimitada (*"Le France c'est moi"*). Pero algunos de los suyos insistían interiormente en que Francia se pertenecía primero a sí misma, que su pueblo, sus ciudadanos, no debían servir para convertir al clan corso en reyes y a toda Europa en una servidumbre bonapartista. Con creciente disgusto ven cómo las listas de reclutamiento son martilleadas en las puertas de las ciudades año tras año, los chicos de dieciocho, diecinueve años, arrancados de sus hogares para perecer sin sentido en las fronteras de Portugal, en los desiertos nevados de Polonia y Rusia, o al menos para un fin que ya no se puede comprender. Así se desarrolla un antagonismo cada vez más amargo entre él, que solo mira a sus estrellas, y los clarividentes, que ven el hastío y la impaciencia de su propio país. Y como su espíritu autocrático, que se ha vuelto imperioso, ya no se deja aconsejar ni siquiera por sus vecinos, estos empiezan a cavilar en secreto cómo se puede detener esta rueda que gira enloquecida y salvarla de su inevitable caída en el abismo. Porque ha de llegar el momento en que la razón y la pasión estén finalmente divididas y abiertamente en guerra, cuando estalle la batalla entre Napoleón y el más sabio de sus servidores.

Esta oposición secreta a la pasión de Napoleón por la guerra y los excesos acabó por reunir incluso a los más enconados adversarios entre sus consejeros: Fouché y Talleyrand. Estos dos ministros, los más capaces de Napoleón, las personas psicológicamente más interesantes de su época, no se amaban, probablemente porque eran demasiado parecidos en muchos aspectos. Ambos son pensadores sobrios, realistas y claros, cínicos e implacables discípulos de Maquiavelo. Ambos han pasado por la escuela de la Iglesia y la acalorada universidad de la Revolución, ambos tienen la misma sangre fría sin escrúpulos en cuestiones de dinero y honor, ambos sirven a la República, al Directorio, al Consulado, al Imperio y al Rey con la misma deslealtad y falta de escrúpulos. Estos dos personajes de la inconstancia —disfrazados de revolucionarios, de senadores, de ministros, de servidores reales— se encuentran incesantemente en el mismo escenario de la Historia Universal. Precisamente porque son de la misma raza intelectual y tienen asignado el mismo papel diplomático, se odian con el frío conocimiento y el buen rencor de los rivales.

Ambos pertenecen al mismo tipo amoral, pero si su parecido se debe al carácter, su diferencia se debe al origen. Talleyrand, como duque de Périgord, como arzobispo de Autun, viejo aristócrata de sangre, lleva ya la toga púrpura de señor espiritual de toda una provincia francesa, mientras que el desaliñado hijo del comerciante Joseph Fouché, despreciado profesor de curas, taladra a su docena de alumnos del monasterio en matemáticas y latín por unos pocos céntimos al mes. Este último era ya encargado de negocios de la República Francesa en Londres y célebre portavoz de los Estados Generales, ya que en un principio pescó su mandato en los clubes con halagos y actividad. Talleyrand llegó a la Revolución desde arriba, descendió de su carruaje como un gobernante, saludado con vítores reverentes, unos pasos más abajo del Tercer Estado, mientras Fouché se esforzaba por intrigar para llegar hasta él. Esta diferencia de origen da un color especial a sus características básicas similares. Talleyrand, el hombre de los grandes aires, sirve con la indiferente y fría condescendencia de un gran señor. Fouché, con la diligente y astuta asiduidad de un funcionario adulador. En lo que se parecen, son al mismo tiempo diferentes. Si ambos aman el dinero, Talleyrand lo hará a la manera de un noble, para despilfarrarlo, para dejarlo fluir pródigamente en la mesa de juego y con las mujeres, mientras Fouché, el hijo del comerciante, lo utilizará para rastrillarlo de manera capitalista y con intereses y amontonarlo con moderación. Para Talleyrand, el poder no es más que un medio para el placer, le brinda la mejor y más noble oportunidad de esclavizar todas las cosas sensuales del mundo, como el lujo, las mujeres, el arte y la comida deliciosa, mientras que Fouché, aun siendo millonario muchas veces, sigue siendo un espartano y monacal hombre ahorrativo. Ninguno de los dos podrá nunca escapar completamente a sus orígenes sociales. Nunca, ni siquiera en los días más salvajes del Terror, el duque de Périgord, Talleyrand, se convertirá en un verdadero hombre del pueblo y en un republicano. Nunca, ni siquiera como duque de Otranto recién coronado, Joseph Fouché se convertirá en un verdadero aristócrata, a pesar de su reluciente uniforme de oro. El más deslumbrante, el más encantador, quizá también el más importante de los dos es Talleyrand. Su espíritu, moldeado por la cultura artística y antigua, y templado por el ingenio del siglo XVIII, ama el juego diplomático como uno de los muchos otros juegos apasionantes de la existencia, pero odia el trabajo. Odia escribir él mismo una carta; el verdadero voluptuoso, el refinado hedonista, prefiere dejar que otro haga todo el trabajo duro y luego recoger despreocupado los resultados con su mano delgada y anillada. Su intuición, que examina las situaciones más complejas con una mirada relámpago, es suficiente para él. Psicólogo nato y de formación, como dice Napoleón, penetra en todos los pensamientos y, sin adivinar, anima a cada cual en lo que realmente quiere. Giros audaces, concepciones rápidas, giros suaves en todos los momentos peligrosos son su logro, negándose desdeñosamente a preocuparse por los detalles, a trabajar con sudor y diligencia. Este amor por lo mínimo, por la forma más concentrada de las decisiones intelectuales, es también la fuente de su especial habilidad para el ingenio más deslumbrante, para el aforismo. No escribe largos reportajes, sino que aborda una situación, una persona, con una sola palabra afilada. Fouché, por el contrario, carece por completo de esta capacidad de visión rápida del mundo; arrastra mil y mil observaciones de forma apiñada, con innumerables puntadas minúsculas, un ajetreado ir y venir, que luego se suman y combinan para producir resultados concienzudos e irrefutables. Su método es analítico, el de Talleyrand es visionario; su talento es la diligencia, el de Talleyrand es la rapidez mental: ningún artista podría inventar una pareja de opuestos mejor que la que la Historia ha colocado en estas dos figuras, en el perezoso e ingenioso improvisador Talleyrand y en el calculador de mil ojos y alerta Fouché, junto a Napoleón, junto al genio perfecto que combina ambos talentos, clarividencia y mirada exacta, pasión y diligencia, conocimiento y visión del mundo.

Pero nadie se odia con más rencor que las distintas especies de una misma raza. Por eso, Talleyrand y Fouché se aborrecían por instinto, por un conocimiento preciso y sangriento. Desde el primer día, el Gran Señor sintió aversión por Fouché, ese trabajador de poca monta, redactor de informes, portador de noticias, ese frío explorador; y Fouché, por su parte, estaba enfurecido por la frivolidad de Talleyrand, su despilfarro, su nobleza desdeñosa, su despreocupación perezosa y femenina. Así que se hablaban con puñales envenenados. Talleyrand sonríe: "Fouché desprecia tanto a la gente porque se conoce demasiado bien". Fouché vuelve a burlarse cuando Talleyrand es nombrado vicecanciller: *"Il ne lui manquait que ce vice-là"* [Solo le faltaba ese *vice*, de *vicio*]. Siempre que podían ofenderse mutuamente, lo hacían con entusiasmo; siempre que podían perjudicarse, aprovechaban la primera oportunidad para hacerlo. El hecho de que estos dos, el ágil y el laborioso, se complementen tan bien en sus cualidades los hace importantes para Napoleón como ministros, y el hecho de que se odien tan ferozmente le conviene a la perfección, pues como resultado de este odio uno vigila al otro mejor de lo que podrían hacerlo cien diligentes exploradores. Cada corrupción, cada nueva indulgencia y negligencia por parte de Talleyrand le es informada con avidez por Fouché, cada furtiva y cada nueva evasión por parte de Fouché es servida con premura por Talleyrand; Napoleón se siente así simultáneamente servido y vigilado por esta peculiar pareja. Como psicólogo superior, Napoleón aprovecha al máximo la rivalidad entre sus dos ministros para impulsarlos y, al mismo tiempo, mantenerlos a raya.

Esta persistente enemistad entre los dos rivales, Fouché y Talleyrand, divierte a todo París durante años. Como en una escena de Molière, uno asiste a las incansables variaciones de esta comedia en la escalinata del trono y se divierte viendo cómo los dos servidores del soberano se burlan una y otra vez, persiguiéndose con agudas ocurrencias, en tanto su señor, olímpicamente superior, contempla esta disputa que le favorece. Pero mientras él mismo y todos los demás esperan que jueguen a un cómico juego del gato y el perro, estos dos astutos actores cambian repentinamente los papeles y comienzan una seria interacción. Por primera vez, su ira común contra su jefe se hace más fuerte que su rivalidad. Es 1808 y Napoleón está de nuevo en guerra, la más inútil y sin sentido de sus guerras, la campaña contra España. En 1805 había derrotado a Austria y a Rusia, en 1807 había aplastado a Prusia, había sometido a los Estados alemán e italiano, y no había el menor motivo para enemistarse con España. Pero el simplón hermano José (dentro de unos años el propio Napoleón admitirá haberse "sacrificado por los tontos") también quiere una corona, y como no parece haber ninguna disponible, se decide simplemente por arrebatársela a la dinastía española violando el Derecho Internacional. De nuevo suenan los tambores, de nuevo marchan los batallones, de nuevo el dinero ganado con tanto esfuerzo se derrama de las arcas, y de nuevo Napoleón se embriaga con el peligroso placer de la victoria. Este desenfrenado furor bélico empieza a volverse demasiado loco incluso para los más espesos; tanto Fouché como Talleyrand desaprueban la guerra, que se había desencadenado por completo y que desangraría a Francia durante otros siete años. Como el emperador no escucha a ninguno de los dos, estos se acercan de forma imperceptible. Sus cartas y consejos, como saben, son amargamente arrinconados por el emperador, y los hombres de Estado hace tiempo que no pueden hacer nada contra los mariscales, los generales, los señores de sable y, menos aún, contra el clan de los corsos, cada uno de los cuales quiere envolver rápidamente un pobre pasado en un armiño. Así que intentan protestar en público y, privados del derecho de palabra, deciden representar una pantomima política, un verdadero y propio golpe teatral. A saber, formar una alianza demostrativa.

No sabemos quién creó la escena, si Talleyrand o Fouché. Esto es lo que ocurre ahora: mientras Napoleón lucha en España, París bulle de fiestas y convivencia —la gente está acostumbrada a la guerra anual como a la nieve en invierno y a las tormentas en verano—, y en la calle Saint-Florentin, en la casa del Gran Canciller, mil velas titilan y la música susurra en una tarde de diciembre de 1808 (mientras Napoleón escribe órdenes del ejército en algún sucio barrio de Valladolid). Se reúnen bellas mujeres, a las que tanto ama Talleyrand, deslumbrante compañía, altos consejeros de Estado y los enviados extranjeros. Charlan, bailan y se divierten. De repente se oye un murmullo bajo y cuchicheos por todos los rincones, el baile se detiene, los invitados se reúnen asombrados: ha entrado un hombre del que cabría esperar que fuera el último en llegar, el enjuto Casio, Fouché, al que, como todo el mundo sabe, Talleyrand odia y desprecia con amargura, y que nunca ha puesto un pie en esta casa. Pero he aquí que con exquisita cortesía el ministro de Asuntos Exteriores cojea hacia el ministro de Policía, lo saluda tiernamente como si fuera un querido huésped y amigo, y lo toma bajo el brazo de forma cariñosa. Ostensible y evidentemente cuidándolo, lo conduce por el pasillo, luego entran en una habitación contigua, se sientan en una *chaise longue* y hablan en voz baja, sembrando una excesiva curiosidad entre todos los presentes. A la mañana siguiente, todo París conoce la gran sensación. En todas partes no se habla más que de esta repentina y tan llamativamente anunciada reconciliación, y todo el mundo comprende su significado. Cuando perros y gatos unen fuerzas de forma tan violenta, solo puede ser contra el cocinero. La amistad entre Fouché y Talleyrand significa la abierta desaprobación de los ministros hacia su amo, hacia Napoleón. Todos los espías se ponen de pie de inmediato para descubrir qué significa realmente este complot. En todas las embajadas, las plumas zumban sobre informes inmediatos, Metternich informa por correo urgente a Viena que "este acuerdo corresponde a los deseos de una nación excesivamente cansada". Los hermanos y hermanas de Napoleón también dan la alarma y envían la gran noticia al emperador por correo urgente.

La noticia llega a España por correo urgente, pero quizás aún más rápido regresa Napoleón a París, como si lo hubieran golpeado con un látigo. Ni siquiera llama a sus confidentes a la habitación tan pronto como recibe la carta. Se muerde los labios e inmediatamente da órdenes de regresar. Este acercamiento entre Talleyrand y Fouché produce en él un efecto aterrador, más que una batalla perdida. El ritmo de su regreso es francamente exasperante: el día 17 sale de Valladolid, el 18 está en Burgos, el 19 en Bayona. No hace ninguna parada en ningún lado, los caballos cansados son cambiados apresuradamente por todas partes. El 22 arrasa como una tormenta en las Tullerías. El día 23 responde a la ingeniosa comedia de Talleyrand con una escena igualmente dramática. Todo el grupo de cortesanos vestidos de oro, ministros y generales, están cuidadosamente alineados como extras. En público, uno debería ver cómo el emperador aplasta con su puño hasta la más mínima rebelión contra su voluntad. La víspera ya había hecho llamar a Fouché y se había lavado la cabeza detrás de una puerta cerrada que él, acostumbrado a tales duchas, mantenía inmóvil, se disculpaba con palabras suaves y hábiles y se despedía a tiempo. A esta persona servil, piensa el emperador, le basta una patada superficial; pero Talleyrand, precisamente porque es considerado el más fuerte, el más poderoso, debería pagar la factura de manera pública. La escena ha sido descrita muchas veces y pocas conocen mejor el dramatismo de la Historia. Al principio, el emperador solo expresa su disgusto en términos generales por la astucia de los individuos durante su ausencia, pero luego, irritado por su fría indiferencia, se vuelve bruscamente hacia Talleyrand, que está inmóvil en su postura negligente, apoyando el brazo en la repisa de la chimenea de mármol. Y ahora la lección previamente calculada del comediante se convierte de repente en verdadera rabia ante los ojos de toda la corte, el emperador grita los insultos más viles a ese hombre mayor y experimentado. Lo llama ladrón, transgresor, apóstata, venal que vendería a su propio padre por dinero. Lo acusa de ser responsable del asesinato del duque de Enghien y de la guerra de España. Ninguna lavandera puede insultar a su vecina en el pasillo abierto con más desinhibición que Napoleón al duque de Périgord, al veterano de la Revolución y primer diplomático de Francia.

Los oyentes se quedan helados. Todos se sienten incómodos. Todos sienten que el emperador se ve mal en este momento. Solo Talleyrand, cuya indiferencia ante los ataques parece tan impenetrablemente de piel de búfalo que se dice que una vez se quedó dormido mientras leía un panfleto dirigido contra él, no cambia de rostro, demasiado altivo para percibir tales insultos como insultos. Una vez amainada la tormenta, cojea en silencio por los lisos patios de butacas y luego, en la antesala, pronuncia una sola de esas palabritas envenenadas que son más hirientes que todos estos estruendosos puñetazos: "Qué lástima que tan gran hombre esté tan mal educado", dice tranquilo mientras deja que el sirviente le ponga el abrigo. Esa misma noche, Talleyrand es desposeído de su dignidad de gentilhombre de cámara, y durante los días siguientes todos los desfavorables despliegan con curiosidad el *Moniteur* para leer, entre las noticias estatales, el anuncio de la destitución de Fouché. Pero están equivocados. Fouché se queda. Como siempre, durante su avance se posicionó detrás de alguien más fuerte que le sirvió de pararrayos. Se recordará que cuando Collot, su compañero en Lyon, es deportado a la Isla de las Fiebres, Fouché se queda. Mientras Babeuf, su cómplice en la lucha contra el Directorio, es fusilado, Fouché se queda. Su protector, Barras, tiene que huir del país, pero Fouché se queda. Y esta vez también, solo el hombre que iba delante, Talleyrand, cae, y Fouché queda. Los gobiernos, las formas de gobierno, las opiniones, las personas cambian, todo cae y se desvanece en este furioso torbellino del cambio de siglo, solo uno permanece siempre en la misma posición en todos los servicios y en todas las actitudes: Joseph Fouché.

Fouché permanece en el poder, más aún: el hecho de que el más inteligente, más flexible e independiente de los consejeros de Napoleón haya recibido el cordón de seda y fuera reemplazado por un simple hombre que dice "sí", en realidad, fortalece su influencia. Pero lo más importante es que, además de su rival Talleyrand, el molesto caballero también deja libre su lugar por un tiempo. Como fue escrito en 1809, Napoleón estaba una vez más librando una nueva guerra, como lo hacía cada año, esta vez contra Austria.

La ausencia de Napoleón de París y de los negocios es siempre lo más agradable que le puede pasar a Fouché. Cuanto más tiempo y más lejos esté, mejor. En Austria, España, Polonia; hasta preferiría verlo de regreso en Egipto. Debido a que su luz extremadamente fuerte arroja sombras a todos a su alrededor, su imponente y creativa presencia paraliza todas las demás voluntades por su imperiosa superioridad. Pero cuando está a cien millas de distancia, dirigiendo batallas, tramando planes militares, Fouché puede jugar a ser un pequeño maestro y decidir su destino en casa de vez en cuando y no tiene que ser un mero títere de esta mano dura y enérgica.

¡Fouché por fin tiene la oportunidad de hacer esto, por fin, por primera vez! 1809 fue un año fatídico para Napoleón. A pesar de los éxitos externos más evidentes, su situación militar nunca estuvo en peligro. En la aplastada Prusia, en la mal domesticada Alemania, decenas de miles de franceses yacen en guarniciones individuales, casi indefensos, como guardias de cientos de miles que simplemente esperan el llamado a las armas. Un segundo éxito de los austríacos como el de Aspern, y es necesario que estalle una insurrección desde el Elba hasta el Ródano, la indignación de todo un pueblo. Las cosas tampoco van bien en Italia: los flagrantes malos tratos infligidos al Papa han enfadado a todo el país, del mismo modo que la humillación de Prusia ha enfadado a toda Alemania, y la propia Francia está cansada. Si ahora fuera posible lanzar un nuevo ataque contra esta potencia militar imperial, extendida por toda Europa desde el Ebro hasta el Vístula, quién sabe si no derribaría al coloso de bronce fuertemente sacudido. Y los archienemigos de Napoleón, los ingleses, están planeando este ataque. Mientras las tropas del emperador estaban dispersas cerca de Aspern, Roma y Lisboa, decidieron avanzar directo hacia el corazón de Francia, para apoderarse primero de los puertos de Dunkerque, conquistar Amberes y obligar a los belgas a rebelarse. Napoleón, calculan, está lejos con sus ejércitos guerreros, sus mariscales y sus cañones; el país yace indefenso ante ellos.

Pero Fouché está ahí, el mismo Fouché que aprendió, gracias a la Convención de 1793, cómo conseguir decenas de miles de reclutas en unas pocas semanas. Su energía no ha disminuido desde entonces, pero solo puede trabajar en la oscuridad, agotándose en pequeños trucos y actividades. Y se lanza con pasión a la tarea de poder mostrar a la nación y al mundo entero que Joseph Fouché no es solo el trampolín de Napoleón y que, en caso de emergencia, puede actuar con tanta decisión y determinación como el propio emperador. Tiene que hacerlo: ¡una oportunidad maravillosa que casi cae del cielo!, demostrar claramente que no todo el destino militar y moral está ligado solo a este hombre. En sus proclamas subraya con desafiante audacia la inutilidad de Napoleón. "Demostrémosle a Europa que, aunque el genio de Napoleón da su esplendor a Francia, su presencia no es necesaria para repeler al enemigo", escribe a los alcaldes y, luego, confirma con sus hechos estas palabras audaces y autoengrandecidas. Apenas se entera del desembarco británico en la isla de Walcheren el 31 de agosto, en su calidad de ministro de Policía y ministro del Interior (cargo que ocupa de manera temporal), exige a los guardias nacionales, que habían estado silenciosos en sus pueblos. Desde los días de la Revolución, fueron llamados a filas y trabajaron como sastres, cerrajeros, zapateros y agricultores. Los demás ministros están horrorizados. ¿Cómo, sin el permiso del emperador, podría uno tomar una medida de tan amplio alcance bajo su propia responsabilidad? En particular, el ministro de la Guerra, muy indignado porque un civil, una persona no autorizada, intenta interferir en su sagrado cargo, se defiende con todas sus fuerzas: primero habría que pedir permiso a Schönbrunn para movilizarse. Tenemos que esperar y ver qué ordena el emperador y no provocar disturbios en el país. Pero, como de costumbre, al emperador le faltan catorce días postales para preguntas y respuestas, y Fouché no teme causar disturbios en el país. ¿Acaso Napoleón no hace eso también? En el fondo quiere malestar, quiere agitación. Y por eso asume resueltamente todo bajo su propia responsabilidad. Tambores y órdenes convocan a todos los hombres de las provincias amenazadas a la defensa inmediata en nombre del emperador, que no sabe nada de todas estas medidas. Segunda audacia: Fouché nombra comandante en jefe de este improvisado ejército del

Norte a Bernadotte, el hombre de todos los generales a quien Napoleón odia como a ningún otro, aunque sea cuñado de su hermano, al que ha reprendido y enviado al exilio. Fouché lo saca de este exilio, desafiando al emperador, a los ministros y a todos sus enemigos. No le importa si el emperador aprueba sus medidas. Lo único importante es que el éxito le dé la razón frente a todos. Semejante audacia en segundos cruciales le da a Fouché algo de verdadera grandeza. Este espíritu nervioso y trabajador anhela con impaciencia grandes tareas y siempre le encomiendan solo las pequeñas, que realiza con facilidad. Es natural que el exceso de fuerza busque salida y libertad en intrigas maliciosas y en su mayoría sin sentido. Cuando a este hombre se le presenta una tarea Histórica Mundial, una tarea a la altura de sus fuerzas, como le ocurrió en Lyon y después en París tras la caída de Napoleón, la domina con maestría. La ciudad de Vlissingen, que el propio Napoleón describe en sus cartas como inexpugnable, cae en manos de los ingleses al cabo de unos días, tal como Fouché había previsto. Pero el ejército, recién formado por Fouché sin permiso, ha tenido tiempo de reparar Amberes, por lo que esta invasión de los ingleses termina en una derrota completa y muy costosa. Por primera vez desde que Napoleón está al mando, un ministro del país se atreve a desplegar la bandera y recoger la vela de forma independiente para mantener su propio rumbo. Con esta independencia salva a Francia en un momento fatídico. Desde aquel día, Fouché ha adquirido un nuevo rango y una nueva confianza en sí mismo. Mientras tanto, han llegado a Schönbrunn las cartas de acusación del Canciller y del ministro de Guerra, quejándose de la audacia de este ministro civil. ¡Llamó a la Guardia Nacional y puso al país en estado de guerra! Todos esperan que Napoleón castigue esta arrogancia y destituya a Fouché. Pero, incluso antes de que pueda saber cuán brillantemente han demostrado su eficacia las medidas de Fouché, el emperador demuestra que su energía decisiva y rápida contra todos los demás tiene razón. El Canciller se muestra grosero: "Me duele que haya hecho tan poco uso de su autoridad en circunstancias tan extraordinarias. Habrían debido reclutar veinte mil, cuarenta mil o cincuenta mil guardias nacionales de inmediato después de la primera noticia", y escribe literalmente al ministro de Guerra: "Solo veo al señor Fouché, que hizo lo que pudo y que sintió lo inoportuno en persistir en una inacción peligrosa y deshonrosa". Así, los colegas temerosos, cautelosos e incompetentes no solo son superados por Fouché, sino también intimidados por la aprobación de Napoleón. Y a pesar de Talleyrand y la Canciller, Fouché está al frente de Francia. Fue el único que demostró que no solo podía obedecer, sino también mandar. Se verá esto una y otra vez en Fouché: puede actuar maravillosamente en un momento de peligro. Si se le presenta la situación más difícil, la superará con su energía clara y audaz. Dale el nudo más enredado, él lo desenredará. Por muy bueno que sea para captar cosas, no comprende el arte fraternal, el arte de todas las artes políticas: dejar ir de nuevo en el tiempo. Cuando ha metido la mano, no puede volver a sacarla. Y justo cuando ha desenredado el nudo, un deseo diabólico de jugar lo lleva a enredarlo artificialmente de nuevo. Lo mismo ocurre esta vez también. Gracias a su velocidad, su rápida reunión y fuerza de empuje, el insidioso ataque cruzado es repelido. Con una terrible pérdida de hombres y material, y una pérdida aún mayor de prestigio, los ingleses vuelven a subir su ejército a los barcos y navegan de vuelta a casa. Ahora pueden dar por terminada la guerra y enviar a los Guardias Nacionales reclutados a casa con agradecimientos y legiones de honor. Pero la ambición de Fouché ha probado la sangre. Era demasiado maravilloso jugar a ser emperador, reunir tres provincias, dar órdenes, escribir llamamientos, pronunciar discursos, poner el puño bajo las narices de sus colegas de mente débil. ¿Y ahora se supone que este tiempo maravilloso ha terminado? ¿Incluso ahora, cuando podía sentir su propio vigor en el despliegue diario, cada hora? No, Fouché no piensa en eso. Mejor seguir jugando a la guerra y a la defensa, aunque primero haya que inventar el enemigo. Seguir tocando los tambores, destrozando el país, creando desasosiego, movimiento tormentoso. Así que ordena una nueva movilización en respuesta a un supuesto desembarco británico en Marsella. La Guardia Nacional de todo el Piamonte, de Provenza e incluso de París es convocada para asombro de todos, a pesar de que no se vislumbra enemigo alguno ni en el campo ni en la costa, por la única razón de que Fouché se ve embargado por el frenesí, por el ansiado deseo de organizar y movilizar, porque el hombre de acción que lleva tanto tiempo sometido, tanto tiempo inhibido, puede desahogarse por una vez gracias a la ausencia del amo del mundo.

Pero ¿contra quién están todos estos ejércitos?, se pregunta todo el país con creciente asombro. Los ingleses no se dejan ver. Poco a poco, hasta el más benévolo de sus colegas empieza a sospechar: ¿qué pretende este hombre impenetrable con sus movilizaciones salvajes? No comprenden que Fouché no esté más que embriagado por un secreto deseo de jugar con su propio vigor. Y como no ven la punta de una bayoneta en kilómetros a la redonda ni ningún enemigo contra el que se refuercen a diario estas inmensas movilizaciones, empiezan a imputarle a Fouché planes de altos vuelos. Unos decían que estaba preparando una insurrección; otros, que si el emperador sufría un segundo Aspern o si otro Federico Staps tenía más suerte con su intento de asesinato, proclamaría de inmediato la vieja República. Ahora se enviaba carta tras carta al cuartel general de Schönbrunn, afirmando que Fouché estaba loco o se había convertido en un conspirador. A pesar de su benevolencia, Napoleón acaba por sospechar. Se da cuenta de que Fouché había subido demasiado alto, hay que volver a esquivarlo. El viento de las cartas cambia bruscamente. Lo reprende, lo llama "un Don Quijote que se lanza contra molinos de viento". Escribe en su antiguo tono áspero: "Todas las noticias que recibo me hablan de guardias nacionales que se están formando en Piamonte, Languedoc, Provenza y el

Dauphiné. Qué diablos van a hacer con todos estos si no hay necesidad, ¡y además esto no podría hacerse sin mis órdenes!". Así que Fouché, amargado, tuvo que abandonar el juego de los caballeros, entregar el Ministerio del Interior y —escoba, escoba, lo hiciste— volver al rincón, hacer de nuevo de ministro de Policía para su glorioso amo, que volvió a casa pronto. Al fin y al cabo, aunque hiciera demasiado, Fouché fue el único que hizo algo oportuno y acertado en medio del temor de los demás ministros ante el mayor peligro para la patria. Napoleón ya no podía negarle el honor que ya había concedido a tantos otros. Ahora que una nueva nobleza se criaba en el suelo fecundado por la sangre de Francia, ahora que todos los generales, ministros y secuaces recibían un nombre noble, le llegó el turno a Fouché, el viejo enemigo aristocrático, de convertirse él mismo en aristócrata.

El título de conde ya le había sido conferido discretamente con anterioridad. Pero el viejo jacobino iba a subir aún más alto en esta elevada escala de nombres. El 15 de agosto de 1809, en el palacio de Su Majestad Apostólica, el emperador de Austria, en el esplendor de Schönbrunn, el antiguo pequeño teniente de Córcega firmó y selló una benévola piel de asno para el antiguo comunista y profesor de curas fugitivo, en virtud de cuyo pergamino Joseph Fouché era en adelante —¡respeto!— duque de Otranto. Puede que no haya combatido en Otranto y que nunca haya visto con sus propios ojos este paisaje del sur de Italia, pero un nombre aristocrático tan corpulento y que suena tan extranjero es perfectamente adecuado para enmascarar a un antiguo archirrepublicano, porque cuando se pronuncia de forma un tanto apresurada uno puede olvidar que detrás de este duque está el verdugo de Lyon, el viejo Fouché del pan de unidad y la confiscación de bienes. Y para que se sintiera caballero, se le entregó la insignia de su ducado: un flamante escudo de armas.

Pero, extrañamente, ¿pretendía el propio Napoleón esta peligrosa y característica alusión, o estaba el heraldista de turno divirtiéndose un poco psicológicamente en privado? En cualquier caso, el escudo del duque de Otranto muestra como pieza central una columna dorada, probablemente apropiada para este apasionado amante del oro. Y alrededor de esta columna dorada serpentea una serpiente, probablemente también una delicada alusión a la flexibilidad diplomática del nuevo duque. Napoleón debió contar con heraldistas realmente astutos a su servicio, pues no se podría haber inventado un escudo de armas más característico para un Joseph Fouché.

La lucha contra el emperador

U N GRAN EJEMPLO SIEMPRE estropea o eleva a toda una generación. Cuando un hombre como Napoleón Bonaparte aparece en escena, todos los que lo rodean se enfrentan a la disyuntiva de hacerse pequeños ante él y desaparecer sin dejar rastro ante su grandeza, o utilizar su ejemplo para exagerar su propia fuerza. Los hombres que rodean a Napoleón solo pueden convertirse en sus esclavos o en sus rivales. A la larga, una presencia tan imponente no tolera una postura intermedia.

Fouché es uno de los que desequilibraron a Napoleón. Ha envenenado su alma con el peligroso ejemplo de la insuficiencia, con la compulsión demoníaca de exagerar constantemente. Él también, como su amo, quiere ahora estirar y estirar sin cesar los límites de su poder, él también está perdido en la insistencia tranquila, en la satisfacción sin prisas. ¡Qué decepción cuando Napoleón regresó de Schönbrunn como vencedor triunfante y tomó las riendas en sus propias manos! ¡Qué maravillosos fueron los meses en los que uno podía hacer lo que quisiera, reunir ejércitos, lanzar proclamas, tomar medidas audaces por encima de los ansiosos colegas, ser por fin el amo del país, jugador en la gran mesa del destino mundial! Y ahora se supone que Joseph Fouché no es más que un ministro de Policía otra vez, controlando a los descontentos y a los chismosos de los periódicos, remendando su aburrido boletín diario a partir de los informes de los espías, preocupándose de chismes como con qué señora tuvo un lío Talleyrand y quién provocó ayer la caída de las pensiones en la Bolsa. No, desde que sintió su mano en los asuntos mundiales, al timón de la gran política, eso no ha sido más que trivialidades y papeleo despreciable para este espíritu inquieto y ávido de acontecimientos. Una vez que ha jugado con apuestas tan altas, nunca volverá a ocuparse de tales nimiedades. Mejor demostrar una vez más que junto a Napoleón hay espacio para la acción: este pensamiento no lo abandonará.

Pero ¿qué otra cosa se podía lograr al lado de alguien que lo había conseguido todo? Alguien que había derrotado a Rusia, Alemania, Austria, España e Italia; a quien el emperador de la dinastía más antigua de Europa había dado por esposa a una archiduquesa; que había derrocado al papa y la milenaria supremacía de Roma, y fundado un imperio europeo desde París. Nerviosa, febril, celosa, la ambición de Fouché mira en todas direcciones en busca de una tarea. Y, en efecto, lo único que falta en el edificio de la dominación mundial es el último pináculo, la paz con Inglaterra, solo entonces la obra estaría completa. Y Joseph Fouché quería ahora realizar esta última hazaña europea solo, sin Napoleón y contra Napoleón.

En 1809, al igual que en 1795, Inglaterra era el enemigo original de Francia, su adversario más peligroso. A las puertas de San Juan Acre, en los atrincheramientos de Lisboa, en todos los confines del mundo, la voluntad de Napoleón chocó con el poder frío, deliberado y metódico de los anglosajones, y mientras él conquistaba toda la tierra de Europa, ellos le arrebataban la otra mitad del mundo: el mar. Él no puede con ellos y ellos no pueden con él; durante casi veinte años ambos se han esforzado una y otra vez por acabar el uno con el otro. Ambos se han debilitado terriblemente en esta lucha absurda, y ambos, sin admitirlo, están ya un poco cansados. Los bancos de Francia, Amberes y Hamburgo están en quiebra desde que los ingleses ahogaron su comercio; en el Támesis, en cambio, los barcos se amontonan con mercancías sin vender, los alquileres ingleses y franceses se hunden cada vez más, y en ambos países los comerciantes, los banqueros y las personas razonables tratan de llegar a un entendimiento e inician con mucho cuidado tranquilas negociaciones. Pero a Napoleón le parecía más importante que su imbécil hermano José conservara la corona real de España y su hermana Carolina, la de Nápoles, así que rompe las negociaciones de paz que se han iniciado laboriosamente a través de Holanda y golpea con puño de hierro a sus aliados para que cierren el paso a los barcos ingleses y viertan sus mercancías al mar. Para Rusia salen igualmente cartas amenazadoras, exigiendo la sumisión al sistema continental. Una vez más, la pasión estrangula a la razón, y la guerra amenaza con perpetuarse a menos que el partido de la paz se arme de valor en el último momento y pase a la acción.

Fouché también tuvo algo que ver en estas negociaciones con Inglaterra prematuramente interrumpidas. Proporcionó al Emperador y al Rey de Holanda un intermediario, un financiero francés; este, a su vez, proporcionó la mediación de un financiero holandés, y este, por su parte, la de un inglés. Sobre el bien acreditado puente de oro pasaban, como sucede en todas las guerras y en todos los tiempos, los secretos intentos de inteligencia de Gobierno a Gobierno. Ahora, sin embargo, el Emperador ha ordenado bruscamente que cesen las negociaciones. Esto no le gustó a Fouché. ¿Por qué no seguir negociando? Negociaciones, regateos, promesas y tonterías eran sus pasiones favoritas. Así que idea un plan audaz. Decide seguir negociando por iniciativa propia, aunque aparentemente en nombre del Emperador, es decir, hacer creer tanto a sus propios agentes como al Gabinete inglés que el Emperador se esfuerza por lograr la paz a través de ellos, cuando en realidad es solo el duque de Otranto quien mueve los hilos. Es una gran pieza, un descarado abuso del nombre imperial y de su propio cargo ministerial, una impertinencia histórica sin parangón. Pero esos secretos, esos juegos ambiguos y laberínticos, que desconciertan no a uno sino a tres o cuatro al mismo tiempo, son la pasión misma de Fouché, un intrigante nato y jurado. Como un chico en la escuela que hace muecas detrás del hombro de su maestro, le encantan los recorridos extra a espaldas del emperador, y al igual que el niño atrevido está feliz de arriesgarse a una paliza o a una reprimenda por el puro placer de la insolencia, del engaño.

Cientos de veces, como hemos visto, disfruta de tales escapadas políticas, pero nunca se había permitido un acto más audaz, más desautorizado y más peligroso que negociar la paz entre Francia e Inglaterra con el Ministerio de Asuntos Exteriores inglés, aparentemente en nombre del Emperador y en realidad contra su voluntad. La máquina está ingeniosamente preparada. Para ello llama a uno de sus oscuros financieros, el banquero Ouvrard, que ya se ha golpeado varias veces la cabeza contra el muro de la prisión. Napoleón detesta a este malvado por su mala reputación, pero eso no molesta a Fouché, que trabaja con él en la Bolsa. Sabe que está a salvo con este hombre, ya que lo ha ayudado a salir de apuros en varias ocasiones y lo tiene firmemente sometido. Envía a este Ouvrard a lo del banquero holandés De Labouchère, un hombre de gran prestigio, que se dirige de buena fe a su suegro, el banquero Baring en Londres, quien a su vez lo pone en contacto con el Gabinete inglés. Se produce entonces un fantástico juego de rodeos: Ouvrard cree desde luego que Fouché actúa en nombre del Emperador y transmite su mensaje como oficial al Gobierno holandés. Esta garantía bastó de nuevo para que los ingleses se tomaran en serio las negociaciones. Así, Inglaterra cree estar negociando con Napoleón y solo negocia con Fouché, que naturalmente se cuida de no informar al

Emperador de los progresos secretos. Primero quería dejar que el asunto madurara bien, limar las dificultades, y luego aparecer de repente ante el Emperador y el pueblo francés como el *deus ex machina* y decir con orgullo: "¡Aquí está la paz con Inglaterra! Lo que todos querían y codiciaban, lo que ninguno de sus diplomáticos consiguió, yo, el duque de Otranto, lo he logrado solo como una tarea de diligencia". Pero ¡qué pena! Una pequeña y estúpida coincidencia interrumpe esta maravillosa y emocionante partida de ajedrez. Napoleón ha viajado a Holanda con su joven esposa María Luisa para visitar a su hermano Luis. Un recibimiento entusiasta le hace olvidarse por completo de la política. Pero un día, durante una conversación casual, su hermano el rey Luis le pregunta por la marcha del acuerdo, suponiendo, por supuesto, como hace todo el mundo, que las negociaciones secretas con Inglaterra se llevaron a cabo con el consentimiento del Emperador. Napoleón queda desconcertado. Recuerda que acababa de encontrarse con el odiado Ouvrard en Amberes. ¿Qué ocurrió allí? ¿Qué significan estas idas y venidas entre Inglaterra y Holanda? Pero no deja notar su sorpresa; le pide despreocupado a su hermano que le envíe de vez en cuando la correspondencia del banquero holandés. Esto se hace de inmediato. En el camino de vuelta de Holanda a París, Napoleón tiene la oportunidad de leerla: una negociación de la que no tenía ni idea. Con una rabia sin límites, intuye de inmediato que el duque de Otranto vuelve a acechar en suelo extranjero. Pero habiéndose vuelto astuto él mismo con este hombre astuto, oculta en un primer momento sus sospechas bajo una disimulada cortesía para no alertarlo y acabar con él. Solo confía en el comandante de su gendarmería, Savary, duque de Rovigo, y le ordena detener rápida y discretamente al banquero Ouvrard e incautarse de todos sus papeles.

A continuación, el 2 de junio, tres horas después de esta orden, convoca a sus ministros en Saint-Cloud y pregunta al duque de Otranto, con brusquedad y sin ambages, hasta qué punto está al corriente de los viajes del banquero Ouvrard y si él mismo lo ha enviado a Ámsterdam. Fouché, sorprendido, pero lejos de sospechar la trampa en la que ha caído, actúa como de costumbre cuando lo descubren. Al igual que había hecho con Chaumette durante la Revolución y con Babeuf bajo el Directorio, trata de zafarse sacudiéndose a su secuaz. Oh, Ouvrard, era un entrometido al que le gustaba meterse en todo tipo de cosas y, además, todo el asunto era realmente trivial, un juego, un juego de niños. Pero Napoleón tiene un agarre firme, no lo suelta tan fácilmente. "No son insinuaciones insignificantes", le espeta Napoleón. "Es un abandono escandaloso del deber cuando uno se permite negociar con el enemigo a espaldas del soberano, en términos que él no conoce y que probablemente nunca aprobará. Se trata de un incumplimiento del deber que ni siquiera el gobierno más débil toleraría. Ouvrard debe ser arrestado de inmediato". Ahora Fouché se siente incómodo. ¡Lo único que faltaba era arrestar a Ouvrard! ¡Él lo largaría todo! Por eso utiliza todo tipo de excusas para intentar disuadir al emperador de tomar esta medida. Pero el emperador, que sabe que a esta hora su propio policía ya tiene al banquero bajo llave, se limita a escuchar con desdén al hombre desenmascarado. Ahora conoce al verdadero instigador de esta audaz estafa, y los documentos confiscados a Ouvrard pronto revelan todo el juego de Fouché.

Entonces, surge un rayo de la larga nube de desconfianza. Al día siguiente, domingo, después de misa (aunque el papa había sido arrestado unos años antes, había vuelto a ser piadoso como yerno de Su Majestad Apostólica), Napoleón convoca a todos los ministros y dignatarios de la corte a la recepción de la mañana. Solo falta una persona: el duque de Otranto. Aunque es ministro, no se lo llama. El emperador hace que su consejo se siente alrededor de la mesa y de repente comienza con las preguntas: "¿Qué opinan de un ministro que abusa de su cargo y entabla tratos con una potencia extranjera sin el conocimiento de su gobernante? ¿Quién lleva a cabo negociaciones basadas en principios que él mismo inventó y expone así la política de todo el país? ¿Qué castigo se encuentra en nuestros códigos por tal incumplimiento del deber?".

Después de estas severas preguntas, el emperador mira alrededor del círculo, sin duda esperando que todos sus consejeros y criaturas sugieran apresuradamente el destierro o alguna otra medida vergonzosa. Pero he aquí que los ministros, aunque inmediatamente adivinan a quién apunta la flecha, permanecen en un incómodo silencio. En el fondo, todos están de acuerdo con Fouché en que hizo esfuerzos enérgicos para lograr la paz y, como verdaderos servidores de la derecha, se regocijan por el atrevido truco que le jugó al autócrata. Talleyrand (ya no es ministro, pero ha sido designado para este importante asunto como gran dignatario) sonríe tranquilo, recordando su propia humillación hace dos años. Lo regocija el apuro en el que se encuentran Napoleón y, por otra parte, Fouché, a quienes no quiere. Por fin, el Gran Canciller Cambacérès rompe el silencio y dice, tratando de mediar:

—Se trata sin duda de un error que merece un castigo severo, a menos que el culpable se haya dejado llevar a este error por un exceso de celo en el servicio.

—¡Exceso de celo! —dice Napoleón enojado. No le gusta la respuesta, porque no quiere una disculpa, sino un ejemplo estricto, un castigo flagrante por cualquier independencia. Explica con entusiasmo todo el proceso y pide a los presentes que le propongan un sucesor.

Pero, una vez más, ninguno de los ministros se apresura a opinar en un asunto tan desconcertante. Para todos ellos, el miedo a Fouché ocupa el segundo lugar después del miedo a Napoleón. Finalmente, como suele hacer en ocasiones difíciles, Talleyrand se sirve de un ingenioso juego de palabras. Se vuelve hacia su vecino y le dice en voz baja:

—Sin duda el señor Fouché se ha equivocado, pero si tuviera que darle un sucesor, y yo le daría un sucesor, no sería otro que el propio señor Fouché.

Insatisfecho con sus ministros, a quienes él mismo había convertido en autómatas y mamelucos abatidos, Napoleón cancela la reunión y llama al Canciller a su gabinete.

—En realidad, no vale la pena preguntarles a estos señores. Vea usted qué sugerencias tan útiles se pueden esperar de ellos… Pero no creerá que yo pensé seriamente en preguntarles antes de estar en paz conmigo mismo. Mi decisión está tomada: el Duque de Rovigo será ministro de Policía.

Y sin que él pudiera decir si estaba de acuerdo o no con una sucesión tan desagradable, el Emperador lo saludó esa misma tarde con la brusca orden:

—Usted es el ministro de Policía. ¡Preste juramento y póngase a trabajar!

El despido de Fouché se convirtió de inmediato en el tópico del día y, de repente, todo el público se puso de su lado. Nada le había ganado tanta simpatía a este ministro engañoso como su resistencia al cesarismo irrestricto de un hombre que había ascendido gracias a la Revolución y que ya era intolerable para el pueblo francés, acostumbrado a la libertad. Y nadie quiere ver que fue un crimen digno de castigo buscar finalmente la paz con Inglaterra, incluso en contra de la voluntad de los beligerantes. Todos los partidos, los realistas, los republicanos y los jacobinos, así como los embajadores extranjeros, lamentan unánimemente la evidente derrota de la idea de paz con la caída del último ministro franco de Napoleón, e incluso en su propio palacio, en su propio dormitorio, Napoleón, al igual que con su primera esposa Josefina, encuentra en María Luisa una abogada de Joseph Fouché. La única persona a su alrededor a la que su padre, el emperador de Austria, consideraba digna de confianza, ahora ha sido despedida, dice consternada. Nada expresa más claramente el verdadero estado de ánimo de Francia en aquella época que el hecho de que el desfavor del emperador aumenta la reputación pública de un hombre; y el nuevo ministro de Policía, Savary, resume la devastadora impresión del despido de Fouché con las características palabras: "Creo que la noticia del estallido de una peste no podría haber sembrado más terror que la de mi nombramiento como ministro de Policía". En verdad, Joseph Fouché se ha fortalecido al lado del emperador en estos diez años. No se sabe cómo la reacción de este impacto debió llegar a Napoleón. Apenas después de expulsar a Fouché del cargo, se puso con rapidez los guantes en el puño duro. El despido, como el primero de 1802, fue posteriormente disfrazado como un cambio de empleo. El duque de Otranto recibe el título honorífico de Consejero de Estado por la pérdida del Ministerio de Policía y es nombrado embajador del Imperio en Roma. Y nada caracteriza mejor el estado de ánimo del emperador, que oscila entre el miedo y la ira, entre el reproche y la gratitud, entre la amargura y el perdón, que la carta de despedida de carácter privado: "Señor duque de Otranto, sé los servicios que me ha prestado y creo en su devoción hacia mí y en su celo para servirme. Sin embargo, me es imposible conservarle el cargo de ministro; eso significaría exponerme demasiado. El cargo de ministro de Policía requiere una confianza plena y sin restricciones, y esta confianza ya no puede persistir desde el momento en que usted ha puesto en peligro mi paz y la del Estado en un asunto importante, que en mi opinión no puede excusarse ni siquiera por motivos loables. Su extraña visión de los deberes de un ministro de Policía es incompatible con el bienestar del Estado. Sin dudar de su devoción y lealtad, tendría que someterlo a una supervisión constante y agotadora que no puedo permitirme. Sería necesario supervisarlo por las muchas cosas que hace por su propia cuenta, sin saber si corresponden a mi voluntad, a mis intenciones... No puedo esperar que cambie sus costumbres, ya que desde hace años mis muestras notorias de disgusto no han producido ningún cambio en usted. Por la pureza de sus intenciones no quiso comprender que se puede hacer mucho mal con la intención de hacer el bien. Mi confianza en su talento y lealtad es inquebrantable. Espero encontrar pronto la oportunidad de demostrarlo y utilizarla para mis servicios". Esta carta, como una clave secreta, abre la relación más íntima de Napoleón con Fouché, y uno debería tomarse la molestia de releer esta pequeña obra maestra para sentir cómo se superponen en cada frase la voluntad y la contravoluntad, el reconocimiento y la aversión, el miedo y el respeto secreto. El autócrata quiere un esclavo y se irrita al encontrar una persona independiente. Quiere deshacerse de él y, sin embargo, teme convertirlo en su enemigo. Se arrepiente de haberlo perdido y al mismo tiempo está feliz de deshacerse del hombre peligroso.

Pero a medida que la confianza de Napoleón en sí mismo crecía, también lo hacía la de su ministro, y la simpatía general endureció aún más la espalda de Joseph Fouché. No, el duque de Otranto ya no puede ser despedido con tanta facilidad. Napoleón debería ver cómo luce su Ministerio de Policía cuando le muestra la puerta a Joseph Fouché desde afuera, y su sucesor debería darse cuenta de que el que se atreve a intentar reemplazarlo se sienta en un nido de avispas, y no en un sillón ministerial. No creó este instrumento magníficamente coordinado en diez años para un bigote de dedos regordetes como Savary, un diplomático recién llegado, ni para que un chapucero siguiera trabajando torpemente en él e hiciera pasar por logro propio lo que su predecesor había ideado durante días y noches de duro trabajo. No, su despedida no debería ser tan cómoda como los dos imaginan. Ambos deberían aprender, Napoleón y Savary, que un Joseph Fouché no solo muestra su espalda torcida como los demás, sino también sus dientes.

Fouché está decidido a no irse con la cabeza gacha. No quiere una paz perezosa, una rendición tranquila. Por supuesto, no es tan tonto como para ofrecer una resistencia abierta, no está en su naturaleza. Solo quiere hacer una broma, una broma pequeña, ingeniosa y animada que París disfrutará y Savary aprenderá, en eso consiste el gran territorio de pesca del duque de Otranto. Una y otra vez debemos recordar el extraño y diabólico rasgo de carácter de Joseph Fouché: es precisamente su extrema amargura la que crea un sombrío deseo de diversión, y su coraje, cuando aumenta, no se convierte en varonil, sino en una grotesca y peligrosa arrogancia. Cuando alguien se acerca a él, nunca golpea con el puño, sino siempre y sobre todo en los momentos de mayor ira con el látigo del bufón, por supuesto, lo hace de tal manera que deja en ridículo a la otra persona. Todos los instintos apasionados que residen dentro de esta persona contenida y reservada brotan y burbujean en tales ocasiones, y estos momentos de aparente alegría en la ira son al mismo tiempo los que mejor revelan la naturaleza subyacente, acalorada, demoníaca y diabólica de su naturaleza.

¡Una broma mordaz para su sucesor! Esto no puede ser difícil de entender, especialmente cuando se trata de un tonto desprevenido. El duque de Otranto se pone su uniforme de gala y una expresión especialmente educada para recibir a su sucesor en su visita inaugural. Y, de hecho, en cuanto aparece Savary, duque de Rovigo, lo colma de una tormenta de bondad. No solo lo felicitó por la honorable elección del emperador, sino que incluso le agradeció por haberlo reemplazado en este cargo que le resultaba agotador y que le pesó sobre los hombros durante demasiado tiempo. Oh, estaba tan feliz de poder descansar un poco de su tremendo trabajo. Porque este ministerio es un trabajo tremendo, sí, un trabajo ingrato; el duque pronto lo comprobará con sus propios ojos, sobre todo porque no está acostumbrado. Al fin y al cabo, le gustaría complacerlo y poner rápidamente en orden el ministerio un tanto desorganizado: el despido lo había encontrado bastante desprevenido. Por supuesto, eso llevaría algunos días, pero si el duque de Rovigo estuviera de acuerdo, él mismo, Fouché, estaría encantado de asumir este pequeño esfuerzo y, mientras tanto, su esposa, la duquesa de Otranto, podría llevar a cabo la mudanza con facilidad. El buen Savary, duque de Rovigo, no siente la pimienta en la miel. Solo se sorprende ante tanta amabilidad por parte de un hombre al que todos describen como malicioso y astuto, e incluso agradece cortésmente al duque de Otranto por su extraordinaria amabilidad. Por supuesto que debería quedarse todo el tiempo que le convenga; se inclina y estrecha la mano del bueno, demasiado incomprendido Fouché por la emoción.

¡Qué lástima que el rostro de Joseph Fouché no pudiera verse ni dibujarse en el momento en que la puerta se cerró detrás de su magullado sucesor! Estúpido, ¿realmente cree usted que voy a ordenarle las cosas y guardar los últimos secretos que he reunido durante diez años de arduo trabajo en carpetas limpias y organizadas para sus torpes manos? ¿Engrasar y limpiar para usted la máquina, mi máquina maravillosamente concebida, que absorbe y procesa de manera invisible, diente a diente, rueda a rueda, toda una serie de informaciones de todo un imperio y las elabora en tan espléndido silencio? ¡Estúpido, todavía se sorprenderá!

Enseguida comienza un gran ajetreo. Se convoca a un amigo de confianza para que lo ayude. La puerta del gabinete está cuidadosamente cerrada y ahora todos los documentos importantes y secretos son arrancados con rapidez de los expedientes. Joseph Fouché toma para uso privado a todos aquellos que algún día podrían servirle como armas: los acusatorios y traidores, los demás son quemados sin piedad; ¿para qué el señor Savary necesita saber quién sirve como espía en el ejército, en la corte o en el elegante barrio del Faubourg Saint-Germain? Podría facilitarle demasiado el trabajo. ¡Así que al fuego con las listas! Solo puede quedarse con los nombres de los proxenetas y fanfarrones completamente inútiles, de los cuidadores y las prostitutas de los que, de todos modos, no aprenderá nada importante. Las cajas se vacían en un instante. Las preciosas listas con los nombres de los realistas extranjeros, de los corresponsales secretos, desaparecen, se crea un desorden artificial en todas partes, se destruye el registro, se dan números falsos a los expedientes, se modifican los códigos y al mismo tiempo los empleados más importantes del futuro ministro son tomados al servicio secreto como espías, para que puedan informar más al antiguo y verdadero Señor. Tornillo a tornillo, Fouché afloja y libera la enorme maquinaria hasta que los engranajes ya no encajan y el cambio se paraliza por completo en manos del desprevenido heredero. Así como los rusos quemaron su ciudad santa de Moscú frente a Napoleón para que no encontrara un alojamiento cómodo allí, Fouché destruyó y socavó la obra de su amada vida. La chimenea humea durante cuatro días y cuatro noches, la obra de este diablo dura cuatro días y cuatro noches. Y sin que nadie de los alrededores tenga la menor sospecha, los secretos del imperio salen volando por las chimeneas como materia incomprensible o se meten en los armarios de Ferrières.

Luego, una reverencia particularmente educada y particularmente amable al desprevenido sucesor: ¡por favor, tome asiento! Un apretón de manos y un agradecimiento astutamente recibido. En realidad, el duque de Otranto debía dirigirse a su embajada en Roma por correo urgente. Pero prefiere viajar más lejos, a su castillo. Y allí espera, temblando interiormente de impaciencia y de deseo, el primer grito de ira de su sucesor traicionado en cuanto se da cuenta de la broma que Joseph Fouché le ha gastado. ¿No es cierto que la pieza está maravillosamente concebida, hábilmente interpretada y atrevidamente finalizada? Por desgracia, Joseph Fouché cometió un pequeño error en esta alegre mistificación. Cree que se está divirtiendo con el inexperto duque recién coronado, este bebé ministro. Pero olvida que este sustituto ha sido nombrado ministro por un caballero con el que no se puede jugar. En cualquier caso, Napoleón ya observaba con recelo el comportamiento de Fouché. No le gustan estas largas vacilaciones durante la entrega, este interminable alargamiento del viaje a Roma. Además, la investigación sobre Ouvrard, cómplice de Fouché, arrojó un resultado inesperado: el duque de Otranto ya había entregado notas dirigidas al gabinete inglés a otro intermediario. Y a nadie le ha ido nunca bien con Napoleón. De repente, el 17 de junio, como un latigazo, llegó a Ferrières una nota cortante: "Señor duque de Otranto, le ruego que me envíe el informe que, para sondear a Lord Wellesley, le entregó a un tal señor Fagan, quien trajo una respuesta de este señor que nunca he conocido". Esa dura fanfarria podría despertar a un hombre muerto. Pero Fouché, completamente ebrio de confianza en sí mismo y de arrogancia, no se apresura a responder. Mientras tanto, se ha echado más leña al fuego en las Tullerías. Savary descubre el saqueo del ministerio y, consternado, lo informa al emperador. De inmediato, una segunda nota y luego una tercera exigen la entrega inmediata de "toda la documentación ministerial". El secretario del gabinete entrega personalmente la orden y recibe instrucciones de retirar de inmediato los documentos sustraídos ilegalmente al duque de Otranto. Se acabó la diversión, comienza la pelea.

En verdad, la diversión se acabó: Fouché debería darse cuenta de eso ahora. Pero es como si el diablo le estuviera diciendo que compitiera seriamente con Napoleón, el hombre más fuerte del mundo. Porque le explica al enviado, contrariamente a la verdad, que lo siente infinitamente, pero que no tiene ninguna documentación. La quemó toda. Por supuesto, nadie cree en Fouché, y menos aún en Napoleón. Se lo recuerda por segunda vez, con más fuerza y urgencia: conocemos su impaciencia. Pero ahora la imprudencia se convierte en desafío; el desafío, en audacia; la insolencia, en desafío. Fouché repite que ya no tiene ni un papel y justifica esta supuesta destrucción de los documentos privados del emperador de forma casi chantajista. Su Majestad, dice con desdén, lo había honrado con tal confianza que si uno de sus hermanos provocara su ira, él le habría ordenado devolverlo al deber. Y como cada uno de los hermanos le comunicaba sus quejas por turno, consideró que era su deber no guardar tales cartas. Las hermanas de Su Majestad tampoco estuvieron siempre protegidas de las calumnias, y el propio emperador lo honró con la comunicación de todos estos rumores y le encargó que investigara qué imprudencia les había dado origen. Esto está claro y más que claro: Fouché le indica al emperador que sabe mucho y no quiere ser tratado como un lacayo. El mensajero comprende la amenaza de chantaje y habrá tenido dificultades para traducir una respuesta tan atrevida en una forma tolerable para su amo. Ahora el emperador se desata. Se enfurece tanto que el duque de Massa tiene que calmarlo y, para resolver por fin el molesto asunto, se ofrece a advertir en persona al rebelde para que le entregue los papeles evadidos. El nuevo ministro de Policía, el duque de Rovigo, lanza una segunda advertencia. Pero Fouché responde a todo con la misma cortesía y determinación: lamentablemente, lamentablemente, lamentablemente, pero con la mayor discreción, ha quemado los papeles. Por primera vez, hay un hombre en Francia que desafía abiertamente al emperador.

Esto es demasiado. Así como lo hizo Napoleón durante los diez años de Fouché, Fouché subestimó a Napoleón cuando pensó que podía intimidarlo con algunas indiscreciones. ¡Desafió, delante de todos los ministros, a aquel a quien el zar Alejandro, el emperador de Austria, el rey de Sajonia han ofrecido sus hijas, ante quien todos los reyes alemanes e italianos tiemblan como colegiales! A él, a quien todos los ejércitos de Europa no pudieron resistir, ¿esa pálida momia, este flaco intrigante con el manto ducal aún no desgastado, quiere negarle la obediencia? No, no se pueden reír de uno cuando se trata de Napoleón. De inmediato convocó al jefe de la policía privada, Dubois, y lanzó los más furiosos arrebatos contra el "miserable y vil Fouché". Camina arriba y abajo enojado con pasos duros y resonantes y de repente comienza a gritar. "Pero no debe esperar poder hacer conmigo lo que hizo con su Dios, con la Convención y el Directorio, al que traicionó y vendió vilmente. Tengo mejor vista que Barras, no le resultará fácil tratar conmigo, pero le aconsejo que esté en guardia. Sé que tiene notas e instrucciones mías, insisto en que me las devuelva. Si se niega, entréguelo inmediatamente a diez gendarmes y que lo lleven a prisión y, por Dios, le mostraré lo rápido que se puede llevar a cabo un juicio". Ahora las cosas se ponen complicadas. Ahora incluso empieza a morderle la nariz a Fouché. Cuando aparece Dubois, Fouché tiene que aceptar que el duque de Otranto, exministro de Policía, haga que su propio exsubordinado selle toda su correspondencia, algo que podría ser peligroso si no fuera por él. Por supuesto, ya con cautela, los reales e importantes se habrían dejado de lado. Pero al menos empieza a darse cuenta de que se ha golpeado la cabeza contra la pared. Ahora escribe con gran apuro carta tras carta, una al emperador, otras a cada uno de los ministros, para quejarse de la desconfianza que se muestra hacia él, el más honesto, el más sincero, el más lleno de carácter, el ministro más leal, y en una de estas cartas, uno se deleita especialmente con la encantadora frase: *"Il n'est pas dans mon caractère de changer"* [no está en mi carácter cambiar] (en realidad, en blanco y negro, estas palabras fueron escritas a mano por el personaje camaleón Fouché). Y al igual que Robespierre quince años antes, espera prevenir el desastre mediante una rápida reconciliación. Toma un coche y se dirige a París para dar personalmente sus explicaciones, o quizás disculpas, al emperador. Pero ya es demasiado tarde. Ha jugado demasiado, ha bromeado demasiado, ahora no hay reconciliación, no hay compensación; cualquiera que desafíe en público a Napoleón debe ser humillado públicamente. A él está dirigida una carta, tan musculosa y afilada como casi nunca Napoleón ha escrito a ningún otro ministro. Es muy breve esta carta, esta patada: "Señor duque de Otranto, no puedo seguir deseando sus servicios. Debe marcharse dentro de las veinticuatro horas siguientes a su nombramiento senatorial". No se habla más del nombramiento como embajador en Roma; despido y destierro brutal y desnudo.

Al mismo tiempo, el nuevo ministro de Policía recibe órdenes de garantizar que este edicto se ejecute de inmediato.

La tensión era demasiado grande, el juego era demasiado atrevido, ahora ocurre lo inesperado: Fouché se desploma por completo, como un sonámbulo que, trepando desprevenido por todos los tejados, se despierta de repente con una llamada áspera, en shock por su propia gran situación. Cae al abismo. El mismo hombre que permaneció sobrio y lúcido a dos pasos de la guillotina se desploma miserablemente bajo el golpe de Napoleón.

Ese 3 de junio de 1810 es el Waterloo de Joseph Fouché. Los nervios lo dominan, corre hacia el ministro para preguntarle si puede divertirse en el extranjero, corre hasta Italia, cambiando de caballo en cada parada, sin detenerse. Allí corre de un lado a otro como una rata enloquecida sobre una estufa encendida. Ora está en Parma, ora en Florencia, ora en Pisa, ora en Livorno, en lugar de acudir a su despacho senatorial como estaba previsto. Pero el pánico lo sacude demasiado. ¡Simplemente se quiere mantener fuera del alcance de Napoleón, fuera del alcance de esa mano terrible! Incluso Italia no le parece lo suficientemente segura; después de todo, sigue siendo Europa, y toda Europa está sometida a este hombre terrible. Así que alquila un barco en Livorno para cruzar a América, tierra de seguridad, tierra de libertad, pero las tormentas, el mareo y el miedo a los cruceros ingleses lo hacen retroceder, y ahora el loco regresa en zigzag en el coche de puerto en puerto, de ciudad en ciudad, pide ayuda a las hermanas de Napoleón, a los príncipes, a sus amigos, desaparece, luego reaparece para disgusto de los policías que buscan su rastro y lo pierden. En resumen, se comporta completamente como un loco, completamente loco de miedo y por primera vez hombre sin nervios ofrece un ejemplo casi clínico de una crisis nerviosa completa. Nunca Napoleón aplastó tan pleno a un oponente con un solo gesto, con un simple golpe de puño, que aquí con el más audaz y despiadado de sus servidores. Este esconderse y emerger, este ir y venir febril dura días, dura semanas, sin que se pueda adivinar con exactitud (ni siquiera su magistral biógrafo Madelin lo sabe, y probablemente ni él mismo) qué quería hacer y adónde quería ir durante este tiempo. Parece que solo en el carruaje rodante se siente a salvo de la imaginaria venganza de Napoleón, quien sin duda ya no piensa en atacar seriamente al rebelde sirviente. Napoleón solo quería hacer valer su voluntad, recuperar sus papeles, y la hizo cumplir. Porque mientras el loco, el histérico, persigue hasta la muerte a los caballos de posta por toda Italia, su esposa en París actúa con mucha más sensatez. Ella se entrega por él. No cabe duda de que la duquesa de Otranto, para salvar a su marido, devolvió discretamente a Napoleón los papeles que este había retenido a traición, porque jamás uno de esos papeles íntimos a los que Fouché había señalado extorsionadoramente habían llegado a manos del público. Al igual que Barras, a quien el emperador compró los papeles, y otros molestos confidentes de su ascenso, los escritos de Fouché, en la medida en que hacían referencia a Napoleón, han desaparecido sin dejar rastro. O el propio Napoleón, o más tarde Napoleón III, eliminaron por completo todos los documentos que no coincidían con la representación oficial de Napoleón.

Fouché por fin recibe un amable permiso para regresar a su residencia senatorial en Aix. La gran tormenta ha pasado, los relámpagos solo sacudieron sus nervios, no golpearon su núcleo interno. El 25 de septiembre, el perseguido llega a su propiedad, "pálido, cansado y revelando un completo desorden por la incoherencia de sus pensamientos y palabras". Pero tendrá mucho tiempo para recuperarse, porque quien alguna vez se haya rebelado contra Napoleón estará exento de todos los asuntos públicos durante mucho tiempo. El ambicioso tiene que pagar su sombría broma. La ola lo arroja de nuevo a las profundidades. Fouché permanece sin dignidad ni cargo durante tres años. Ha comenzado su tercer exilio.

Interludio involuntario

HA COMENZADO EL TERCER exilio de Joseph Fouché. El ministro de Estado, el duque de Otranto, relevado de sus funciones, reside en su magnífico castillo de Aix como un príncipe soberano. Tiene ahora cincuenta y dos años, ha experimentado todas las tensiones y los juegos, todos los éxitos y las adversidades de la vida política, el eterno cambio de reflujo y flujo en las olas del destino, hasta el final. Ha conocido el favor de los poderosos y la desesperación del abandono, ha sido pobre hasta el punto de preocuparse por la migaja del pan diario e inmensamente rico, popular y odiado, célebre y condenado al ostracismo; ahora por fin puede descansar en una playa dorada, duque, senador, Excelencia, ministro, consejero de Estado, muchas veces millonario, sujeto únicamente a su propia voluntad. Conduce tranquilo en su carruaje librea, visita las casas de la nobleza, recibe sonoros homenajes de su provincia y secretos susurros de simpatía de París. Se libera de la enojosa molestia diaria de tratar con funcionarios tontos y un amo despótico. Si uno pudiera confiar en su comportamiento satisfecho, el duque de Otranto se siente cómodo *procul negotiis* [lejos de los negocios]. Pero el pasaje (sin duda genuino) de sus (por lo demás muy dudosas) memorias[1] revela cuán engañosamente fingida es esta satisfacción: "Me perseguía la arraigada costumbre de saberlo todo, y sucumbí a ella aún más en el aburrimiento de un exilio completamente placentero, pero monótono". Y según su propia confesión, el *"charme de sa retraite"* [encanto de su jubilación] no es el apacible paisaje de Provenza, sino una colección de informes y espías de la gran ciudad. "Con la ayuda de amigos de confianza y de mensajeros fieles, establecí una correspondencia secreta, apoyada por varios informes periódicos procedentes de París, cada uno de los cuales se complementaba con el otro. En una palabra, tenía mi policía privada en Aix". Lo que se le negó como servicio, el hombre inquieto lo practica ahora como deporte, y si ya no le permiten entrar en los ministerios, quiere al menos mirar por las cerraduras con ojos extraños para participar en las deliberaciones con oídos ajenos y, sobre todo, para escuchar si finalmente surge la oportunidad de ofrecerse de nuevo, de volver a la mesa de juego de la Historia contemporánea.

Pero el duque de Otranto tendrá que esperar mucho tiempo al margen, porque Napoleón no lo necesita. Este se encuentra en la cima de su poder, ha conquistado Europa, es yerno del emperador de Austria, es —¡su deseo se ha cumplido!— padre de un rey de Roma. Todos los príncipes alemanes e italianos revolotean humildes ante él, agradecidos por la gracia de haberles permitido conservar sus coronas y coronitas. El último y único

1. En este estudio casi nunca me he referido a las memorias del duque de Otranto, publicadas en París en 1824, porque sin duda fueron recopiladas por otra persona, aunque con algún material auténtico. Hasta qué punto el hombre siempre engañoso participó en su preparación sigue siendo una preocupación inútil para los científicos de hoy, y por el momento siguen siendo válidas las alegres palabras de Heinrich Heine cuando escribió sobre el "conocido falsario" Fouché que "había llevado tan lejos su falsedad como para publicar unas falsas memorias incluso después de su muerte".

enemigo ya vacila y vacila: Inglaterra. Este hombre se ha vuelto tan fuerte que puede prescindir de ayudantes tan ágiles y poco fiables como Joseph Fouché con una sonrisa. Solo ahora, cuando se le ha dado tanto tiempo para pensar con calma y tranquilidad, puede el duque darse cuenta de toda la loca arrogancia que lo llevó a competir con el más poderoso de los hombres. El emperador ni siquiera le concede el honor de su odio: desde la enorme altura a la que el destino lo ha colocado y elevado, ya no se da cuenta del pequeño insecto que pica, que una vez anidó en su pelaje y del que se liberó con una sola y fuerte sacudida. No presta atención a su intrusión ni a su ausencia; Fouché está acabado para él. Y nada muestra más claramente al hombre caído lo poco que Napoleón lo respeta y teme ahora que por fin se le permita regresar a su castillo en Ferrières, a dos horas de París. Por supuesto, el emperador no lo deja acercarse; París y las Tullerías permanecen cerradas al hombre que se atrevió a desafiarlo.

Solo una vez en estos dos años vacíos Joseph Fouché es llamado a palacio. Napoleón se prepara para la guerra contra Rusia: esta vez, como todos están de acuerdo, Fouché también debería expresar su opinión. Si podemos creer lo que dice, lanza apasionadas advertencias, incluso entrega (si es que no ha sido falsificado *post festum*) el memorando que se encuentra en sus memorias. Pero desde hace tiempo Napoleón solo desea que se confirme su propia voluntad, solo desea una aprobación ciega de sus palabras. Quienes le desaconsejan la guerra parecen dudar de su grandeza. Así, Fouché es enviado fríamente de regreso a su castillo, a su ocioso exilio, mientras el emperador parte hacia Moscú con seiscientos mil hombres, la más audaz y más loca de sus hazañas.

Un ritmo extraño prevalece en esta extraña y variada vida de Joseph Fouché. Cuando se levanta, triunfa en todo; si cae, el destino se vuelve contra él. Ahora que tiene que esperar de brazos cruzados, desanimado, amargado a la sombra del disfavor, en su remoto castillo fuera de la zona de los acontecimientos, justo ahora que su desilusión necesita ayuda espiritual, comunicación fiel, tierno consuelo, ahora mismo está perdiendo a la única persona que lo acompañó con amor, perseverancia y aliento en todos sus peligrosos caminos durante veinte años: pierde a su esposa. En el primer destierro, en aquel desván, murieron sus dos primeros hijos, a quienes amaba por encima de todo; en el tercer destierro falleció su compañera. Esta pérdida golpea a la persona en apariencia insensible en lo más profundo de su alma. Por infiel y caprichoso a todos los partidos e ideas, este hombre impenetrable fue tiernamente fiel a su fea esposa, el marido más atento, el padre más preocupado. Así como detrás de la máscara del escribano se esconde el nervioso e intrigante jugador mental, así, tímido e invisible, detrás de lo peligroso y poco fiable se esconde un leal esposo francés provinciano, de clase media, una persona solitaria que solo se siente segura y cómoda en el círculo más cercano de su familia. Por mucho que la bondad y la rectitud secretas y profundamente ensombrecidas vivieran en este astuto diplomático, él se volvía en secreto y con un amor secreto hacia este compañero, que vivía solo para él, nunca aparecía en fiestas, banquetes y recepciones, y nunca interfería en sus peligrosos juegos. Completamente oculto en el fundamento inaccesible de su vida privada, un contrapeso aliviaba el carácter errático, lúdico y cambiante de su existencia política; y ese control se está rompiendo ahora mismo, cuando más ayuda necesita. Por primera vez se siente un verdadero shock por parte de esta persona tan fría como una piedra, por primera vez se escucha un tono muy cálido, muy real y muy humano en sus cartas. Cuando sus amigos lo instan a buscar de nuevo el Ministerio de Policía después de la estupidez furiosa de su sucesor, el duque de Rovigo, que voluntariamente se dejó encarcelar en un golpe ridículo por parte de un medio tonto ante la risa de todo París, él rechaza cualquier regreso al mundo político: "Mi corazón está cerrado a todas estas locuras humanas. El poder ya no tiene ningún estímulo para mí, la calma no es solo un estado adecuado en mi situación actual, sino el único necesario. Los asuntos públicos solo me dan la imagen de tumulto, confusión y peligro". Por primera vez, la doctrina del dolor parece haber hecho verdaderamente sabia a la persona inteligente. Una profunda necesidad de paz, de relajación interior, ha invadido al anciano después de un período de eterna ambición sin sentido desde que vio morir a su lado a su compañera de veinte años fructíferos. Todo deseo de intriga parece haberse extinguido en él para siempre, la voluntad de poder por fin, por fin, quebrada, en esta mente ocupada e inquietamente deseosa.

Pero ¡trágica ironía! Es la primera y única vez que Fouché, hombre inquieto por lo demás, solo quiere la paz y ningún cargo, y su adversario Napoleón se lo impone por la fuerza. No por amor, no por afecto, no por confianza. Napoleón llama de nuevo a Fouché a su servicio por desconfianza, por una repentina inseguridad. Por primera vez, el Emperador volvió a casa derrotado. No a la cabeza de un ejército, a caballo, con las banderas ondeando, entró en París por el Arco del Triunfo, sino que, con la piel cubierta por la barbilla para no ser reconocido, huyó de vuelta por la noche. El ejército más maravilloso que jamás haya creado yace congelado en la nieve rusa, y todos sus amigos han huido con el aura de la invencibilidad. Todos los emperadores y reyes que ayer y anteayer se encorvaron ante él, de repente y con vergüenza, recobran su dignidad ante el emperador derrotado. Un mundo en armas se levanta contra su duro amo. Desde Rusia cabalgan los cosacos, desde Suecia el viejo rival Bernadotte avanza como enemigo, su propio suegro el emperador Francisco se arma en Bohemia, la saqueada y esclavizada Prusia se levanta con entusiasmo vengativo... La semilla del dragón de incontables guerras temerarias ahora brota de la tierra quemada, surcada y torturada de Europa, y este otoño madurará en los campos de Leipzig. Por todas partes se tambalea y crepita el gigantesco edificio levantado por diez años de esta única voluntad del mundo; de España, Westfalia, Holanda e Italia huyen los perseguidos hermanos de Bonaparte. Napoleón tiene que desplegar ahora toda su energía. Con un ojo maravilloso y clarividente y diez veces más hombres, lo prepara todo para la última batalla decisiva. Todo aquel que aún puede llevar una mochila o sentarse a caballo es sacado de Francia; de todas partes, de España, de Italia, se retiran las tropas probadas para compensar lo que el invierno ruso ha aplastado con sus fauces heladas. Día y noche, miles de personas trabajan en las fábricas de sables y cañones, se acuña oro de los tesoros ocultos, se sacan los ahorros de las cámaras secretas de las Tullerías, se reparan las fortalezas y, mientras los ejércitos del Este y del Oeste avanzan sobre Leipzig con pasos pesados, se lanzan al mismo tiempo redes diplomáticas en todas direcciones. En ninguna parte debe quedar una posición débil e insegura, en ninguna parte una brecha en esta alambrada de hierro que va a rodear Francia; hay que pensar en todas las posibilidades y, al igual que el frente, también hay que asegurar la retaguardia. Ni una segunda vez, como durante la campaña de Rusia, un tonto o un malicioso debe sacudir o confundir la confianza del pueblo en Napoleón. Ninguna persona insegura debe quedar atrás; ninguna persona peligrosa, sin vigilancia. Antes de esta última batalla decisiva, el Emperador considera cada factor de poder, cada posibilidad, cada posible peligro. También pensó en la única persona que podría ser peligrosa: Joseph Fouché. Se ve que no lo ha olvidado, solo lo ha desatendido mientras él mismo era fuerte. Ahora que Napoleón se estaba volviendo inseguro, tenía que asegurarse de nuevo. Ningún enemigo potencial debía permanecer detrás de él en París. Y como Napoleón no contaba a Fouché entre sus amigos, decide: Fouché debe abandonar París. Por supuesto, no hay ninguna razón tangible para arrestarlo y encerrarlo en una fortaleza para que este espíritu inquieto e intrigante no pudiera urdir intrigas. Pero tampoco debe permanecer libre. Así que lo mejor es atar firmemente sus manos juguetonas a un despacho y, de ser posible, a uno que esté lejos de París. En medio de la agitación de los negocios y los preparativos bélicos en el cuartel general de Dresde, se busca en vano un puesto así, que parece a la vez honorable y ofrece seguridad; no se encontrará tan rápido. Pero Napoleón ya está impaciente por tener a esta figura sombría fuera de París. Y como no se encuentra ningún puesto para Fouché, se inventa uno para él y se le da un puesto en las nubes: la administración de los territorios ocupados de Prusia. Un buen cargo, digno, de primera clase sin duda, que desgraciadamente solo tiene el pequeño defecto de estar ligado a un "si", a saber, que esta regencia solo puede comenzar cuando Napoleón haya conquistado Prusia. Y los acontecimientos de la guerra han dado hasta ahora pocos indicios de ello, pues Blücher presiona ya alarmantemente al Emperador en su flanco sajón, por lo que no es más que un burlesco ennoblecimiento con cargo al aire cuando el Emperador escribe al duque de Otranto el diez de mayo: "He informado que es mi intención, tan pronto como entre en el territorio del rey de Prusia, hacerse llamar a mi presencia y colocarse a la cabeza del gobierno de este país. Nada debe decirse sobre esto en París. Debe parecer que va a su finca, cuando en realidad ya estará aquí, mientras se cree que está en casa. Solo la Emperatriz está al tanto de su partida. Agradezco la oportunidad de recibir pronto nuevos servicios suyos y nuevas pruebas de su devoción". Así escribía el emperador a Joseph Fouché, precisamente porque no se fiaba en absoluto de su "apego". Y de mala gana, receloso, dándose cuenta enseguida de la profunda aversión de su señor, el duque de Otranto partió hacia Dresde. "Me di cuenta enseguida —anota en sus memorias— de que el emperador solo quería tenerme como rehén convocándome ante él por miedo a que me quedara en París". En consecuencia, el futuro regente de Prusia no se apura demasiado en acudir al Consejo de Estado en Dresde, porque sabe que en realidad no quieren su consejo de Estado, sino atarle las manos. No llega sino hasta el 29 de mayo, y la primera frase con que lo saluda el Emperador es: "Llega tarde, duque".

Por supuesto, no se dice nada más en Dresde sobre la cómica pretensión de darle el gobierno de Prusia; el momento se ha vuelto demasiado serio para tales bromas. Pero ahora ya tiene el control, y afortunadamente se encuentra otro espléndido puesto para enviarlo lejos de la escena de los acontecimientos, no exactamente como el anterior, en lo alto del de las nubes o en la luna, pero aun así a cientos de kilómetros de París: la gobernación de Iliria. El viejo camarada de Napoleón, el general Junot, que administra esta provincia, se ha vuelto loco de repente, dejando una celda libre para los revoltosos. Así pues, con ironía apenas contenida, el Emperador entrega este efímero dominio a Joseph Fouché, quien, como siempre, no se resiste, se inclina obedientemente y declara estar dispuesto a marcharse de inmediato. Iliria, el nombre suena a opereta y, en efecto, ¡qué estado tan accidentado se formó con los restos de Friuli, Carintia, Dalmacia, Istria y Trieste durante la última paz violenta! Un Estado sin ideas unificadas, sin sentido ni propósito, con una diminuta ciudad provinciana, Ljubljana, como capital, una cosa hermafrodita e inviable, producto de una voluntad borracha de gobernar y de una diplomacia ciega. Fouché no encuentra allí más que arcas mal llenas, algunas decenas de funcionarios aburridos, muy pocos soldados y una población desconfiada que solo espera que los franceses se marchen. Por todas partes se desmoronan las vigas de este Estado artificial que se ha construido con demasiada rapidez; un par de cañonazos y todo el tambaleante edificio se derrumbará. Su propio suegro, el emperador Francisco, no tarda en disparar estos cañonazos contra su yerno Napoleón, e inmediatamente el esplendor ilirio llega a su fin. Fouché y sus pocos regimientos, formados en su mayoría por croatas, estaban listos para unirse a sus antiguos camaradas al primer disparo. Así que, desde el primer día, en realidad solo se está preparando para la retirada, y para enmascararlo hábilmente, mantiene el gran gesto de un gobernante despreocupado en el exterior, da bailes y fiestas, hace desfilar con orgullo a las tropas durante el día, mientras que por la noche las arcas y los papeles del gobierno son transportados en secreto a Trieste. Todo su logro como señor y gobernante solo puede limitarse a despejar el país con cuidado y paso a paso con el menor número de pérdidas posible, y en esta retirada estratégica su antigua sangre fría, su energía que se apodera con rapidez, demuestra una vez más ser absolutamente magistral. Se retira paso a paso y sin pérdidas, de Ljubljana a Gorizia, de Gorizia a Trieste, de Trieste a Venecia: trae de vuelta a casi todos sus funcionarios, el tesoro y mucho material valioso de su efímera Iliria. Pero ¡qué importa la pérdida de esta ridícula provincia! Porque en los mismos días Napoleón pierde la más importante y última de sus grandes batallas en esta guerra, la batalla de Leipzig, y con ella su dominio del mundo.

Fouché se ha deshecho ahora de su tarea de la manera más impecable y honorable. Ahora que ya no hay Iliria que administrar, se siente libre de nuevo y, naturalmente, desea regresar a París. Pero esa no era la intención de Napoleón. Bajo ningún concepto debe permitirse que Fouché regrese a París: "Fouché es un hombre que no debe permanecer en París en las circunstancias actuales", las palabras pronunciadas en Dresde fueron doble y séptuplamente válidas después de Leipzig. Debe marcharse, lejos y a toda costa. En medio de la inmensa tarea de defenderse de una fuerza cinco veces superior, el Emperador se apresura a idear otra misión para el incómodo hombre, una vez más diseñada para hacerlo inofensivo mientras dure la campaña. Dale algo con lo que hacer diplomacia e intrigar, ¡pero no dejes que sus dedos inquietos lleguen a París! Así que Napoleón le ordena que vaya primero a Nápoles (Nápoles está lejos) para llamar a Murat, el rey de Nápoles, cuñado de Napoleón, más preocupado por su propio reino que por el Imperio, y persuadirlo de que acuda en ayuda del Emperador con un ejército. La forma en que Fouché llevó a cabo esta misión —si realmente quería persuadir al antiguo general de caballería de Napoleón para que permaneciera leal o si le estaba animando en su apostasía— no queda clara en la historia. En cualquier caso, el principal propósito del emperador se cumplió, a saber, mantener a Fouché cuatro meses más allá de los Alpes, a mil millas de distancia, en incesantes negociaciones. Mientras los austríacos, los prusianos y los ingleses marchaban hacia París, Fouché tenía que ir y venir de Roma a Florencia y Nápoles, de Lucca a Génova, malgastando una vez más su tiempo y su energía en una tarea imposible. También aquí los austríacos avanzaban inexorablemente; después de Iliria, Italia, el segundo imperio que le había sido asignado, también estaba perdida. Finalmente, a principios de marzo, el emperador Napoleón ya no tenía país al que deportar al incómodo y, además, ya no tenía nada más que prohibir u ordenar en su propia Francia. Así pues, el 11 de marzo, Joseph Fouché regresa a su patria a través de los Alpes, alejado irremediablemente de cualquier problema político dentro de Francia durante cuatro meses gracias a la ingeniosa previsión del Emperador. Y cuando por fin se libera de la cadena, es exactamente cuatro días demasiado tarde. En Lyon, Fouché se entera de que las tropas de los Tres Emperadores marchan hacia París. En pocos días, Napoleón será derrocado y se formará un nuevo gobierno. Naturalmente, su ambición se consume de impaciencia, *d'avoir la main dans la pâte*, por tener las manos en la masa y sacar las sultanas más grandes. Pero el camino recto hacia París ya está bloqueado por el avance de las tropas, tiene que tomar los largos desvíos por Toulouse y Limoges; finalmente, el 8 de abril, su coche atraviesa las barreras de París. A primera vista se da cuenta de que ha llegado demasiado tarde. Y los que llegan tarde se equivocan. Napoleón le ha devuelto una vez más todos sus juegos secretos y bromas con su magistral previsión al mantenerlo alejado mientras aún había algo que pescar en las turbias aguas. Ahora París ya ha capitulado, Napoleón ha sido depuesto, Luis XVIII es rey y el nuevo gobierno ya está plenamente formado bajo la dirección de Talleyrand. Aquel maldito cojo había llegado a tiempo y había cambiado el frente más rápidamente de lo que él, Fouché, había podido. El zar de Rusia vivía ya en la casa de Talleyrand, el nuevo rey lo mimaba con pruebas de confianza, había ocupado todos los puestos ministeriales a su antojo, y mezquinamente no reservaba ninguno al duque de Otranto, que mientras tanto administraba Iliria absurda e inútilmente y ejercía de diplomático en

Italia. Nadie lo esperaba, nadie se preocupaba por él, nadie quería nada de él, nadie deseaba su consejo y su ayuda. Una vez más, como tantas otras veces en su vida, Joseph Fouché es un hombre acabado. Durante mucho tiempo se negó a creer que él, el gran adversario de Napoleón, pudiera ser despedido con tanta indiferencia. Se ofrece, abierta y secretamente; se lo ve en la antecámara de Talleyrand, con el hermano del Rey, con el enviado inglés, en las cámaras del Senado, en todas partes. Y, sin embargo, nadie lo escucha. Escribe cartas, una a Napoleón, aconsejándole que emigre a América, y al mismo tiempo envía una copia al rey Luis XVIII para congraciarse con él. Pero no recibe respuesta.

Solicita un puesto digno a los ministros, que lo reciben con cortesía, con frialdad, pero no lo animan. Se deja empujar por mujeres y recomendar por viejos protegidos, pero en vano, ha cometido el error más imperdonable de la política: ha llegado demasiado tarde. Todos los escaños están ya ocupados, y ningún dignatario piensa en levantarse voluntariamente para ceder su puesto al duque de Otranto por amabilidad. Así que al ambicioso hombre no le queda más remedio que hacer de nuevo las valijas y retirarse a su castillo de Ferrières.

Ahora que su mujer ha muerto, solo tiene una ayuda: el tiempo. Ella siempre lo ha ayudado, y esta vez volverá a hacerlo. Fouché no tarda en darse cuenta de que el aire vuelve a oler a pólvora. Si tiene el oído fino, puede oír el crujido de una silla de trono y el crepitar de Ferrières. El nuevo señor, Luis XVIII, comete un error tras otro. Es partidario de ignorar la Revolución y de olvidar que, tras veinte años de burguesía, Francia no volverá a acobardarse ante veinte familias nobles. También ignora todo el peligro del gremio pretoriano de oficiales y generales que, con media paga, refunfuñan descontentos ante la vil tacañería del Rey de los Pepinos. Sí, si Napoleón volviera, tendríamos de nuevo la buena y gloriosa guerra. Entonces podríamos volver a saquear los países, hacer carrera y hacernos con las riendas. Ya se envían mensajes sospechosos de una guarnición a otra, se prepara poco a poco una conspiración en el ejército, y Fouché, que de ninguna manera y en ningún momento ha cortado completamente el cordón umbilical entre él y su criatura, la policía, escucha y oye muchas cosas que le dan que pensar. Sonríe en voz baja para sus adentros: el buen rey habría aprendido toda clase de cosas si hubiera nombrado ministro de Policía al duque de Otranto. Pero, ¿por qué avisar a estos bromistas de la corte? Hasta ahora, solo el derrocamiento ha levantado a Fouché, el viento cambiante. Por eso calla, se esconde y no se mueve, conteniendo el aliento como un luchador antes de un combate.

El 5 de marzo de 1815, un correo irrumpió en las Tullerías con la sorprendente noticia de que Napoleón había escapado de Elba y desembarcado en Fréjus con seiscientos hombres el 1 de marzo. Los cortesanos reales recibieron la noticia con sonrisas y desprecio. Por supuesto, siempre han dicho que este Napoleón Bonaparte, del que tanto se habla, no está en sus cabales. Con seiscientos hombres —¡*parbleu*, hay que reírse de verdad!— este tonto quiere luchar contra el rey, ¡que tiene a todo el ejército y a Europa detrás de él! Así que no se exciten, no se preocupen…, con un puñado de gendarmes este patético aventurero será sometido. El mariscal Ney, viejo compañero de armas de Napoleón, recibe la orden de apresarlo. Promete magnánimamente al rey no solo capturar al alborotador, sino incluso "llevarlo por todo el país en una jaula de hierro". Luis XVIII y sus fieles seguidores pasean cómodamente por París sin preocuparse de nada, al menos durante los ocho primeros días, y el *Moniteur* presenta todo el asunto bajo una luz siempre alegre. Pero pronto empiezan a llegar noticias desagradables. Napoleón no encuentra resistencia en ninguna parte, todos los regimientos que se mueven contra él refuerzan su inicialmente pequeño ejército en lugar de bloquearle el paso, y el mismo mariscal Ney, que se suponía que debía capturarlo y conducirlo en una jaula de hierro, se pasa a su antiguo amo con gran éxito.

Napoleón ya ha entrado en Grenoble, ya ha entrado en Lyon: una semana más y su profecía se cumple, y el águila imperial se posa sobre las torres de Notre Dame. Se desata el pánico en la corte real. ¿Qué hacer? ¿Qué diques construir contra esta avalancha? Demasiado tarde, el rey y sus condes y consejeros principescos se dan cuenta de lo insensato que ha sido alienarse del pueblo y olvidar artificialmente que en Francia, entre 1792 y 1815, había sucedido algo similar a una Revolución. Así que ahora, ¡hay que hacerse popular rápidamente! Hay que demostrarle de alguna manera al estúpido pueblo que se lo quiere de verdad, que se respetan sus deseos y sus derechos, hay que gobernar rápido de forma republicana, ¡rápido de forma democrática! Cuando ya es demasiado tarde, a los emperadores y a los reyes les gusta descubrir en sí mismos un corazón democrático.

Pero ¿cómo ganarse a los republicanos? Pues es muy sencillo: ¡introduciendo a uno de ellos en el ministerio, algún radical que dé inmediatamente un color rojo al estandarte de los lirios! Pero ¿dónde encontrarlo? Se piensa y de repente se recuerda a un tal Joseph Fouché, que hace apenas unas semanas campaba por sus respetos en todas las antecámaras e inundaba de propuestas la mesa del rey y de sus ministros. Sí, ese es el hombre adecuado, el único al que siempre se puede utilizar para cualquier cosa... ¡así que sáquenlo rápidamente del anonimato! Siempre que un gobierno tiene problemas, ya sea el Directorio, el Consulado, el Imperio o el Reino, siempre que se necesita un verdadero mediador, un equilibrador, un organizador, se recurre al hombre de la bandera roja, al personaje menos fiable y al diplomático más fiable, a Joseph Fouché.

De este modo, el duque de Otranto experimentó la satisfacción de que los mismos condes y príncipes que lo habían rechazado fríamente y le habían dado la espalda hace apenas unas semanas se dirigían ahora a él con la más respetuosa urgencia y le ofrecían una cartera ministerial, incluso querían presionarlo para que la tuviera en la mano. Pero el viejo ministro de Policía conoce demasiado bien la situación política real como para comprometerse por los Borbones a la hora decimotercera. Intuye que la agonía ya debe haber llegado si se lo reclama con tanta urgencia como médico. Se niega cortésmente con todo tipo de pretextos e insinúa con delicadeza que deberían haber acudido a él un poco antes. Sin embargo, cuanto más se acercaban las tropas de Napoleón, más se desvanecía el sentido del honor en la corte real. A Fouché se le pide cada vez con más urgencia que se haga cargo del gobierno, e incluso el propio hermano de Luis XVIII le solicita una reunión secreta. Pero esta vez Fouché se mantiene firme, no por convicción de carácter, sino porque lo entusiasma poco el pescado podrido y se siente muy cómodo en el columpio entre Luis XVIII y Napoleón. Ya es demasiado tarde, tranquiliza al hermano del rey, este solo debe ponerse a salvo, toda la aventura napoleónica no durará mucho y él hará todo lo posible mientras tanto para contrarrestar al emperador. Solo se debe confiar en él. De este modo, mantendría una piedra en su ataúd y, si los Borbones seguían victoriosos, podría hacerse pasar por su ayudante. Por otro lado, si Napoleón sale victorioso, puede insistir con orgullo en que rechazó la oferta de los Borbones. Ha probado demasiadas veces el sistema de tranquilizar a ambos bandos como para no intentarlo de nuevo esta vez: ser visto como el fiel servidor de dos amos, el emperador y el rey, al mismo tiempo. Pero esta vez será aún más alegre: la escena trágica se transforma en comedia precisamente en los giros decisivos del destino en la vida de Fouché. Los Borbones ya han aprendido algo de Napoleón, a saber, que un hombre como Fouché nunca debe ser abandonado en tiempos peligrosos. Así, el antepenúltimo día antes de la partida del rey, mientras Napoleón ya se dirige bruscamente hacia París, la Policía recibe la orden de detener de inmediato a Fouché como sospechoso de haberse negado a ser ministro del Rey y de trasladarlo lejos de París. El actual ministro de Policía, sobre quien recae la ejecución de esta desagradable orden de arresto, se llama Bourrienne, a la historia le encantan las sorpresas verdaderamente insólitas. Fue el amigo de infancia más íntimo de Napoleón, su camarada de la escuela de guerra, su compañero en Egipto, su secretario durante muchos años, conocía a todos sus confidentes, y por tanto conocía íntimamente a Fouché. Por eso se sobresalta un poco cuando el rey le ordena detener a Fouché, el duque de Otranto. Se pregunta si esto es realmente aconsejable. Y mientras el rey repite enérgico la orden, vuelve a sacudir la cabeza: no será tan fácil. Este viejo lucio, lo sabe, ha nadado a través de demasiadas trampas y esclusas como para ser atrapado con un cepo a plena luz del día; se necesita más tiempo y bastante habilidad para una pesca tan humana. Pero al menos da la orden. Y, en efecto, a las once de la mañana del 16 de marzo de 1815, la Policía rodea el carruaje del duque de Otranto en el bulevar abierto y lo declara detenido por orden de Bourrienne. Fouché, que nunca pierde la calma, sonríe despectivamente: "No se detiene a un antiguo senador en plena calle". Y antes de que los agentes, que habían sido sus subordinados durante demasiado tiempo, puedan recuperarse de su sorpresa, ya ha gritado al cochero que golpee con fuerza a los caballos… y el carruaje vuelve corriendo a su piso. Los policías se quedan con la boca abierta, tragando el polvo del carruaje rodante. Bourrienne tenía razón: no es tan fácil atrapar a un hombre que ha escapado indemne de Robespierre, de una orden de la Convención y de Napoleón. Cuando los desconcertados policías informan a su ministro que Fouché ha escapado, Bourrienne aprieta inmediatamente las riendas: ahora su autoridad está en juego; no se debe jugar con él de esta manera. Hace rodear de inmediato por todas partes la casa de la calle Cerutti y vigila la puerta: un destacamento fuertemente armado sube las escaleras para apresar al fugitivo. Pero Fouché le tiene reservada una segunda broma, una de esas maravillosas y singulares jugadas maestras que casi siempre consigue realizar solo en las situaciones más difíciles y tensas. Es precisamente en el peligro, como hemos visto a menudo, cuando lo invade ese deseo de divertirse y engañar a la gente. El astuto mistificador recibe a los agentes que quieren detenerlo con gran cortesía e inspecciona la orden de detención. Sí, es válida. Y, por supuesto, no piensa resistirse a una orden de Su Majestad el Rey. Los señores solo quieren tomar asiento aquí en el salón, él solo tiene que arreglar unas pequeñas cosas, luego los acompañará inmediatamente. Fouché les habló muy cortésmente y entró en la habitación contigua. Los agentes esperan respetuosamente a que termine de ir al baño; al fin y al cabo, a un senador, exministro y dignatario de la corte no se lo puede agarrar de la manga como a un carterista ni ponerle unas esposas. Esperan respetuosamente, esperan algún tiempo, hasta que el tiempo parece sospechosamente largo. Entonces, cuando sigue sin volver, entran en la habitación contigua y descubren —una auténtica escena cómica en medio de la agitación política— que Fouché se ha fugado. El hombre de cincuenta y seis años ha colocado una escalera contra la pared del jardín, como en el cine que entonces aún no se había inventado, y mientras los policías lo esperaban respetuosos en el salón, él simplemente ha trepado hasta el jardín vecino de la reina Hortense con una agilidad asombrosa para su edad, y desde allí se ha puesto a salvo. Por la noche, todo París se rio de la exitosa broma. Por supuesto, semejante diversión no puede durar mucho: el duque de Otranto es demasiado conocido en la ciudad como para esconderse durante mucho tiempo. Pero Fouché ha vuelto a calcular correctamente, a saber, que esta vez solo era cuestión de unas horas, porque ahora el rey y sus seguidores tienen que preocuparse de no ser arrestados ellos mismos por la caballería de Napoleón que avanza. Las valijas se guardan en las Tullerías lo más rápidamente posible, y la feroz orden de arresto de Luis XVIII no ha conseguido otra cosa que dar a Fouché un testimonio público de su (inexistente) lealtad al emperador, lealtad en la que Napoleón, por supuesto, no creerá. Pero cuando se entera del exitoso truco de este artista de la política, tiene que reírse y dice con una especie de airada admiración: *Il est décidement plus malin qu'eux tous!* [¡Es el más astuto de todos!].

La batalla final contra Napoleón

A MEDIANOCHE DEL 19 DE marzo de 1815 —la inmensa plaza está oscura y desierta—, doce carruajes entran en el patio del palacio de las Tullerías. Se abre una discreta puerta lateral, sale un criado, antorcha en mano, y detrás de él se arrastra con dificultad, sostenido a derecha e izquierda por dos nobles fieles, un hombre cobarde, asmático y jadeante, Luis XVIII. Al ver al rey enfermo, que apenas ha regresado a casa tras quince años de exilio y se ve obligado a huir de nuevo de su país de noche y entre la niebla, todos los presentes se compadecen de él. La mayoría de ellos doblan la rodilla mientras este anciano, indigno por su fragilidad y estremecido por su tragedia, es subido a la carroza. Luego suben los caballos, lo siguen los otros carruajes y, durante unos minutos, la cabalgata de la guardia que lo acompaña repiquetea sobre la dura grava. Después, el inmenso espacio vuelve a quedar a oscuras y en silencio hasta que amanece, la mañana del 20 de marzo, el primero de los cien días del regreso del emperador Napoleón de Elba.

Primero, se acercan los curiosos. Con las fosas nasales temblorosas y lujuriosas, comerciantes, desocupados, caminantes husmean por el palacio para ver si la caza real ya ha huido del emperador. Ansiosos o alegres, según su temperamento y disposición, se susurran mensajes. A las diez, ya afluyen multitudes densas y apremiantes. Y como siempre es la multitud la que da coraje a la gente, ya se oyen los primeros gritos claros de "¡Viva el emperador!" y "¡Abajo el rey!". Entonces, de repente, se acerca la caballería, los oficiales a los que el reinado había otorgado la condición de medio soldado. Vuelven a oler la guerra, el empleo, la paga completa, las legiones de honor, los ascensos con el regreso del Emperador de la Guerra: regocijándose tumultuosamente, ocupan las Tullerías sin obstáculos bajo el mando de Exelman (y como el traspaso de mano en mano es tan pausado, tan incruento, la Bolsa sube enseguida unos puntos). A mediodía, la tricolor ondea de nuevo en el antiguo palacio real sin que se dispare un tiro.

Y ya son cien los beneficiados, los "fieles" de la corte imperial, las damas de palacio, los criados, las truchas, los mariscales de cocina, los antiguos consejeros de Estado y maestros de ceremonias, todos aquellos a los que no se les permitía servir y ganar bajo el lirio blanco, toda la nueva nobleza que Napoleón había hecho subir de las ruinas de la Revolución a la Corte. Todo viste de gala: los generales, los oficiales, las damas. Los diamantes, los espadines y las medallas brillan de nuevo. Las habitaciones se abren y se preparan para recibir al nuevo señor, los emblemas reales se retiran con rapidez: en lugar del lirio real, la abeja napoleónica parpadea de nuevo sobre la seda de los sillones. Todos tiemblan por llegar a tiempo, por ser reconocidos como "leales" desde el principio.

Mientras tanto, cae la tarde. Como en los bailes y las grandes recepciones, los sirvientes vestidos de gala encienden todos los candelabros y las velas; las ventanas del palacio, de nuevo imperial, se iluminan hasta el Arco del Triunfo y atraen a grandes multitudes de curiosos a los Jardines de las Tullerías. Por fin, a las nueve de la noche, una carroza se acerca al galope, protegida a derecha, izquierda, por delante, por detrás o flanqueada por jinetes de todos los grados y rangos, que agitan sus sables con entusiasmo (¡pronto los necesitarán contra los ejércitos de Europa!). Como una explosión, el grito jubiloso de "¡Viva el emperador!" brota de la masa agolpada, resonando en la amplia plaza de ventanas tintineantes. Los soldados tienen que proteger al emperador con las puntas de sus sables del entusiasmo que pone en peligro su vida. Luego lo agarran ellos mismos y llevan con reverencias la presa sagrada, el gran dios de la guerra, escaleras arriba a través del estupefaciente césped hasta el viejo palacio. A hombros de sus soldados, con los ojos cerrados por la abundancia de la felicidad, una extraña sonrisa casi sonámbula en los labios, él, que salió de Elba hace veinte días como un exiliado, aterriza de nuevo en el trono imperial de Francia. Es el último triunfo de Napoleón Bonaparte. Por última vez, experimenta un ascenso tan improbable, un vuelo de ensueño desde las tinieblas hasta las más altas cumbres del poder. Por última vez, sus oídos rugen con el estruendo marino de la amada llamada imperial. Durante un minuto, diez minutos, saborea este embriagador elixir de poder, con los ojos cerrados y el corazón lleno de asombro. Luego hace cerrar las puertas del palacio, despide a los oficiales y convoca a los ministros: comienza el trabajo. El hombre debe defender lo que el destino le ha dado.

Los salones están abarrotados de gente que espera el regreso a casa. Pero el primer vistazo ya es una decepción: los que le han permanecido leales no son los mejores, los más brillantes, los más importantes. Ve cortesanos y cortesanas, gente ávida de trabajo y curiosos: muchos uniformes y pocas cabezas. Casi todos los grandes mariscales están ausentes sin excusa, los verdaderos camaradas de su ascenso han permanecido en sus castillos o se han pasado al rey, neutrales en el mejor de los casos, la mayoría incluso hostiles. De los ministros, el más inteligente, el más urbano, Talleyrand, está ausente; de los reyes recién creados, sus propios hermanos, sus propias hermanas y, sobre todo, su propia mujer y su propio hijo. Ve muchos pretendientes y pocos dignos entre el enjambre. Los vítores de los miles aún vibran en su sangre, y ya su espíritu lúcido empieza a sentir el primer escalofrío de peligro en el triunfo.

De pronto se oye un murmullo en los vestíbulos, asombrado y alegremente hinchado, y un respetuoso carril se abre entre los uniformes y los fracs bordados. Un carruaje ha llegado, un poco tarde —se llega, pero no se espera, se ofrece, pero no con urgencia como los pequeños cortesanos— y de él emerge la figura esbelta y pálida, bien conocida por todos, del duque de Otranto. A paso lento, con indiferencia, con los ojos fríamente cubiertos e impenetrables, atraviesa el callejón abierto sin dar las gracias, y es precisamente esta calma familiar y evidente la que despierta el entusiasmo. "¡Abran paso al duque de Otranto!", gritan los criados. Los que lo conocen mejor repiten la llamada de otro modo: "Sitio para Fouché. Es el hombre que el emperador más necesita ahora". Ya es elegido, escogido, exigido por la opinión pública antes de que el emperador pueda decidir. No llega como un candidato, sino como un poder, majestuoso y grave; y, en efecto, Napoleón no lo hace esperar, manda llamar de inmediato al más antiguo de sus ministros, al más leal de sus enemigos. Se sabe tan poco de su conversación como de la primera, cuando Fouché ayudó al general, huido de Egipto, a convertirse en cónsul y se alió con él en deslealtad. Pero cuando abandona la sala una hora más tarde, Fouché vuelve a ser su ministro, Ministro de Policía por tercera vez. Las cartas que anuncian el nombramiento del duque de Otranto como ministro de Napoleón en el *Moniteur* aún están húmedas, y tanto el emperador como el ministro ya se arrepienten en secreto de haberse vuelto a vincular. Fouché está decepcionado: esperaba más. El cargo menor de Ministro de Policía hacía tiempo que había dejado de satisfacer su fría y ardiente ambición. Mientras que en 1796 seguía siendo una salvación y un honor para el exjacobino Joseph Fouché, medio muerto de hambre, condenado al ostracismo y despreciado, en 1815 tal nombramiento parecía una miserable sinecura para el millonario y muy querido duque de Otranto. Su confianza en sí mismo había crecido con su éxito; solo el gran juego mundial lo atraía, el excitante azar de la diplomacia europea, el continente como mesa de juego y el destino de países enteros como apuesta. Durante diez años, Talleyrand, su único igual, le había bloqueado el camino; ahora que este rival tan peligroso se enfrentaba a Napoleón y empuñaba las bayonetas de toda Europa contra el emperador en Viena, Fouché se creía el único capaz de reclamar para sí el Ministerio de Asuntos Exteriores. Pero Napoleón, desconfiado, y con razón, niega esta importantísima cartera a su hábil mano, porque esta es demasiado hábil y demasiado poco fiable. Solo le concedió a regañadientes el Ministerio de Policía; sabía que a esta peligrosa ambición había que darle al menos algo de poder para que no mordiera. Pero incluso en este estrecho departamento pone un espía detrás del cuello de los poco fiables al nombrar jefe de la gendarmería al enemigo más acérrimo de Fouché, el duque de Rovigo. Así, en el primer día de su renovada unión, se renueva el viejo juego: Napoleón coloca su propia fuerza policial detrás de su ministro de Policía. Y Fouché sigue su propia política al lado y detrás de la imperial. Ambos se traicionan mutuamente, ambos con las cartas sobre la mesa. Una vez más les toca decidir quién conservará la ventaja a largo plazo: el más fuerte o el más hábil, la sangre caliente o la sangre fría. Fouché acepta el ministerio a regañadientes. Pero lo acepta. Este espléndido y apasionado intelectual tiene un trágico defecto: no puede mantenerse al margen, ni siquiera por una hora permanecer como mero espectador en el juego mundial. Tiene que tener constantemente cartas en la mano, repartir, barajar, hacer trampas, engañar, plantar cara y trompear. Siempre debe sentarse compulsivo a una mesa, no importa en cuál, ya sea real, imperial o republicana; solo estar allí, solo *avoir la main dans la pâte*, solo tener las manos en la masa, no importa en cuál, solo ser ministro, de la derecha, de la izquierda, del emperador, del rey, solo roer el hueso del poder. Nunca tendrá la fuerza moral y ética, ni siquiera el valor o el orgullo de rechazar cualquier poder que se le arroje. Siempre aceptará cualquier servicio que se le preste. Nada es el hombre para él, nada es la causa: el juego lo es todo. Y Napoleón es igual de reacio a volver a tomar a Fouché a su servicio. Conoce a este hombre sombrío desde hace diez años y sabe que no sirve a nadie y que solo sigue sus ansias de juego. Sabe que este hombre lo dejará caer como el cadáver de un gato muerto, que lo abandonará en el momento más peligroso, igual que abandonó y traicionó a los girondinos, a los terroristas, a Robespierre y a los termidoristas, igual que abandonó y traicionó a Barras, su salvador, al Directorio, a la República, al Consulado.

Pero lo necesita o cree necesitarlo: igual que Napoleón fascina por su genio, Fouché fascina una y otra vez por su utilidad. Rechazarlo pondría en peligro su vida. Ni siquiera Napoleón se atrevería a enemistarse con Fouché en un momento tan incierto. Así que optó por el mal menor de mantenerle ocupado, distraerlo con poderes y cargos, permitirle que le sirviera infielmente. "Solo he aprendido la verdad de los traidores", dijo el derrotado más tarde en Santa Elena, recordando a Fouché. Incluso en su furia extrema, aflora el respeto por las habilidades inusuales de este hombre mefistofélico, pues nada es más intolerante con el genio que la mediocridad. Sabiéndose traicionado, Napoleón sigue sintiéndose comprendido por Fouché. Así que, como un hombre que se muere de sed y busca agua que sabe que está envenenada, prefiere tomar a este hombre inteligente y poco fiable como su sirviente antes que al fiel e inadecuado. Diez años de amarga enemistad suelen unir a las personas de forma más misteriosa que una amistad normal. Durante diez años y más, Fouché sirvió a Napoleón, de ministro a amo, de espíritu a genio, diez años como el siempre inferior. En 1815, en la batalla final, Napoleón fue en realidad el más débil desde el principio. Una vez más, por última vez, experimentó el regocijo de la gloria; como sobre alas de águila, el destino lo llevó de forma inesperada de la isla extranjera al trono imperial. Los regimientos, enviados contra él en centuplicada superioridad, arrojan sus armas a la mera vista de su manto. En veinte días, el exiliado, que había llegado con seiscientos hombres, irrumpe en París a la cabeza de un ejército, y con el trueno de los miles que lo aclaman en los oídos duerme una vez más en el lecho de los reyes de Francia. Pero ¡qué despertar en los días siguientes!, ¡qué rápido se desvanece el sueño fantástico ante la desilusión de la realidad! Emperador, vuelve a serlo, pero solo de nombre, pues el mundo, antaño esclavizado a sus pies, ya no reconoce a su amo. Escribe cartas y proclamas, apasionadas seguridades de paz. Le sonríen con los hombros encogidos y ni siquiera le conceden el honor de una respuesta. Los mensajeros del emperador, reyes y príncipes son interceptados en las fronteras como contrabandistas y silenciados sin piedad. Una sola carta llega a Viena por una ruta tortuosa, que Metternich arroja sin abrir sobre la mesa de negociaciones. Los viejos amigos y compañeros de Napoleón se han dispersado a los cuatro vientos: Berthier, Bourrienne, Murat, Eugene Beauharnais, Bernadotte, Augereau, Talleyrand, se sientan en sus haciendas o apoyan a sus enemigos.

En vano intenta engañarse a sí mismo y a los demás; tiene los apartamentos de la emperatriz y del rey de Roma profusamente decorados como si fueran a volver a él mañana, pero en realidad María Luisa está coqueteando con su cicisbeo Neipperg, y su hijo está jugando con soldados austríacos de plomo en Schönbrunn, bien vigilado bajo la mirada del Emperador Francisco. Ni siquiera su propio país reconoce la tricolor. Sublevaciones en el sur, en el oeste. Los campesinos están hartos de los eternos reclutamientos y aporrean a los gendarmes que quieren devolver sus caballos a los cañones. Se pegan carteles burlones en las calles, decretando en nombre de Napoleón:

- Artículo I. Trescientas mil víctimas de batalla deben serme entregadas cada año.

- Artículo II. Bajo ciertas circunstancias, aumentaré este número a tres millones.

- Artículo III. Todas estas víctimas serán enviadas por correo a la gran masacre.

Sin duda, el mundo quiere la paz, y todas las personas sensatas están dispuestas a mandar al diablo al indeseado retornado si no garantiza la paz, y —trágico destino— ahora que el soldado-emperador por primera vez quiere de verdad la paz para él y para el mundo, siempre que lo dejen gobernar, el mundo ya no le cree. Los buenos ciudadanos, temerosos de sus pensiones, no comparten el entusiasmo de los semisoldados y de los galleros profesionales, para quienes la paz significa la interrupción de los negocios, y en cuanto Napoleón —por necesidad— les concede el derecho de voto, le dan una bofetada votando a los mismos que lleva quince años persiguiendo violentamente y manteniendo en la oscuridad, los revolucionarios de 1792: Lafayette y Lanjuinais. Ningún aliado, pocos partidarios reales en Francia, apenas una persona con la que pudiera consultar realmente en su círculo íntimo. Desanimado y angustiado, el emperador deambula por el palacio vacío. Sus nervios y su vigor se debilitan. A veces grita desenfrenado, a veces se hunde en un letargo sordo. A menudo se acuesta en mitad del día para dormir: un cansancio interior, no del cuerpo sino del alma, le golpea durante horas con un garrote de plomo. En una ocasión, Carnot lo encuentra en sus aposentos, con lágrimas en los ojos, mirando fijo la imagen del rey de Roma, su hijo. Sus confidentes lo oyen lamentarse de que su buena estrella lo haya abandonado. De algún modo, el imán interior presiente que ha pasado el cenit del éxito, por lo que la aguja de su voluntad tiembla y se agita inquieta de polo a polo. A regañadientes, sin verdadera esperanza, dispuesto a cualquier comprensión, el hombre acostumbrado a la victoria sale por fin a la guerra. Pero Nike nunca se cierne sobre una cabeza humildemente inclinada.

Así era Napoleón en 1815: un falso gobernante y un falso emperador prestado por el destino, vestido solo con un sombrío ropaje de poder. Pero el hombre a su lado, Fouché, estaba en la plenitud de su poder en aquellos mismos años. La razón, que golpea duro como el acero y se oculta siempre en la vaina de la traición, no se desgasta del mismo modo que la pasión en constante rotación. Fouché nunca demostró ser más ágil intelectualmente, más intrigante, más flexible, más audaz que en aquellos cien días entre el auge y la caída del Imperio. Todas las miradas se volvieron expectantes hacia él, no hacia Napoleón, como el salvador. Todos los partidos —fenómeno fantástico— confiaban más en este ministro del emperador que en el propio emperador. Luis XVIII, los republicanos, los realistas, Londres, Viena, todos reconocen en Fouché al único hombre con el que se puede negociar de verdad, y su razón fría y calculadora da más confianza a un mundo exhausto y necesitado de paz que el genio titilante de Napoleón, que revolotea arriba y abajo en los vientos de la confusión. Y quienes niegan al "general Bonaparte" el título de Emperador respetan el crédito personal de Fouché. Las mismas fronteras en las que los agentes estatales de la Francia imperial son despiadadamente interceptados y metidos en prisión, las mismas fronteras se abren, como tocadas con una llave mágica, a los mensajeros secretos del duque de Otranto. Wellington, Metternich, Talleyrand, Orleans, el Zar y los reyes reciben de buen grado y con la mayor cortesía a sus emisarios, y de repente el que hasta entonces había engañado a todos es considerado el único jugador fiable en el juego mundial. No tiene más que mover un dedo y su voluntad está hecha. La Vendée se levanta, una sangrienta batalla es inminente…, pero a Fouché le basta con enviar un mensajero, y evita la guerra civil con un simple encuentro. "¿Para qué —dice, calculando con franqueza— sacrificar ahora sangre francesa? En unos meses, el emperador habrá ganado o perdido, ¿para qué luchar por algo que probablemente caerá en tus manos sin luchar? A bajar las armas y esperar". Y enseguida los generales monárquicos, convencidos por estas declaraciones sin sentimentalismos, sobrias, concluyen el pacto deseado. Todo en el extranjero, todo en el interior se vuelve primero hacia Fouché, ninguna decisión parlamentaria se toma sin él. Napoleón tiene que contemplar impotente cómo su criado cojea del brazo allí donde quiere golpear, cómo vuelve contra él las elecciones en el país y pone un escollo en el camino de su voluntad despótica con un parlamento de mentalidad republicana. Ahora querría librarse de él en vano, pero se acabó el tiempo, el autocrático, en que el duque de Otranto era enviado a retiro como un criado incómodo con unos cuantos millones. Hoy es más probable que el ministro empuje al emperador de su trono que el emperador empuje al duque de Otranto de su asiento ministerial.

Estas semanas de política poco convencional pero prudente, ambigua pero clara, se cuentan entre las más perfectas de la diplomacia de la historia mundial. Ni siquiera un adversario personal, el idealista Lamartine, pudo negar su homenaje al genio maquiavélico de Fouché. "Hay que reconocer —escribe— que hizo gala de una audacia poco común y de una vigorosa intrepidez en su papel. Su cabeza estaba diariamente en juego por sus esfuerzos; podía caer a las primeras sacudidas de vergüenza y cólera que surgían en el pecho de Napoleón. De todos los que quedaron de aquel período de la Convención, solo él no se mostró ni agotado ni disminuido en modo alguno en su osadía. Audazmente atrapado, por un lado, entre la tiranía que volvía a la vida y la libertad que quería revivir, por otro, entre Napoleón, que sacrificaba la patria a sus intereses, y Francia, que no se dejaría masacrar por un solo hombre, Fouché intimidó al emperador, halagó a los republicanos, tranquilizó a Francia, hizo señas a Europa, sonrió a Luis XVIII, negoció con las cortes, mantuvo correspondencia gestual con Talleyrand y mantuvo todo en equilibrio con su actitud, un papel centuplicado, difícil, tan bajo como sublime, pero monstruoso, y al que la Historia aún no ha prestado la atención que merece. Un papel sin nobleza de alma, pero no sin patriotismo y heroísmo, en el que un súbdito se colocaba al nivel de su gobernante; un ministro, por encima de su soberano, árbitro entre el imperio, la Restauración y la libertad, pero árbitro mediante la duplicidad. La Historia, aunque condene a Fouché, no podrá negarle, durante este período de cien días, una audacia de porte, una superioridad en el manejo de los partidos y una grandeza en la intriga que le colocarían al lado de los primeros hombres de Estado del siglo, si hubiera verdaderos hombres de Estado sin dignidad de carácter y sin virtud.

Este es el juicio clarividente de Lamartine, el poeta, el estadista, el contemporáneo de la atmósfera que resuena de inmediato. La leyenda napoleónica, que comenzó cincuenta años más tarde, cuando los diez millones de muertos ya se habían descompuesto, los lisiados habían sido enterrados y la devastación de Europa hacía tiempo que había cicatrizado, es por supuesto más severa e injusta en su juicio sobre Fouché. Toda leyenda heroica es siempre una especie de retaguardia espiritual de la Historia; como toda retaguardia, exige muy baratas todas las virtudes que no tiene que experimentar él mismo: sacrificio humano ilimitado, devoción completa hasta la locura heroica, muerte heroica extranjera y lealtad insensata extranjera. La narrativa napoleónica, con su obligada técnica en blanco y negro, solo conoce al "fiel" y al "traidor" de su héroe. No distingue entre el primer Napoleón, el Cónsul que restableció la paz y el orden en su país mediante la sabiduría y la energía, y el Napoleón posterior, cesarista y enloquecido, para quien hacer la guerra se había convertido en una manía, que arrastró repetida y despiadadamente al mundo a aventuras asesinas en aras de su ansia privada de poder y pronunció las palabras de Tamerlán a Metternich: "A un hombre como yo le importa un bledo la vida de un millón de personas". Todo francés sensato que quiso enfrentarse con moderación a esta locura de ambición del endemoniado, del ciegamente furioso hacia su propia perdición, que no se encadenó como un perro y servilmente a su carro de heno en las buenas y en las malas, fue lanzado con furia dantesca al infierno: Talleyrand, Bourrienne, Murat, la leyenda los arroja a todos. Fouché es considerado sobre todo como el architraidor entre los traidores, el *advocatus diaboli*. Según su versión, solo se había reincorporado al Ministerio en 1815 para acercarse a la espalda del Emperador y asestarle el puñal en el momento oportuno, tras haberse vendido ya a Luis XVIII y a Europa. Al parecer, ya se lo había comunicado a los monárquicos el 20 de marzo, cuando el Rey se marchó. El día en que se hizo cargo de la cartera, confió a su Sancho Panza: "Mi primer deber es desbaratar todos los planes del emperador; dentro de tres meses seré más fuerte que él, y si para entonces no me ha fusilado, tendrá que arrodillarse ante mí", una profecía que, por desgracia, es demasiado precisa en sus fechas como para no ser inventada a posteriori.

Pero suponer que Fouché entró desde el principio en el Ministerio de Napoleón como partidario de Luis XVIII, como espía a sueldo del rey, es subestimarlo miserablemente, es sobre todo juzgar mal el aspecto espléndido y complejo de su psicología, el misterio demoníaco de su carácter. No es que Fouché, amoralista absoluto y maquiavélico, fuera incapaz de esta o de cualquier traición, pero tal perfidia era demasiado simple, demasiado poco estimulante para su espíritu juguetón y audaz. Engañar a un hombre e incluso a un Napoleón a secas no está en su línea: engañar a todo el mundo es siempre su único deseo, no dejar a nadie seguro y atraer a todo el mundo, jugar con todos los bandos y contra todos los bandos a la vez, no actuar nunca según planes preconcebidos, por nervios, ser Proteo, dios de la transformación; no un Francisco Moro, un Ricardo III, un intrigante directo…, solo el papel deslumbrante que lo sorprende inspira su apasionada naturaleza diplomática. Ama la dificultad precisamente por la dificultad, la eleva artificialmente a un doble, a un cuádruple papel, no un traidor único, sino múltiple, polifacético, primario. Y, en efecto, Napoleón, que lo conoció íntimamente, dijo de él en Santa Elena las profundas palabras: "Solo he conocido a un traidor verdadero y consumado: ¡Fouché!". Un traidor consumado, no uno ocasional, un genio de la traición, solo eso era él, porque la traición no era tanto su intención, su táctica, como su propia naturaleza.

Su naturaleza quizá se entienda mejor a partir de la analogía de los espías dobles tan conocidos en la guerra, que llevan secretos a potencias extranjeras para espiar otros más valiosos de ellas, y que en este ir y venir en última instancia ya no saben a qué poder están sirviendo en realidad; que son pagados por ambos y leales a ninguno, verdaderamente dedicados solo al juego, el juego engañoso de ir y venir, de estar en medio, una lujuria casi inmaterial, completamente mortal y diabólica. Solo cuando la balanza se inclina finalmente a favor de uno de los bandos, tras la pasión del juego, vuelve a entrar en acción la razón para recoger las ganancias. Solo cuando la victoria está decidida, Fouché se decide en la Convención, en el Directorio, en el Consulado y en el Imperio. No estaba con nadie en la batalla, sino siempre con el vencedor en el desenlace. Si Grouchy se hubiera salido con la suya, Fouché se habría convertido en ministro incondicional de Napoleón (al menos durante un tiempo). Como perdió la batalla, lo abandonó y se alejó de él. Y sin defenderse, dice, con su cinismo habitual, la palabra decisiva sobre su actitud durante los Cien Días: "No fui yo quien traicionó a Napoleón, sino Waterloo".

Sin embargo, se puede comprender que Napoleón se enfureciera por el juego ambiguo de su ministro. Pues sabía que esta vez era su cabeza la que estaba en jaque. Cada mañana, como desde hace más de una década, el hombre delgado y enjuto, con el rostro pálido y sin sangre por encima de su falda oscura de palma bordada, entra en su habitación y da un informe excelente, claro e irrefutable sobre la situación. Nadie tiene una mejor visión de conjunto de los acontecimientos, nadie sabe describir más claramente la situación del mundo, nadie penetra en todo y lo ve todo: así se siente Napoleón, este espíritu superior. Pero al mismo tiempo siente que Fouché no le dice todo lo que sabe. Sabe que las potencias extranjeras envían mensajeros al duque de Otranto, que su propio ministro de gabinete recibe a puerta cerrada, mañana, tarde y noche, a sospechosos agentes monárquicos, y que mantiene reuniones y relaciones que no comunica al emperador. Pero ¿se trata realmente solo de obtener información, como quiere hacerle creer Fouché, o hay intrigas secretas? Por fin —¡redención!— una pista, un rastro, casi una prueba. En abril, la policía secreta, es decir, la policía empleada por el emperador específicamente para supervisar a su ministro de Policía, descubre que un supuesto empleado de una casa bancaria vienesa ha llegado a París y ha ido directamente a ver al duque de Otranto. El mensajero es inmediatamente localizado, detenido y —sin conocimiento del ministro de Policía, Fouché, por supuesto— conducido a un pabellón del Elíseo ante Napoleón. Allí es amenazado con el fusilamiento inmediato e intimidado hasta que por fin confiesa haber entregado una carta de Metternich a Fouché, escrita con tinta simpática y destinada a iniciar una reunión de confidentes en Basilea. Napoleón echa humo de rabia: cartas con tales prácticas del ministro de sus enemigos a su ministro, eso es traición. Y su primer pensamiento es el natural: hacer arrestar enseguida al servidor desleal y confiscar sus papeles. Pero sus confidentes lo disuaden, diciéndole que aún no se ha aportado ninguna prueba y que, dada la prudencia a menudo probada del duque de Otranto, sin duda nunca habrá rastro de estas maquinaciones en sus papeles. Así que el emperador decide probar primero la devoción de Fouché. Lo manda llamar y, con un fingimiento al que estaba muy poco acostumbrado y que había aprendido de su propio ministro, sondea la situación para ver si es posible entablar negociaciones con Austria. Fouché, ignorante de que este mensajero hacía tiempo que había desvelado todo el asunto, no menciona en absoluto el billete de Metternich, y el Emperador lo despide con indiferencia, aparentemente indiferente, ya plenamente convencido de la villanía de su ministro.

Para condenarlo por completo, escenifica una sofisticada comedia con toda la confusión de una comedia de Molière, en medio del humor más amargo. El agente da pie al encuentro con el confidente de Metternich. Así que el emperador envía a un confidente para que actúe como confidente de Fouché. El agente austríaco le hará sin duda todas las confidencias, y finalmente el Emperador sabrá no solo que Fouché le ha traicionado, sino hasta qué punto. Esa misma tarde viaja el mensajero de Napoleón: en dos días Fouché debe ser desenmascarado y atrapado en su propia trampa. Pero por muy rápido que se agarre a una anguila o a una serpiente, no se puede atrapar a los verdaderos animales de sangre fría con las manos desnudas. La comedia que el emperador ha puesto en escena tiene, como toda comedia lograda, una contratrama, un doble fondo, por así decirlo. Así como Napoleón tenía una policía secreta a espaldas de Fouché, este tenía sus propios escribas y reporteros secretos a espaldas de Napoleón: sus exploradores no eran menos rápidos que los del emperador. El mismo día en que el agente de Napoleón parte para la mascarada en el hotel Drei Könige de Basilea, Fouché ya ha olido una rata. Uno de los "confidentes" de Napoleón le ha confiado la comedia.

El hombre, que debía ser sorprendido, sorprende a su amo a la mañana siguiente en la conferencia diaria. En medio de la conversación, se toca repentinamente la frente con el descuido de un hombre que ha olvidado alguna trivialidad muy, muy poco importante: "Ah, cierto, señor, olvidé decirle que recibí una carta de Metternich, uno está ocupado con cosas más importantes. Y, además, su enviado no me dio la pólvora para hacer legible la escritura, y al principio sospeché de un engaño. Así que solo puedo informarle hoy". Ahora el emperador ya no puede contenerse: "Es usted un traidor, Fouché —le grita—, debería mandarlo a ahorcar". Con impasibilidad: "No comparto la opinión de Su Majestad", replica el ministro más imperturbable y de sangre fría. Napoleón tiembla de rabia. Una vez más, el Fra Diavolo se le ha escapado como consecuencia de esta confesión prematura no deseada. Y el agente que le trae el informe de la reunión de Basilea dos días después tiene poco de decisivo y mucho de desagradable. Poco decisivo, porque el comportamiento del agente austríaco demostró que Fouché, el cauteloso, era demasiado astuto para asumir un compromiso demostrablemente vinculante, y que solo estaba jugando a su juego favorito a espaldas de su amo: tenía todas las posibilidades en una mano. Pero el mensajero trae también muchas noticias desagradables: a saber, que las potencias están de acuerdo con todas las formas de gobierno de Francia, excepto una: Napoleón Bonaparte. El emperador aprieta los dientes con rabia. Su poder está paralizado. Quería golpear secretamente al caminante de las sombras por detrás y él mismo recibió una herida fatal en este duelo desde la oscuridad. El desfile de Fouché ha perdido el momento oportuno, Napoleón lo sabe: "Es evidente que me traiciona —les dice a sus confidentes—, y lamento no haberlo ahuyentado antes de que me diera la apertura de sus relaciones con Metternich. Ahora se pierde el momento y no hay excusa. Haría correr la voz por todas partes de que soy un tirano que lo sacrificó todo por sus sospechas". Con plena clarividencia, el emperador reconoce su inferioridad, pero continúa luchando hasta el último minuto, busca conquistar al hombre de dos caras, trata de sorprenderlo y aplastarlo en algún momento. Hace todo lo posible. Lo intenta con confianza, con bondad, con paciencia y con precaución, pero su fuerte voluntad rebota impotente en esta piedra, que es igualmente fría y deslumbrante en todas sus facetas. Los diamantes se pueden romper o tirar, pero nunca se pueden penetrar. Por fin, el hombre atormentado por las sospechas pierde los nervios. Carnot narra la escena en la que se revela dramáticamente la impotencia del emperador frente a su verdugo: "Me está traicionando, duque de Otranto, tengo pruebas de ello", le grita una vez Napoleón al imperturbable en medio del Consejo de Ministros, y agarrando un cuchillo de marfil que está sobre la mesa: "Tome el cuchillo y clávemelo en el pecho, eso sería más leal que lo que está haciendo. Solo a mí me correspondería fusilarlo y el mundo entero estaría de acuerdo con tal acto. Pero si me pregunta por qué no lo hago, es porque lo desprecio y no pesa ni un gramo en mi balanza". Se puede ver que su desconfianza ya se ha convertido en ira; su tormento, en odio. Nunca olvidará a este hombre por desafiarlo tanto y Fouché lo sabe. Pero calcula claramente las escasas posibilidades de poder del Emperador. "En cuatro semanas todo habrá terminado con este hombre enojado", le dice clarividente y despectivo a su amigo. Por eso ahora ni siquiera piensa en hacer un pacto, alguien tiene que apartarse del camino después de la batalla decisiva. Napoleón o él. Sabe que su contrincante ha anunciado que el primer mensajero del campo de batalla victorioso traerá a París su destitución y quizá también la orden de arresto. Y de un tirón el reloj retrocede veinte años, hasta 1793, cuando el más poderoso de su tiempo, Robespierre, también dijo con igual determinación que en quince días debe caer una cabeza: la de Fouché o la suya. Pero desde entonces el duque de Otranto ha adquirido confianza en sí mismo. Y, pensativo, le recuerda a uno de sus amigos, que le advierte de la ira de Napoleón, de aquella amenaza de antes y añade con una sonrisa: "Pero la suya ha caído".

El 18 de junio, los cañones empezaron de repente a rugir delante de los Inválidos. Los parisinos saltan de emoción. Conoce esta voz de bronce desde hace quince años. Se ha logrado una victoria, se ha librado una batalla exitosa. El *Moniteur* informa la derrota total de Blücher y Wellington. Las multitudes se agolpan con entusiasmo en los bulevares, que los domingos están llenos de gente. El ambiente general, que hasta hace unos días había estado flaqueando, de pronto se transforma en fidelidad al emperador y entusiasmo. Solo el mejor indicador: la pensión cae cuatro puntos, porque cada victoria de Napoleón significa una extensión de la guerra. Y quizás solo un hombre tiembla ante este sonido terrenal: Fouché. La victoria del déspota podría costarle la cabeza. Es una ironía trágica: a la misma hora en que los cañones franceses disparan una salva en París, hace tiempo que los ingleses han destrozado las columnas de infantería y de guardias en Waterloo, y mientras la capital se ilumina desprevenidamente, los caballos de la caballería prusiana los persiguen. La última paja suelta, el polvo arremolinado que huía del ejército delante de él. El desprevenido París tiene otro día de confianza. No es hasta el 20 de junio que se filtra una noticia aterradora. Pálido, con los labios temblorosos, uno le susurra al otro un rumor inquietante. En las cámaras, en las calles, en la Bolsa, en los cuarteles, en todas partes se murmura y se habla de una catástrofe, aunque los periódicos permanezcan paralizados en el silencio. En la capital, repentinamente intimidada, todo el mundo habla, duda, refunfuña, se queja y espera. Solo actúa una persona: Fouché. Tan pronto como escucha la noticia de Waterloo (antes que todos los demás, por supuesto), ve a Napoleón nada más que como a un molesto cadáver que necesita ser retirado lo más rápido posible. Y enseguida utiliza la pala para cavar su tumba. Escribe de inmediato al duque de Wellington para ponerse en contacto desde el principio con el vencedor, mientras que, al mismo tiempo, con una previsión psicológica sin igual, advierte a los diputados que el primer acto de Napoleón será enviarlos a todos a casa. "Regresará más enojado que nunca y exigirá una dictadura inmediata". ¡Así que denle una paliza rápida! Por la tarde, el Parlamento ya se había calmado, el Consejo de Ministros había vencido al Emperador, la última oportunidad de recuperar el poder había desaparecido de las manos de Napoleón, y todo esto antes de siquiera poner un pie en París. El dueño del momento ya no es Napoleón Bonaparte, sino por fin, por fin, Joseph Fouché. Poco antes del amanecer, el manto negro de la noche lo envuelve como un sudario, un mal carruaje

(Blücher capturó al suyo con el tesoro del trono, la espada y los papeles) atraviesa las puertas de París y el Elíseo. El hombre que hace seis días escribió patéticamente en su orden militar: "Para todo francés que tenga coraje, ha llegado el momento de vencer o morir", ni venció ni murió, pero había otros sesenta mil en Waterloo y Ligny. La gente le agradaba. Ahora simplemente viajó rápido a casa, como lo hizo en su época desde Egipto y Rusia, para ahorrar energía: deliberadamente ralentizó el viaje, solo para llegar en secreto, oculto por la oscuridad. Y en lugar de ir directo a las Tullerías para reunirse con los representantes de Francia en su palacio imperial, esconde sus nervios destrozados en el Elíseo, más pequeño y remoto. Una persona cansada y destrozada sale del coche, balbuceando palabras incoherentes y confusas, buscando explicaciones a posteriori y excusas para lo inevitable. Un baño caliente lo relaja y luego convoca a su consejo. Inquietos, vacilantes entre la ira y la piedad, respetuosos sin respeto interior, escuchan los discursos confusos y febriles del vencido. Napoleón vuelve a fantasear con los cien mil hombres que quiere criar, con la requisa de los caballos de lujo (sabe muy bien que ya no es posible sacar cien hombres del país exprimido), calcula que en quince días podría volver a reunir doscientos mil hombres contra los aliados. Los ministros, incluido Fouché, están de pie con la frente inclinada. Saben que discursos tan febriles son solo los últimos estertores de esa enorme voluntad de poder que todavía y siempre se niega a morir en este gigante. Exige lo que Fouché predijo con exactitud: dictadura, la unificación de todo el poder militar y político en uno solo, en sus manos, y tal vez solo lo exige para que los ministros lo rechacen, para que luego puedan enfrentarse a la historia y culparlos por perder una última oportunidad de victoria (¡el presente tiene analogías para tales cambios!). Pero todos los ministros hablan con cautela, cada uno de ellos lleno de vergüenza ante la idea de herir con una palabra dura a este paciente, a este hombre increíblemente febril. Solo Fouché no necesita hablar. Permanece en silencio porque hace tiempo que actuó y tomó todas las precauciones para impedir la carrera final de Napoleón hacia el poder. Con curiosidad práctica, propia de un médico, cuando observa con frialdad clínica las salvajes convulsiones de un moribundo y calcula de antemano cuándo se detendrá el pulso y cederá la resistencia, escucha sin piedad esos vanos discursos. Ni una palabra sale de su labio fino y exangüe. *Moribundus*, un hombre perdido, un hombre entregado, ¿qué importan sus discursos desesperados? Fouché sabe que mientras el Emperador se emborracha aquí para embriagar a los demás con fantasías violentas, mil pasos más allá, en las Tullerías, el consejo ya decide despiadadamente y con lógica, según su voluntad y su mandato, por fin desinhibidos. Eso sí, al igual que el 9 de Termidor, él mismo no comparecerá en la Asamblea de Diputados de este 21 de junio. Desplegó sus baterías —y eso fue suficiente— en la oscuridad, trazó el plan de batalla, eligió al hombre adecuado y el momento adecuado para el ataque. Decidió el trágico y casi grotesco oponente de Napoleón, Lafayette. De vuelta a casa hacía un cuarto de siglo como héroe de la Guerra de Independencia americana, un noble muy joven y sin embargo ya coronado con la gloria de dos mundos, abanderado de la Revolución, pionero de la nueva idea, favorito de su pueblo, Lafayette había conocido todos los éxtasis del poder pronto, demasiado pronto. Y de repente, de la nada, de la habitación de Barras, había llegado un pequeño corso, un teniente con el abrigo medio roto y los zapatos gastados, y en dos años le había usurpado todo lo que había construido y empezado, robándole su lugar, su fama. Esas cosas no se olvidan.

El noble ofendido permanece resentido en su hacienda, mientras el de la capa imperial bordada recibe a sus pies a los príncipes de Europa e implanta un nuevo despotismo, el más duro del genio, por el anterior de la nobleza. Ni un rayo de favor derrama este sol naciente sobre la remota hacienda. Cuando el marqués de Lafayette llega a París con su sencillo atuendo, el advenedizo apenas repara en él, las faldas bordadas en oro de los generales, los uniformes de los mariscales cocidos en el puré de sangre eclipsan su ya polvorienta fama. Lafayette cae en el olvido, nadie menciona su nombre durante veinte años. Sus cabellos se vuelven grises, su figura audaz demacrada y reseca, y nadie lo llama, ni al ejército, ni al senado, desdeñosamente lo dejan plantar rosas y papas en La Grange. No, un hombre ambicioso no olvida esas cosas. Y cuando el pueblo, recordando la Revolución de 1815, reelige a su antiguo favorito como su representante y Napoleón se ve obligado a dirigirse a él, Lafayette solo responde fría y defensivamente, demasiado orgulloso, demasiado honesto, demasiado sincero para ocultar su enemistad. Ahora, sin embargo, empujado por la espalda por Fouché, da un paso al frente, el odio reprimido en él parece casi sabiduría y fuerza. Por primera vez, la voz del viejo abanderado vuelve a oírse desde la tribuna: "Al levantar mi voz por primera vez en tantos años, que los viejos amigos de la libertad reconocerán, me siento obligado a hablarles de los peligros de la patria, cuya salvación está ahora únicamente en sus manos". Por primera vez, la palabra "libertad" volvía a ser pronunciada, y en aquel momento significaba liberación de Napoleón.

La moción de Lafayette rechaza de antemano cualquier intento de disolver la Cámara, de intentar otro golpe de Estado. Se decide con entusiasmo que los representantes del pueblo se declaren permanentes y consideren traidor a la patria a cualquiera que intente disolverlos. No hay duda de a quién va dirigido tan duro mensaje; apenas pronunciado, Napoleón siente un golpe en la cara. "Debería haber echado a esta gente antes de irme —dice enfadado—. Ahora se acabó". En realidad, ni se ha acabado ni es demasiado tarde. Todavía puede salvar a su hijo la corona imperial y asegurar su propia libertad con el trazo de una pluma de abdicación oportuna. Tampoco le costaría dar los mil pasos desde el Elíseo hasta la sala de conferencias e imponer su voluntad al incierto rebaño de carneros con su presencia allí, pero una y otra vez la historia muestra el mismo fenómeno asombroso: las figuras más enérgicas son vencidas por una extraña indecisión, una parálisis del alma por así decirlo, en el vértice de la decisión. Wallenstein antes de la apostasía, Robespierre en la noche del 9 de Termidor, los líderes de la última guerra, todos ellos muestran una indecisión fatal precisamente allí donde incluso la temeridad sería un error menor. Napoleón parlamenta, debate frente a los pocos ministros que le escuchan con indiferencia, discute infructuosamente todos los errores del pasado en la misma hora que se supone debe decidir su futuro, acusa, fantasea, saca de sí mismo patetismo, genuino y teatral, pero nada de coraje. Habla, pero no actúa. Y como si la historia se repitiera alguna vez dentro del círculo de la vida, como si las analogías no fueran siempre los errores de pensamiento más peligrosos en política, envía a su hermano Lucien a hablar en su lugar, como hizo el 18 Brumario, para ganarse a los diputados. Pero en aquel momento, Lucien contaba con la victoria de su hermano como elocuente defensor y con granaderos de mano dura y generales decididos como cómplices. Y, además, Napoleón olvidó fatalmente que entre esos quince años yacían diez millones de muertos. Y cuando Lucien sube ahora a la tribuna y acusa al pueblo francés de abandonar de manera ingrata la causa de su hermano, Lafayette estalla de repente con la ira contenida de la nación decepcionada contra su carnicero, palabras inolvidables que, como chispas arrojadas a un polvorín, destrozan de un golpe la última esperanza de Napoleón: "¿Cómo te atreves a acusarnos de no haber hecho lo suficiente por tu hermano? ¿Has olvidado que los huesos de nuestros hijos, de nuestros hermanos, dan testimonio de nuestra lealtad en todas partes? En los desiertos arenosos de África, a orillas del Guadalquivir y del Tajo, a orillas del Vístula y en los campos de hielo de Moscú, ¡tres millones de franceses han muerto por un solo hombre durante más de diez años! Por un hombre que todavía quiere luchar contra Europa con nuestra sangre. ¡Es suficiente, más que suficiente para un hombre! Ahora es nuestro deber salvar la patria".

El estruendoso aplauso de todos, se piensa, podría enseñar a Napoleón que ya es hora de renunciar voluntariamente. Pero nada parece más difícil en la tierra que decir adiós al poder. Napoleón duda. Y esta vacilación le cuesta a su hijo el imperio y a él mismo su libertad. Pero ahora la paciencia de Fouché se está agotando. Si el hombre incómodo no quiere irse por voluntad propia, que se vaya: basta con tirar con rapidez de las palancas adecuadas y hasta su colosal nimbo caerá. Durante la noche, trabaja sobre sus devotos diputados, y a la mañana siguiente la Cámara exige su abdicación. Pero ni siquiera esto parece lo suficientemente claro para alguien cuya sangre hierve con la ola del poder. Napoleón sigue parlamentando hasta que, al toque del dedo de Fouché, Lafayette pronuncia la palabra decisiva: "Si duda en abdicar, propondré que sea depuesto". Le dan al amo del mundo una hora para hacer una salida honorable, una hora para que el hombre del poder renuncie definitivamente; pero la utiliza de forma teatral y no política, como había hecho ante sus generales en Fontainebleau en 1814. "¿Cómo? —exclama indignado—. ¿Por la fuerza? Si es así, no abdicaré. ¡La Cámara no es más que una banda de jacobinos y ambiciosos a los que debería haber denunciado a la Nación y dispersado! Pero el tiempo que he perdido se puede recuperar". En realidad, quería que se le pidiera aún con más urgencia que aumentara el sacrificio y, en efecto, al igual que los generales en 1814, sus ministros le hablan ahora con consideración. Solo Fouché permanece en silencio. Se suceden las noticias, el reloj marca implacable la hora. Por fin, el emperador lanza una mirada a Fouché, una mirada, como dicen los testigos, a la vez burlona y llena de odio apasionado. "Escríbales a los señores —le ordena desdeñosamente— que se callen, yo los satisfaré". Fouché garabatea enseguida unas líneas a lápiz en un trozo de papel y lo envía a sus tiradores de cable en la cámara, diciendo que el paseo en burro ya no era necesario, y

Napoleón entró en una habitación apartada para dictar su abdicación a su hermano Lucien. Al cabo de unos minutos, regresa al gabinete principal. ¿A quién entrega el pesado papel? Terrible ironía: al mismo hombre que lo metió a la fuerza en su pluma y que ahora permanece inmóvil, esperando como Hermes, el implacable mensajero. Sin mediar palabra, el Emperador se lo entrega. Sin mediar palabra, Fouché toma el documento y se inclina. Esta es su última reverencia a Napoleón.

Fouché, el duque de Otranto, había estado ausente de la reunión de la Cámara. Ahora que la victoria está decidida, entra y sube lento los escalones, con la página de la Historia Mundial en la mano. La mano delgada y dura, intrigante, puede haber temblado de orgullo en este momento, porque ha ganado, por segunda vez, al hombre más fuerte de Francia. Este 22 de junio vuelve a ser para él el 9 de Termidor. En un silencio conmocionado dice, frío e impasible, unas palabras de despedida para su antiguo amo, flores de papel sobre una tumba recién cavada. Pero después, ¡basta de sentimentalismos! A este gigante no se le ha quitado la fuerza del puño para dejarlo rodar suelto por el suelo, presa de cualquier hábil. Ahora es el momento de aprovechar el minuto, el minuto anhelado durante años. Así que propone la elección inmediata de un gobierno provisional, un Directorio de cinco hombres, seguro de que ahora por fin será elegido él mismo. Una vez más, sin embargo, la independencia que tanto anhelaba amenaza con escapársele de las manos. Aunque consigue hacer tropezar a traición a su rival más peligroso, Lafayette, que tan excelentes servicios acababa de prestarle con su franqueza y sus convicciones republicanas, Carnot obtiene 324 votos en la primera votación, mientras que él mismo, Fouché, solo 293, de modo que la presidencia del nuevo gobierno provisional recae sin duda en Carnot.

Pero en ese momento decisivo, apenas a un palmo de la meta, Fouché, el astuto jugador, volvió a realizar el más encantador e infame de sus trucos. Después de estas cifras electorales, la presidencia pertenecía naturalmente a Carnot, y él, Fouché, como siempre, solo sería el segundo en este gobierno, mientras que por fin quería ser el primero, el gobernante absoluto. Así que recurrió a una ingeniosa treta: en cuanto el Consejo de los Cinco se hubo reunido y Carnot quiso asumir el sillón presidencial que le correspondía, Fouché sugiere a sus colegas, como algo natural, que se constituyeran. "¿Qué quiere decir con constituirse?", pregunta Carnot asombrado. "Pues —responde el ingenuo Fouché—, elegir a nuestro secretario y presidente". Y añade con falsa modestia: "Por supuesto que le daré mi voto para el puesto presidencial". Carnot se deja engañar y responde cortésmente: "Y yo le daré el mío". Pero dos de los miembros ya habían sido ganados en secreto a favor de Fouché, por lo que obtuvo tres votos contra dos y se sentó en el sillón presidencial antes de que Carnot pudiera darse cuenta de hasta qué punto había sido engañado. Después de Napoleón y Lafayette, Carnot, el hombre más popular, es felizmente superado y sustituido por el más astuto, Joseph Fouché, dueño del destino de Francia. En cinco días, del 13 al 18 de junio, el emperador había perdido el poder. En cinco días, del 17 al 22 de junio, Joseph Fouché se había hecho con él, por fin ya no siervo, por primera vez dueño ilimitado de Francia, libre, divinamente libre para el amado y confuso juego de la política mundial. Primera medida ahora: ¡fuera el Emperador! Incluso la sombra de un Napoleón aplasta a un Fouché, y del mismo modo que Napoleón no se sentía a gusto como gobernante mientras conociera a este imprevisible Fouché en París, Fouché no se siente libre para respirar a menos que haya unos cuantos miles de kilómetros entre él y el manto gris. Evita hablarle en persona —¿por qué sentimentalismo?—; solo le envía dictados, finamente envueltos en un papel rosa de benevolencia. Pero pronto arranca incluso este velo aburrido y cortés y muestra sin piedad su impotencia al hombre caído. Una patética proclama que Napoleón dirigió a su ejército como despedida fue arrojada bajo la mesa, y a la mañana siguiente Napoleón buscó en vano y desconcertado sus palabras imperiales en el *Moniteur*. Fouché ha prohibido su aparición. ¡Fouché prohíbe al emperador! Este aún no puede creer en la audacia sin límites con la que su antiguo criado lo anula, pero con una insistencia apremiante se deja avasallar de hora en hora por este duro puño, hasta que por fin se traslada a Malmaison. Pero allí permanece sentado y se prepara. No quiere seguir adelante, aunque los dragones del ejército de Blücher ya se acercan, aunque Fouché le advierte cada vez más sombríamente que debe entrar en razón y marcharse. Pero cuanto más convulsivamente se siente caer, más se aferra Napoleón al poder. Y por fin, mientras el carruaje de viaje espera ya en el patio, se le ocurre otro gesto magnífico: se ofrece él mismo para dirigir las tropas como un simple general para vencer o morir una vez más. Pero Fouché, el hombre sobrio, no se toma en serio esas ofertas románticas: "¿Este hombre se burla de nosotros? —exclama airado—. Su presencia al frente del ejército solo supondría un nuevo desafío para Europa, y el carácter de Napoleón no permite que se le confíe ninguna indiferencia hacia el poder".

Regaña al General sobre cómo pudo tener la osadía de ordenar tales mensajes en lugar de despachar con el Emperador, y le ordena que organice enseguida la partida del molesto hombre. Ni siquiera se digna a responder al propio Napoleón. Los hombres derrotados no valen ni un gramo de tinta para Fouché. Ahora es libre, ahora ha alcanzado su meta: a sus cincuenta y seis años, Joseph Fouché, duque de Otranto, se encuentra por fin solo y sin restricciones en la cúspide del poder tras la eliminación de Napoleón. Una odisea infinita a través del laberinto de un cuarto de siglo: de pequeño y pálido hijo de comerciante a aburrido y tonsurado profesor de curas, luego a tribuno del pueblo y procónsul, por fin a duque de Otranto, siervo de un Emperador, y ahora ya no siervo de nadie, por fin único amo en Francia. La intriga triunfó sobre las ideas, la habilidad sobre el genio. Una generación de inmortales a su alrededor ha caído en las profundidades. Mirabeau muerto, Marat asesinado, Robespierre, Desmoulins, Danton guillotinados, su compañero de consulado Collot desterrado a la febril isla de Guayana, Lafayette acabado, todos, todos idos y desaparecidos, sus camaradas de la Revolución. Mientras ahora decide en Francia, elegido libremente por la confianza de todos los partidos, Napoleón, el amo del mundo, huye a la costa mal disfrazado, con un pasaporte falso como secretario de un general de poca monta. Murat y Ney esperan su fusilamiento. Los pequeños reyes de la familia por la gracia de Napoleón vagan de escondite en escondite con los bolsillos vacíos y sin tierra. Toda la gloriosa generación de este único punto de inflexión en el mundo se ha hundido, solo Fouché ha ascendido gracias a su persistente paciencia, planeando en la oscuridad, excavando bajo tierra. Como la cera, el Ministerio, el Senado y la Asamblea popular se aferran ahora a su mano maestra, los generales, por lo demás tan imperiosos, tiemblan por sus pensiones, se subordinan al nuevo presidente tan dócilmente como corderos. La ciudadanía y el pueblo de todo un país esperan su decisión. Luis XVIII le envía mensajeros, Talleyrand, sus saludos, Wellington, el vencedor de Waterloo, un mensaje confidencial. Por primera vez los hilos del destino mundial corren maravillosamente abiertos y libres por sus manos. Lo espera una inmensa tarea: proteger a un país destrozado y derrotado de sus enemigos que avanzan, impedir una inútil resistencia patética, obtener condiciones favorables, encontrar la forma de gobierno adecuada, el gobernante adecuado, crear una nueva norma, un orden duradero a partir del caos. Esto requiere maestría, una agilidad mental extrema, y, de hecho, en esta hora en que todo el mundo está perdiendo la compostura en la confusión, las medidas de Fouché muestran la mayor energía, sus planes dobles y cuádruples una certeza asombrosa. Es amigo de todos para engañarlos a todos y hacer solo lo que él personalmente considera correcto y útil. Aunque parecía reivindicar al hijo de Napoleón ante el Parlamento, a la República ante

Carnot, al duque de Orleans ante los aliados, cambió discretamente el timón hacia el antiguo rey Luis XVIII. De forma bastante imperceptible, con giros tranquilos y hábiles, y sin que sus camaradas más cercanos se den cuenta de su dirección real, rema hacia los realistas a través de un pantano de sobornos y negocia el gobierno que se le ha confiado a los Borbones, mientras que en el Consejo de Ministros y en la Cámara sigue jugando constantemente al bonapartista y al republicano. Psicológicamente, su solución era la única correcta. Solo una rápida capitulación ante el rey podía asegurar una transición tranquila a una Francia desangrada, destruida e inundada de tropas extranjeras. Solo Fouché, con su sentido de la realidad, captó de inmediato esta necesidad y la realizó por su propia voluntad y por sus propias fuerzas, contra la resistencia del Consejo, del pueblo, del ejército, de la Cámara y del Senado. Pero Fouché tiene toda la sabiduría en estos días —¡esta es su tragedia!—; solo una, la última, la más elevada, la más pura: olvidarse de sí mismo, de su ventaja en aras de la causa, es la que lo mandaría renunciar después de esta hazaña, a los cincuenta y seis años, en la cumbre del éxito, diez o veinte veces millonario, respetado y honrado por su tiempo y por la historia. Pero el que ha codiciado el poder durante veinte años, el que ha vivido de él durante veinte años y aún no se ha saciado, se vuelve incapaz de renunciar. Al igual que Napoleón, Fouché no es capaz de abdicar ni un minuto antes de que lo empujen. Y como ahora no tiene amo al que traicionar, no le queda más remedio que traicionarse a sí mismo, a su propio pasado. Devolver la Francia derrotada a su antiguo soberano fue un acto real en ese momento, una política correcta y audaz. Pero permitir que esta decisión se pagara con la gratificación de un puesto ministerial real fue una bajeza y más que un crimen: fue una estupidez. Y el hombre rabiosamente ambicioso comete ahora esta estupidez solo para tener las manos en la masa unas horas más. Su primera estupidez y la mayor, la irredimible que lo humillará para siempre a los ojos de la historia. Subió mil escalones con destreza, con suavidad, con paciencia, y con una sola postración torpe e innecesaria, los bajó todos. Cómo se produjo esta venta del gobierno a Luis XVIII a cambio de un puesto ministerial está afortunadamente descripto en un documento característico, uno de los pocos que recoge palabra por palabra esta conversación diplomática. Durante los Cien Días, un solo partidario decidido del rey, el Barón de Vitrolles, en Toulouse, había reunido un ejército para luchar contra el regreso de Napoleón. Capturado y llevado a París, el Emperador quiso fusilarlo de inmediato, pero Fouché intervino. Siempre era partidario de tomárselo con calma, sobre todo con los enemigos que aún podían ser necesarios. Así pues, se decidió confinar al Barón Vitrolles en una prisión militar hasta que concluyera el consejo de guerra. Pero el 23 de junio, en cuanto la esposa del amenazado se entera de que Fouché se había convertido en gobernante de Francia, acude a él para solicitar la liberación de Vitrolles, que Fouché concede de inmediato, pues estaba deseoso de meter la pata con los Borbones. Al día siguiente, el Barón Vitrolles, líder monárquico liberado, se presenta ante el duque de Otranto para darle las gracias.

Entre el líder republicano electo y el archirrealista jurado se entabla la siguiente conversación políticamente amistosa. Fouché le dice:

—Bueno, ¿qué cree que debe hacer ahora?

—Tengo intención de ir a Gante, mi carruaje del correo me espera ante la puerta.

—Eso es lo más sabio que puede hacer, pues aquí no está a salvo.

—¿No tiene nada que darme para el rey?

—Dios mío, no. Nada de nada. Solo dígale a Su Majestad, por favor, que puede contar con mi devoción y que, desgraciadamente, no depende de mí que vuelva pronto a las Tullerías.

—Pero creo que solo depende de usted que eso ocurra pronto.

—Menos de lo que cree. Las dificultades son grandes. Sin embargo, la Cámara ha simplificado la situación. Ya sabe —Fouché sonrió— que proclamó a Napoleón II.

—¿Cómo que Napoleón II?

—Por supuesto, por ahí había que empezar.

—Pero supongo que no hay que tomárselo en serio, ¿no?

—Supongo que se podría decir eso. Cuanto más lo pienso, más me convenzo de que este nombramiento es completamente inútil. Pero no se imagina cuánta gente sigue unida a este nombre. Algunos de mis colegas, especialmente Carnot, están convencidos de que todo se salva con Napoleón II.

—¿Y cuánto durará esta diversión?

—Es probable que lo que tardemos en liberarnos de Napoleón I.

—¿Y entonces qué pasará?

—¿Cómo voy a saberlo? En momentos como este, es difícil predecir lo que ocurrirá al día siguiente.

—Pero si el Sr. Carnot, su colega, está tan apegado a Napoleón, tal vez le resulte difícil evitar esta combinación.

—¡Bah, usted no conoce a Carnot! Basta con disuadirlo de proclamar el Gobierno del pueblo francés. El pueblo francés, cuando oye eso, ¡piensa en él!

Y ahora se ríen los dos, el republicano electo duque de Otranto, que se burla de su colega, y del programa monárquico. Ya empiezan a entenderse.

—Así es, así será —reanuda la conversación el barón de Vitrolles—, pero espero que después de Napoleón II y el "pueblo francés" piensen por fin en los Borbones.

—Por supuesto —replica Fouché—, entonces será el turno del duque de Orleans.

—¿Cómo que el duque de Orleans? —exclama sorprendido el barón de Vitrolles—, ¿el duque de Orleans? ¿Cree que el rey aceptará alguna vez una corona tan ofrecida y negociada al mundo entero?

Fouché permanece en silencio y sonríe. Pero el Barón de Vitrolles ya ha comprendido. Con esta conversación astutamente irónica y en apariencia casual, Fouché le ha mostrado sus intenciones. Le ha hecho ver con claridad que, si quiere, hay dificultades, que en lugar del rey Luis XVIII se podría proclamar también a Napoleón II o al pueblo francés o al duque de Orleans, pero que él, Fouché, en lo personal no está especialmente apegado a ninguna de estas posibilidades y está tranquilamente dispuesto a eliminar las tres en favor de Luis XVIII si... Lo que sigue a este "si" no se pronuncia, pero el Barón de Vitrolles ya lo ha comprendido, tal vez por una sonrisa en sus ojos, tal vez por un gesto. En cualquier caso, decide repentinamente abandonar su viaje y quedarse en París con Fouché, a condición, claro está, de poder cartearse libremente con el rey. Pone sus condiciones: primero, veinticinco pasaportes para sus agentes ante el cuartel general del rey en Gante. "Cincuenta, cien, los que usted quiera —responde el alegre ministro de la Policía republicana al representante de los opositores a la república—. Y luego pido que se me permita hablar con usted una vez al día". De nuevo el duque responde con alegría: "¡Una vez, no es suficiente! Dos veces, una por la mañana y otra por la noche". Ahora el Barón de Vitrolles puede permanecer en París y negociar con el rey bajo la protección del duque de Otranto e informarle que las puertas de París están abiertas para él si... en efecto, si Luis XVIII está dispuesto a aceptar al duque de Otranto como ministro en el nuevo gobierno real. Cuando se le sugiere a Luis XVIII que Fouché podría abrirle las puertas de París a cambio de la propina de un puesto ministerial, el borbón, por lo demás de sangre gruesa, echa humo. "¡Nunca!", grita a los primeros que quieren poner este odiado nombre en la lista. Y realmente, ¡qué absurda imposición llevar a casa a un regicida, a uno de los que firmaron la sentencia de muerte de su propio hermano, a un cura que ha abandonado el barco, a un ateo furibundo y al criado de Napoleón! "¡Nunca!", grita indignado. Pero sabemos por la historia que estos "nunca" de reyes, políticos y generales son casi siempre el preludio de una capitulación. ¿Acaso París no merece una misa? Desde Enrique IV, ¿no han hecho los reyes, sus antepasados, sacrificios similares *dell' inteletto*, tales sacrificios en espíritu y conciencia en aras de la dominación? Presionado por todas partes, por los cortesanos, los generales, Wellington y, sobre todo, Talleyrand (que, como obispo casado, necesitaba en esta corte un papel aún más oscuro), Luis XVIII empieza poco a poco a vacilar. Todos le aseguraban que solo un hombre podía abrirle las puertas de París sin resistencia, ¡solo Fouché! Solo él, el hombre de todos los partidos y sentimientos, el mejor, el eterno estribero de todos los pretendientes a la corona, ahorraría el derramamiento de sangre. Y, entonces, el viejo jacobino hacía tiempo que se había convertido en un buen conservador, se había arrepentido y traicionado espléndidamente a Napoleón. Finalmente, para limpiar su conciencia —"¡Pobre hermano, si pudieras verme ahora!", se dice que exclamó—, el rey hizo su confesión y aceptó recibir a Fouché en secreto en Neuilly; en secreto, porque nadie en París podía sospechar que un líder electo del pueblo había vendido su país por un puesto ministerial y un pretendiente a la corona había vendido su honor por un aro real. Esta transacción más desvergonzada de la historia moderna entre el ex jacobino y el todavía no rey se concluyó en secreto, en la oscuridad, solo con el obispo como testigo.

Allí, en Neuilly, tiene lugar esa escena espeluznante y fantástica, digna de Shakespeare o Aretino: el rey Luis XVIII, descendiente de Luis el Santo, recibe al cómplice de su hermano, el siete veces violador de juramentos Fouché, ministro de la Convención, el Emperador y la República a prestarle juramento, el octavo juramento de lealtad. Y Talleyrand, exobispo, luego republicano y luego servidor del Emperador, hace entrar a su compañero. Para caminar mejor, el hombre que cojea pone su brazo sobre el hombro de Fouché —"El vicio apoyado por la traición", como observa con desdén Chateaubriand—, y así los dos ateos, oportunistas, se acercan fraternalmente al heredero de Luis el Santo. Reverencia profunda por ahora. Talleyrand asume entonces el embarazoso deber de proponer al asesino de su hermano como ministro del rey. El hombre demacrado está aún más pálido que de costumbre porque ahora dobla su rodilla para prestar juramento ante el "tirano", el "déspota", y besa su mano con la misma sangre que ayudó a derramar cuando presta juramento en nombre del mismo Dios, cuyas iglesias saqueó y profanó con sus hordas en Lyon. ¡Al menos una pieza fuerte, incluso para un Fouché!

Por eso todavía luce pálido el duque de Otranto, cuando sale de la sala de audiencias del rey. Ahora es el pie cojo de Talleyrand el que tiene que sostenerlo. No dice una palabra. Incluso las declaraciones irónicas de este obispo cínico y endurecido, que dijo misa como quien juega a las cartas, no pueden sacarlo de este silencio afectado. Por la noche, con el decreto ministerial firmado en el bolsillo, regresa a París para reunirse con sus confiados colegas de las Tullerías, a quienes echará a todos mañana y desterrará pasado mañana: debe sentirse algo incómodo entre ellos. Una vez este servidor tan infiel había sido libre, pero —¡maravilloso cambio de destino!— las almas subalternas nunca pueden soportar la libertad; siempre huyen de ella hacia una nueva esclavitud. Y así Fouché, ayer fuerte y engreído, vuelve a humillarse ante un maestro, vuelve a encadenar sus manos libres a la galera del poder (y piensa que es el timón del destino). Pero próximamente también lucirá el escudo de la cocina, la marca.

A la mañana siguiente llegaron las tropas aliadas. Según el acuerdo secreto, ocupan las Tullerías y simplemente cierran las puertas a los diputados. Esto le da al aparentemente sorprendido Fouché una buena oportunidad para sugerir a sus colegas que renuncien al gobierno en protesta contra las bayonetas. Los engañados caen en el patético gesto y, según lo acordado, el trono queda repentinamente vacío y no hay gobierno en París durante un día. Y Luis XVIII solo tiene que acercarse a las puertas entre los aplausos organizados con dinero por su nuevo ministro de Policía, y será recibido con entusiasmo como a un salvador: Francia vuelve a ser una monarquía.

Solo ahora los colegas de Fouché comprenden cuán hábilmente él los supera. Ahora, por el *Moniteur*, también se podrá conocer el precio de compra de Fouché. En ese momento, la ira estalla en el decente, sensato e intocable (solo un poco estrecho de miras) Carnot. "¿Adónde debo ir ahora, traidor?", le grita con desdén al recién nombrado ministro de Policía realista. Pero Fouché responde con el mismo desdén: "Donde quieras, tonto". Y con este lacónico diálogo de carácter de los dos viejos jacobinos, el último del noveno Termidor, termina el drama más sorprendente de los tiempos modernos, la Revolución y su centelleante fantasmagoría: el paso de Napoleón por la Historia Universal. La era de las aventuras heroicas ha terminado y comienza la era civil.

Caída y decadencia

L 28 DE JULIO de 1815, cuando se cumplen los cien días del interludio napoleónico, el rey Luis XVIII se muda. Regresa a su ciudad de París en un magnífico carruaje enjaezado con tiendas de campaña blancas. El recibimiento es estupendo, Fouché hizo un buen trabajo. Multitudes jubilosas se reúnen alrededor del coche, banderas blancas ondean en las casas y, cuando no se encuentran, se apresuran a sacar toallas y manteles de las ventanas con bastones. Por la noche, la ciudad brilla con mil luces y, en medio de la alegría, incluso se baila con los oficiales de las tropas de ocupación inglesas y prusianas. No se escucha ningún llamado hostil, la gendarmería desplegada como medida cautelar resulta innecesaria. De hecho, el nuevo ministro de Policía del rey cristianísimo, Joseph Fouché, ha hecho excelentes provisiones para su nuevo soberano. En las Tullerías, el mismo palacio donde apenas un mes antes se había comportado respetuosamente como el más leal a su emperador Napoleón, el duque de Otranto espera al rey Luis XVIII, hermano del "tirano" al que condenó a muerte en esa misma casa hace veintidós años. Pero ahora se inclina profunda y reverentemente ante la descendencia de Luis el Santo, y en sus cartas firma "con reverencia, el súbdito más leal y devoto de Su Majestad" (que se puede leer literalmente entre una docena de informes escritos a mano). De todos los grandes saltos de las acrobacias de su personaje este fue el más atrevido, pero también será el último en la cuerda floja política. Por el momento, por supuesto, todo parece ir bien. Mientras el rey no esté firmemente sentado en el trono, no desdeña aferrarse al señor Fouché. Todavía se necesita a este Fígaro, que sabe hacer malabarismos tan bien de un lado a otro. En primer lugar, para las elecciones, porque el Tribunal quiere una mayoría fiable en el parlamento popular. El republicano y hombre popular "probado" actúa como un promotor insuperable. Además, hay todo tipo de asuntos desagradables y sangrientos que atender: ¿por qué no utilizar este guante gastado? Se lo puede tirar después sin ensuciarse las manos reales.

En los primeros días, debe lidiarse con un asunto sórdido. Es cierto que el rey, mientras estaba en el exilio, había prometido solemnemente conceder una amnistía y no perseguir a nadie que sirviera bajo el usurpador regresado durante los cien días. Pero después de su regreso al trono, interpreta estas promesas de otra manera; rara vez los reyes se sienten obligados a cumplir lo que prometieron como pretendientes a la corona. Los feroces realistas, vanidosos de su propia lealtad, ahora que el rey está nuevamente a salvo en la silla, exigen que todos aquellos que hayan abandonado el estandarte de las flores de lis durante los Cien Días sean castigados. Presionado por los realistas, que siempre piensan de forma más realista que el rey, Luis XVIII por fin cede. Y el ministro de Policía tiene la vergonzosa tarea de elaborar esta lista de proscritos.

Al duque de Otranto no le gusta este encargo. ¿Deberíamos realmente castigar a la gente por algo tan pequeño, simplemente porque hicieron lo más sensato y desertaron en favor del más fuerte, del vencedor? Y luego, recuerda, el ministro de Policía del rey cristianísimo, que el primer nombre en tal lista de ostracismo era en realidad el del duque de Otranto, el ministro de Policía bajo Napoleón, es decir, el suyo. Situación vergonzosa, ¡Dios lo sabe! Primero, Fouché intenta escapar del desagradable encargo con una artimaña. En lugar de una lista que, como desearía, debería contener treinta o cuarenta de los principales culpables, ante el asombro de todos, presenta unos cuantos folios con trescientos o cuatrocientos, o incluso, como algunos afirman, mil nombres, y exige que todos deben ser castigados o ninguno en absoluto. Espera que el rey no tenga tanto coraje, eso pondría fin al molesto asunto; pero, desgraciadamente, el Ministerio está presidido por un zorro como él: Talleyrand, que enseguida se da cuenta de que su amigo Fouché encuentra la pastilla amarga e insiste aún más en dejar que ella lo estrangule. Reduce sin piedad la lista hasta que solo quedan cuatro docenas de nombres y asigna a Fouché la embarazosa tarea de firmar estas sentencias de muerte y exilio.

Lo más inteligente para Fouché sería ponerse el sombrero y cerrar la puerta del palacio desde afuera. Pero el punto débil de Fouché ya ha sido señalado aquí varias veces. Su ambición tiene toda la sabiduría, excepto la de poder renunciar a tiempo. Fouché preferiría aceptar el resentimiento, el odio y la amargura que levantarse voluntariamente de una silla ministerial. Así, ante la furia general, aparece una lista de ostracismo que contiene los nombres más famosos y nobles de Francia, con el refrendo del viejo jacobino. Está Carnot, "el organizador de la victoria", el creador de la República, y el mariscal Ney, vencedor de innumerables batallas, salvador de los restos del ejército ruso, todos sus camaradas en el gobierno provisional, el último de sus compañeros de la Convención, de sus compañeros de la revolución. Todos los nombres se encuentran en esta terrible lista que amenaza con la muerte o el destierro, todos los nombres que han dado gloria a Francia con sus logros en las últimas dos décadas. Solo falta un nombre, el de Joseph Fouché, duque de Otranto.

O, mejor dicho: no falta. El nombre del duque de Otranto también figura en esta lista. No como el de un ministro napoleónico acusado y condenado al ostracismo, sino en calidad de ministro del rey y verdugo, que envía a todos sus compañeros a la muerte o al destierro.

El rey no puede negarle cierta gratitud por el golpe tan duro que el viejo jacobino asestó a su conciencia con esta humillación. Joseph Fouché, duque de Otranto, recibirá ahora el más alto y último honor. Viudo desde hace cinco años, ha decidido casarse de nuevo, y el mismo hombre que una vez deseaba con tanta fuerza la "sangre de los aristócratas" tiene la intención de casarse con sangre azul, es decir, casarse con una condesa de Castellane, una alta aristócrata, es decir, miembro de "esa banda criminal que debe caer bajo la espada de la ley", como dulcemente predicó entonces en Nevers. Pero desde ese momento, y hemos visto todo tipo de ejemplos vivos de esto, el antiguo jacobinismo, el sanguinario Joseph Fouché, ha cambiado radicalmente de opinión. Cuando ahora va a la iglesia el primero de agosto de 1815, no es, como en 1793, para destrozar con un martillo los "vergonzosos emblemas del fanatismo", los crucifijos y los altares, sino más bien para recibir humildemente la bendición de un hombre con su noble novia con la mitra que, como recordamos, había puesto sobre las orejas de un burro en 1793 a modo de burla. Según una antigua costumbre aristocrática (un duque de Otranto sabe lo que es apropiado cuando se casa con una condesa de Castellane), el contrato matrimonial está firmado conjuntamente por las primeras familias de la corte y la nobleza. Como primer testigo, Luis XVIII firmó *manu propria* el único documento en la Historia al asesino de su hermano como el testigo más digno e indigno.

Eso es mucho, una cantidad sin precedentes. E incluso demasiado. Porque es precisamente este descaro extremo, en tanto que regicida, de pedir que sea testigo del hermano del rey guillotinado, lo que suscita un enorme rencor en los círculos aristocráticos. Este miserable desertor, este realista de anteayer, se quejan, se comporta como si realmente perteneciera a la corte y a la nobleza. ¿Por qué necesitamos realmente a esta persona, "*le plus dégoûtant reste de la révolution*" [el último y más sucio desecho de la Revolución]?, ¿Por qué precisamos a este último y grasiento esputo de la Revolución que mancha el Ministerio con su repugnante presencia? Es cierto que ayudó a traer al rey de regreso a París; dio su mano venal para firmar la proscripción de los mejores hombres de Francia. ¡Ahora fuera con él! Los mismos aristócratas que, mientras el rey esperaba impaciente a las puertas de París, lo instaban a nombrar ministro al duque de Otranto para poder entrar en París sin derramamiento de sangre, estos mismos señores de pronto no saben nada sobre un duque de Otranto. Obstinadamente solo recuerdan a un tal Joseph Fouché, que hizo aplastar a cientos de sacerdotes y nobles a cañonazos en Lyon y exigió la muerte de Luis XVI. De repente, el duque de Otranto se da cuenta, mientras camina por la antesala del rey, de que toda una fila de nobles caballeros ya no lo saluda ni le da la espalda con provocativo desprecio. Escritos incendiarios contra el *Mitrailleur de Lyon* aparecen de repente y pasan de mano en mano. Una nueva sociedad patriótica, los *francs régénérés,* los antepasados de los *camelots du roi* y los "húngaros que despiertan", se reúnen y reclaman. No hay términos inciertos y está claro que el estandarte de lirios finalmente quedará limpio de esta monstruosidad.

Pero Fouché no cede con tanta facilidad cuando se trata de poder: lo muerde con los dientes. En el informe secreto de un espía que tuvo que vigilarlo en aquellos días, se lee cómo intentó aferrarse por todos lados. Después de todo, todavía hay gobernantes enemigos en el país, pueden defenderlo contra los sirvientes demasiado reales del rey. Visita al Emperador de Rusia, habla durante horas todos los días con Wellington y el embajador inglés, salta todas las minas diplomáticas, por un lado, quiere ganarse al pueblo quejándose de las tropas desplegadas y al mismo tiempo asusta al rey con informes exagerados. Envía al vencedor de Waterloo al rey Luis XVIII como abogado, moviliza a los banqueros, a las mujeres y a los últimos amigos. No, no quiere irse. Su conciencia pagó demasiado caro este rango como para no defenderse como un hombre desesperado. De hecho, durante algunas semanas logra permanecer en las aguas políticas acostándose de lado y luego girándose boca arriba como un nadador experto. Durante todo este tiempo, como informa el espía, ha demostrado, y probablemente ha tenido, mucha confianza. Porque en estos veinticinco años siempre ha salido a la luz. Y cuando se ha tratado con un Napoleón y un Robespierre, ¿por qué preocuparse por unos cuantos simples nobles? El viejo despreciador de la gente ya no le teme a la gente, aquel que superó a los más grandes de la Historia Universal y sobrevivió.

Pero hay una cosa que este viejo condotiero, este sofisticado juez de carácter, no ha aprendido, y nadie puede aprender: luchar contra fantasmas. Ha olvidado un detalle crucial. Un espectro del pasado acecha a la corte real como un presagio de venganza: la duquesa de Angulema, la hija de sangre de Luis XVI y María Antonieta, la única de la familia que escapó de la gran masacre. El rey Luis XVIII podría, en el mejor de los casos, perdonar a Fouché. Después de todo, debe su trono real a este jacobino, y tal herencia a veces (la historia puede atestiguar) alivia el dolor fraternal incluso en los círculos más altos. Pero para él fue fácil perdonar porque personalmente no vivió nada de aquel terrible momento; la duquesa de Angulema, en cambio, hija de Luis XVI y María Antonieta, lleva en la sangre las horribles imágenes de su infancia. Tiene recuerdos que no puede olvidar y sentimientos de odio que no puede apaciguar con nada. Ha experimentado demasiado en su propio cuerpo, en su propia alma, para poder perdonar jamás a uno de estos jacobinos, a estos hombres de terror.

Cuando era niña, se estremeció durante la terrible noche en el castillo de Saint-Cloud, cuando masas de descamisados asesinaron a los porteros y caminaron delante de su madre y su padre con los zapatos chorreando sangre. Vivió la noche en la que cuatro de ellos —padre, madre, hermano; "el maestro panadero, la mujer del panadero y los muchachos del panadero"— se apretujaron en el coche, en medio de una multitud que se burlaba y se burlaba, esperando la muerte a cada hora. Fue testigo del 10 de agosto cuando la turba abrió a hachazos las puertas de las habitaciones de su madre, cuando burlonamente colocaron a su padre la gorra roja en la cabeza y la pica en el pecho. Sufrió los terribles días en la prisión del Temple y los terribles minutos en que la cabeza ensangrentada de su amiga materna, la duquesa de Lamballe, con el cabello suelto y enmarañado de sangre, fue levantada hacia ellos en la ventana de la calle y clavada en la punta de una pica. ¿Cómo olvidar la noche en la que se despidió de su padre, que fue arrastrado a la guillotina, y de su hermano pequeño, que fue abandonado languideciendo y languideciendo en una pequeña habitación? ¿Cómo no recordar a los compañeros de la gorra roja de Fouché, que la interrogaron y atormentaron durante días para que testificara sobre la supuesta fornicación de su madre María Antonieta con su pequeño hijo en el proceso contra la reina? ¿Y cómo borrar de la sangre el momento en que tuvo que arrancarse de los brazos de su madre y luego el carro traqueteó por la acera, arrastrándola bajo la guillotina? No, ella, la hija de Luis XVI y María Antonieta, prisionera del Temple, no sufrió estos horrores como Luis XVIII, que solo los leía en periódicos o los escuchaba contado por terceros. El Terror está grabado indeleblemente en su alma de niña asustada, oscurecida, atormentada y torturada. Y su odio contra los asesinos de su padre, contra los verdugos de su madre, contra los horrores de su infancia, contra todos los jacobinos y revolucionarios, está lejos de haberse agotado, todavía no ha sido vengado.

Recuerdos así nunca se olvidan. Y por eso juró que nunca jamás le daría la mano a Fouché, el ministro de su tío, cómplice del asesinato de su padre, y que nunca respiraría el mismo aire en la misma habitación que él. Ella muestra abierta y desafiante al ministro su desprecio y odio frente a toda la corte. Ella no asiste a ningún festival o evento al que asista este regicida, este traidor a sus propios puntos de vista, y su desprecio abierto, desdeñoso y fanático hacia el desertor aviva gradualmente el sentido del honor en todos los demás. Finalmente, todos los miembros de la familia real exigen por unanimidad que Luis XVIII, ahora que su poder está asegurado, expulse al asesino de su hermano de las Tullerías con vergüenza y deshonra.

De mala gana, se recuerda que Luis XVIII se dejó imponer a Fouché como ministro, y solo porque le era imprescindible. Con mucho gusto y alegría lo entrega ahora que ya no lo necesita. "La pobre duquesa no debería tener que enfrentarse a esta cara repugnante", dice con una sonrisa el hombre que, todavía sin sospechar nada, se autodenomina su "sirviente más fiel". Y Talleyrand, el otro desertor, recibe el encargo real de dejar claro a su compañero de la Convención y de la época napoleónica que su presencia en las Tullerías ya no se considera deseable.

Talleyrand está feliz de asumir esta tarea. En cualquier caso, le resulta difícil hacer girar las velas en el duro viento realista. Espera que la mejor manera de mantener a flote su afortunado barco sea deshacerse del lastre. Y el mayor peso de su Ministerio es este regicida, su viejo amigo Fouché. Arrojándolo por la borda lleva a cabo este negocio en apariencia embarazoso con una habilidad encantadoramente cortés. No es que haya anunciado su despido de manera grosera o solemne; no, como viejo maestro de las formas, como noble soberano, eligió una manera cautivadora de hacerle comprender que la campana finalmente ha dado las doce para el Sr. Fouché. Este último aristócrata de la Dix-huitième sitúa siempre sus escenas de comedia e intrigas en el marco de un salón, y esta vez también viste la áspera despedida con la mejor de las formas. El 14 de diciembre, Talleyrand y Fouché se encuentran en una velada. La gente come, habla y charla con tranquilidad. Talleyrand en particular parece estar de muy buen humor. Un gran círculo se forma a su alrededor; bellas mujeres, dignatarios y jóvenes acuden con curiosidad a escuchar a este maestro de la palabra. Esta vez cuenta la historia de una manera particularmente encantadora. Habla de tiempos pasados en los que tuvo que huir a Estados Unidos para escapar de la orden de arresto de la Convención y elogia con entusiasmo a este gran país. Oh, qué maravilloso sería allí: bosques impenetrables, habitados por la primitiva tribu de los pieles rojas, caudalosos arroyos inexplorados, el poderoso Potomac y el enorme lago Erie, y en medio de este mundo heroico y romántico una nueva estirpe, férrea y fuerte, curtida en los combates, comprometida con la libertad, ejemplar en sus leyes, impensable en sus posibilidades. Sí, todavía hay algo que aprender allí, allí se puede sentir un futuro nuevo y mejor, ¡mil veces más animado que en nuestra anticuada Europa! Se debería vivir allí, trabajar allí, exclama con entusiasmo, y ningún puesto le parece más tentador que el de embajador en los Estados Unidos… Y de pronto interrumpe su entusiasmo aparentemente accidental y se vuelve hacia Fouché: "¿No le gustaría asumir ese cargo, duque de Otranto?".

Fouché palidece. Y entiende. Interiormente tiembla de ira por la astucia y habilidad con la que el viejo zorro ha colocado la silla del ministro delante de su puerta, delante de todos, delante de toda la corte. No da una respuesta. Pero al cabo de unos minutos se rinde, vuelve a casa y redacta su dimisión. Talleyrand se queda alegre y de camino a casa les confiesa a sus amigos con una sonrisa irónica: "Esta vez por fin le he retorcido el cuello para ocultar ante el público esta flagrante expulsión de Fouché".

Al ministro se le ofrece *pro forma* otra pequeña oficina en Dresde. Así pues, el *Moniteur* no dice que el regicida Joseph Fouché ha sido destituido de su cargo de ministro de Policía, sino que se lee que Su Majestad el rey Luis XVIII se ha dignado nombrar a Su Excelencia el duque de Otranto embajador en la corte de Dresde. Por supuesto, se espera que rechace esta posición completamente inútil, que no corresponde ni a su rango ni a su posición ya histórica a nivel mundial. ¡Pero ni mucho menos! Con un mínimo de razón alerta, Fouché tendría que comprender que él, el regicida, estaba finalmente y sin salvación al servicio de un reino reaccionario, y que al cabo de unos meses ese miserable hueso le sería arrancado de los dientes. Pero el hambre de poder ha convertido a esta alma de lobo, que alguna vez fue atrevida, en algo completamente canino. Así como Napoleón se aferró irónicamente hasta el último momento no solo a su posición, sino también al mero nombre ficticio de su dignidad imperial, así, y aún más innoble, su servidor Fouché se aferra al último y más pequeño título de un falso cargo ministerial. Se aferra al poder como un limo, obedece a su amo, este eterno servidor, ¡también esta vez lleno de amargura! "Acepto, señor, con gratitud la embajada que Su Majestad se ha dignado ofrecerme", escribe humildemente este hombre de cincuenta y siete años, este veinte veces millonario, al hombre que ha vuelto a ser rey desde hace seis meses por su propia gracia.

Hace las valijas y se traslada con toda su familia a esta pequeña granja de Dresde, se erige como un príncipe y actúa como si quisiera pasar allí el final de su vida como enviado del rey. Pero lo que tanto temió pronto se hará realidad. Durante casi veinticinco años, Fouché luchó como un hombre desesperado contra el regreso de los Borbones, por el instinto correcto de que por fin exigirían responsabilidades por las dos palabras —*La mort*— con las que envió a Luis XVI a la guillotina. Pero había esperado engañarlos infiltrándose en sus filas y disfrazándose de un sirviente bueno y leal. Esta vez, sin embargo, no engañó a los demás, solo a sí mismo. Apenas había empapelado sus habitaciones de Dresde y apenas había preparado la mesa y la cama, cuando estalló un trueno en el Parlamento francés. Ya nadie habla del duque de Otranto, todos han olvidado que un dignatario con ese nombre llevó a su nuevo rey, Luis XVIII triunfalmente a París…, todos hablan solo de un tal Fouché, el "regicida" Joseph

Fouché de Nantes, que condenó al rey en 1792, el *Mitrailleur de Lyon*, y fue derrotado con la abrumadora mayoría de 334 votos contra 32. El hombre "que levantó su mano contra el ungido del Señor" es excluido de toda amnistía y desterrado de Francia de por vida. Por supuesto, esto también significa un despido ignominioso de su cargo de embajador. Sin piedad, con suavidad, desdén y desprecio, el "Señor Fouché", que ya no es Su Excelencia, ya no es comandante de la Legión de Honor, ya no es senador, ya no es ministro, ya no es un gran dignatario, es ahora expulsado a la calle. Al mismo tiempo, el rey de Sajonia indica oficialmente que la estancia personal de este Fouché en Dresde ya no es bienvenida. El hombre que envió a miles de personas al exilio es ahora, veinte años después, el último en seguir a los combatientes de la Convención, sin hogar, maldito, desterrado. Y como ahora está impotente y proscrito, el odio de todos los partidos se lanza contra el hombre caído tan unánimemente como antes las simpatías de todos los partidos cortejaban al poderoso. Ahora todos los trucos, todas las protestas, todos los encantamientos ya no sirven. Una persona poderosa sin poder, un político que ha sido aniquilado, un intrigante que ha fracasado es siempre la cosa más lamentable del mundo. Tarde, pero con intereses usureros, Fouché pagará ahora su deuda, sin haber servido nunca a una idea, a una pasión moral de la humanidad, sino siempre solo al favor fugaz del momento y de los hombres.

¿Hacia dónde ahora? El duque de Otranto, exiliado de Francia, no está inicialmente preocupado. ¿No es el favorito del zar, el confidente de Wellington, el vencedor de Waterloo, el amigo del todopoderoso ministro austríaco Metternich? ¿No le deben las gracias los Bernadotte, a quienes empujó al trono de Suecia, y los príncipes bávaros? ¿No conoce confidencialmente a todos los diplomáticos desde hace años? ¿No han buscado con pasión su favor todos los príncipes y reyes de Europa? Todo lo que tiene que hacer, dice el caído, es una gentil insinuación y todos los países solicitarán con urgencia el privilegio de albergar al expulsado Arístides. ¡Pero cuán diferente actúa la Historia Universal contra un hombre caído que contra uno poderoso! A pesar de las repetidas insinuaciones, no llega ninguna invitación de la corte del zar ni de Wellington. Bélgica se niega, ya tienen suficientes viejos jacobinos en sus puestos fronterizos. Baviera se vuelve cautelosa y su viejo amigo, el príncipe Metternich, también se muestra extrañamente tranquilo. Bueno, en el mejor de los casos, si realmente quisiera y deseara, el duque de Otranto podría entrar en territorio austríaco; ellos estaban generosamente dispuestos a no oponerse. Pero bajo ninguna circunstancia se le permite ir a Viena, no, allí no lo necesitan. No se le permite ir a Italia bajo ninguna condición. A lo sumo podría quedarse en una pequeña ciudad de provincias y no en Baja Austria, es decir, no cerca de Viena (¡suponiendo que se porte bien!). En realidad, no actúa con mucha urgencia: el viejo amigo Metternich, e incluso el millonario duque de Otranto, se ofrecen a invertir toda su fortuna en tierras austríacas o en valores estatales austríacos, y sugiere que su hijo sirva en el ejército. El ejército imperial no logra sacar al ministro austríaco de su actitud reservada. Cuando el duque de Otranto anuncia una visita a Viena, cortésmente dice que no, que debería ir a Praga en silencio y en privado.

Así, sin una invitación adecuada, sin honor, con mucha más paciencia que petición, Joseph Fouché se escabulle de Dresde a Praga para establecerse allí. Su cuarto exilio, el último y más cruel, ha comenzado.

Incluso en Praga la gente no se muestra muy contenta con el huésped de alto rango, que, sin embargo, ha caído gravemente de su altura. Sobre todo, la aristocracia obsesionada con la herencia le da la espalda al intruso repentino. Porque los nobles bohemios todavía leen los periódicos franceses y ahora están llenos de los ataques más vengativos y rabiosos contra el "Señor Fouché". Se cuenta a menudo y con gran detalle cómo este jacobino saqueó iglesias en Lyon en 1793 y vació las arcas de Nevers. Todos los pequeños escritores que antes temblaban ante el duro puño del ministro de Policía y tenían que morderse los dientes para contener la ira, ahora escupen incontrolablemente al hombre indefenso. La rueda gira ahora a una velocidad vertiginosa. El hombre que una vez controló a medio mundo ahora está siendo controlado él mismo; todos los métodos policiales que su genio inventivo especulaba son utilizados ahora por sus alumnos y antiguos funcionarios contra su antiguo maestro. Cada carta enviada o dirigida al duque de Otranto pasa por el Gabinete Negro, es abierta y copiada, los agentes de policía escuchan e informan cada conversación, sus interacciones son espiadas, cada uno de sus pasos es controlado, en todas partes se siente monitoreado, rodeado, vigilado; su propio arte, su propia ciencia, se prueba con la habilidad más cruel en la persona más hábil que la inventó. Busca en vano un remedio contra estas humillaciones. Le escribe al rey Luis XVIII. Le escribe al príncipe Metternich, quien, en el mejor de los casos, hace que los funcionarios subordinados le respondan con un hosco sí o no. Debería mantener la calma ante los golpes que todos le están dando, debería por fin dejar de quejarse y quejarse. El hombre que solo era popular entre todos a través del miedo ha sido despreciado por todos desde que dejó de ser temido. El mayor actor político ha hecho de las suyas.

Durante veinticinco años, este hombre ágil e incomprensible se había escabullido una y otra vez del destino que tantas veces lo había amenazado. Ahora que por fin está en el suelo, arremete sin piedad contra el hombre caído. En Praga, después del hombre político, el hombre privado, Joseph Fouché experimenta su más dolorosa peregrinación a Canossa. Ningún novelista podría inventar un símbolo más ingenioso de su humillación moral que el pequeño episodio que tuvo lugar allí en 1817. Pues a lo trágico se une ahora la deformación más terrible de toda desgracia: el ridículo. No solo el hombre político es humillado, sino también el marido. Se puede suponer con seguridad que no fue el amor lo que atrajo a la bella aristócrata de veintiséis años a este viudo de cincuenta y seis, con la cara calva y cetrina. Pero en 1815 este cortejador poco atractivo era el segundo hombre más rico de Francia, millonario veinte veces, Excelencia, Duque y ministro distinguido de Su Majestad Cristianísima; así que la simpática pero empobrecida condesa provinciana tenía la justificada esperanza de brillar como una de las mujeres más distinguidas de Francia en todas las fiestas de la corte y en el Faubourg Saint-Germain. Efectivamente, el comienzo había sido auspicioso: Su Majestad se dignó a firmar en persona su licencia matrimonial, la nobleza y la corte se contaban entre los bienquerientes, un magnífico palacio en París, dos fincas rústicas y un principesco castillo en Provenza competían por acoger a la princesa de Otranto como su amante. Por tales esplendores y veinte millones, una mujer ambiciosa aceptaría un marido sobrio, calvo y apergaminado de cincuenta y seis años. Pero la apresurada condesa ha vendido su brillante juventud por el oro del diablo, ya que justo después de la luna de miel descubre que no es la esposa de un ministro de Estado muy honrado, sino la esposa del hombre más despreciado y odiado de Francia, el expulsado, exiliado y mundialmente despreciado "señor" Fouché… El duque con todo su esplendor ha desaparecido, y ella se ha quedado con el viejo desaliñado, amargado y bilioso. Así que no es muy sorprendente que en Praga se desarrolle una *amitié amoureuse* entre esta mujer de 26 años y el joven Thibaudeau, hijo de un viejo republicano igualmente expulsado, de la que no se sabe con exactitud hasta qué punto era solo *amitié* y hasta qué punto era *amoureuse*. Sin embargo, la ocasión dio lugar a un comportamiento muy tormentoso: Fouché le prohibió al joven Thibaudeau la entrada a su casa y, lo que es más molesto, esta desavenencia conyugal no permaneció en secreto. Los periódicos monárquicos, esperando cualquier oportunidad para arremeter contra el hombre por el que habían temido durante años, publicaron notas maliciosas sobre sus decepciones domésticas; para deleite de todos sus lectores, difundieron la burda mentira de que la joven duquesa de Otranto se había fugado con su amante en Praga. Pronto el duque de Otranto, cuando asiste a una fiesta en Praga, se da cuenta de que las damas reprimen con dificultad una pequeña sonrisa y comparan con ironía a la joven y floreciente mujer con su propia figura, menos encantadora. Ahora, el viejo rumorólogo, eterno cazador de chismes y escándalos, siente por sí mismo lo poco bueno que es ser víctima de una maliciosa difamación. Sabe que uno nunca puede luchar contra tal calumnia, sino que lo más sabio es huir de ella. Ahora, solo en la desgracia, se da cuenta de toda la profundidad de su caso, y su exilio en Praga se convierte para él en un infierno. Una vez más solicita al príncipe Metternich permiso para abandonar la insoportable ciudad y elegir otra dentro de Austria. Se le hace esperar. Por fin, Metternich le permite amablemente ir a Linz, donde el hombre decepcionado y cansado se retira, humillado por el odio y el desprecio del mundo que antes le había sido servil.

Linz… En Austria siempre se sonríe cuando alguien menciona el nombre de esta ciudad, rima demasiado involuntariamente con provincia[2]. Una población pequeñoburguesa de origen rural, trabajadores de la construcción naval, artesanos, en su mayoría gente pobre. Solo hay algunas casas de la antigua nobleza terrateniente austriaca. A diferencia de Praga, no hay una gran tradición gloriosa, ni ópera, ni biblioteca, ni teatro, ni bailes aristocráticos rutilantes, ni fiestas. Se trata de una verdadera y justamente adormecida ciudad rural de provincias, un asilo de veteranos. El anciano se instala allí con las dos jóvenes de casi la misma edad, una su esposa, la otra su hija. Alquila una espléndida casa y la hace renovar con elegancia, para regocijo de los proveedores y empresarios de Linz, poco acostumbrados hasta entonces a tener entre sus muros a semejantes millonarios. Algunas familias se esfuerzan por entrar en contacto con el interesante y, gracias al dinero, en cierto modo distinguido forastero, pero la aristocracia prefiere muy notablemente a la nacida

2. En alemán, "Linz" rima con "provinz" (provincia). [N. del E.]

condesa Castellane que al hijo de un mercader burgués, este "señor" Fouché, en cuyos escuálidos hombros solo había colgado un manto ducal Napoleón (él mismo un aventurero a sus ojos). Los funcionarios, a su vez, tenían órdenes secretas de Viena de tener lo menos posible que ver con él. El antes apasionado hombre experimenta una vida aislada y casi rechazada por completo. En sus memorias, un contemporáneo describe su situación en uno de los bailes públicos de forma muy vívida: "Era sorprendente cómo se celebraba a la duquesa, pero se descuidaba al propio Fouché. Era de mediana estatura, fuerte pero no gordo, y tenía una cara fea. Siempre aparecía en los bailes con un frac azul con botones dorados, polainas blancas y medias blancas. Llevaba la gran Orden austriaca de Leopoldo. Normalmente se quedaba solo junto a la estufa y observaba el baile. Cuando miraba a este otrora todopoderoso ministro del Imperio francés, cómo permanecía tan solitario y desamparado y parecía alegrarse cuando algún funcionario entablaba conversación con él o le ofrecía una partida de ajedrez, no podía evitar pensar en la mutabilidad de todo poder y grandezas terrenales".

Un único sentimiento sostiene hasta el último momento a este hombre intelectualmente apasionado: la esperanza de llegar un día, una vez más, a lo más alto de la política. Cansado, agotado, un poco pesado e incluso ya corpulento, no puede deshacerse de la ilusión de que él, el hombre de grandes méritos, debe ser llamado de nuevo a un cargo, que una vez más, como tantas otras veces, el destino le arrebataría de la oscuridad y le lanzaría de nuevo al divino juego mundial de la política. Mantiene una constante correspondencia clandestina con sus amigos de Francia, la vieja araña sigue tejiendo sus telas secretas, pero pasan desapercibidas en las vigas de Linz. Bajo un nombre falso, publica *Observaciones de un contemporáneo sobre el duque de Otranto*, un panegírico anónimo que describe su talento y su carácter con los colores más vivos, casi líricos, al tiempo que, para intimidar a sus enemigos, toma la precaución de anunciar en cartas privadas que el duque de Otranto está escribiendo sus memorias, e incluso que pronto serán publicadas por Brockhaus y dedicadas al rey Luis XVIII. Busca recordar a aquellos que son demasiado atrevidos que el antiguo ministro de Policía Fouché todavía tiene algunas flechas en su carcaj, y son mortalmente venenosas. Pero es extraño: ya nadie le teme, nada le libra de Linz, nadie piensa en llamarlo, en buscarlo, nadie quiere su consejo, su ayuda. Y cuando en otra ocasión se discute en la Cámara francesa la cuestión de volver a llamar a los exiliados, no se lo recuerda ni con odio ni con interés. Los tres años transcurridos desde que abandonó la escena mundial han bastado para que el gran actor, que sobresalió en todos los papeles, caiga en el olvido. El silencio se cierne sobre él como un catafalco de cristal. Ya no hay un duque de Otranto para que el mundo lo vea; solo un anciano, cansado, enfadado, solitario y extraño, camina hoscamente por las aburridas calles de Linz. Aquí y allá, un repartidor o un comerciante se quita cortésmente el sombrero ante el hombre enfermizo y acurrucado, pero nadie más en el mundo lo conoce, y nadie piensa en él. La Historia, esa abogada de la eternidad, se ha vengado de la forma más cruel del hombre que solo pensaba en el presente y lo entierra vivo.

Tan olvidado está el duque de Otranto que nadie, salvo algunos policías austríacos, le presta atención cuando Metternich le permite por fin trasladarse a Trieste en 1819, y ello solo porque sabe de fuente fidedigna que este pequeño favor es para un moribundo. La inactividad ha cansado y dañado a este hombre que trabajó de forma inquieta durante más de treinta años. Sus pulmones empiezan a fallar, no puede tolerar el duro clima, así que Metternich le concede un lugar más soleado para morir: Trieste. Allí se ve a veces a un hombre destrozado que entra en misa con pasos pesados y se arrodilla ante los bancos con las manos cruzadas. El antiguo Joseph Fouché, que hace un cuarto de siglo rompió con su propia mano los crucifijos de los altares, ahora se arrodilla con la cabeza inclinada y blanca ante los "ridículos signos de la superstición", y quizá añore ahora los tranquilos pasillos de los refectorios de sus antiguos monasterios. Algo en él ha cambiado por completo. Este viejo luchador y ambicioso solo quiere la paz con todos sus enemigos. Las hermanas y hermanos de su gran adversario Napoleón, derrocado y olvidado por el mundo desde hace mucho tiempo, lo visitan y charlan con él en confianza sobre tiempos pasados. Todos estos visitantes se asombran de cómo este hombre se ha vuelto verdaderamente apacible frente al cansancio. Nada en esta pobre sombra recuerda al hombre temido y peligroso que ha confundido al mundo durante dos décadas y puesto de rodillas a los hombres más fuertes de la época. Todo lo que quiere es paz, tranquilidad y una buena muerte. En sus últimas horas, hace las paces con su Dios y con la humanidad. Paz con Dios: el viejo ateo militante, el perseguidor del cristianismo, el destructor de altares, en los últimos días de diciembre permite que uno de los "abominables impostores" (como los llamaba en los días de mayo de su jacobinismo), un sacerdote, venga a recibir los últimos óleos con las manos piadosamente cruzadas. Y paz con el pueblo: unos días antes de su muerte, ordena a su hijo que abra su escritorio y saque todos sus papeles. Se enciende una gran hoguera, se arrojan en ella cientos y miles de cartas, entre ellas probablemente las tan temidas memorias, ante las que cientos temblaban de miedo. ¿Fue una debilidad del moribundo o una última bondad tardía?, ¿fue el miedo a la posteridad o una grosera indiferencia? En cualquier caso, destruyó todo lo que podía comprometer a los demás y con lo que podía vengarse de sus enemigos, en una consideración novedosa y casi piadosa en su lecho de muerte. Por primera vez, busca una felicidad diferente en lugar de la fama y el poder, cansado de la gente y de la vida; busca el olvido.

El 26 de diciembre de 1820, esta extraña y fatídica vida, que comenzó en un puerto del mar del Norte, terminó en la ciudad de Trieste, en el mar del Sur. Y el 28 de diciembre, el cuerpo del hombre inquieto y exiliado recibe sepultura. La noticia de la muerte del célebre duque de Otranto no despertó inicialmente mucha curiosidad en el mundo. Solo un fino y pálido humo de recuerdo flota fugazmente desde su nombre extinguido y desaparece casi sin dejar rastro en el cielo tranquilo del tiempo.

Cuatro años más tarde, un destello de inquietud vuelve a brotar. Corre el rumor de que las memorias del hombre tan temido están a punto de publicarse. Algunos de los que están en el poder, algunos de los temerarios que se atrevieron demasiado a atacar al hombre caído, sienten un escalofrío recorrerles la espina dorsal: ¿acaso comenzarán realmente esos peligrosos labios a hablar desde la tumba una vez más? ¿Terminarán saliendo a la luz los documentos de las sombras de los despachos de la policía, las cartas demasiado confidenciales y las pruebas comprometedoras? Pero Fouché sigue siendo fiel a sí mismo más allá de la muerte. Porque las memorias, que un ágil librero había publicado en París en 1824, eran tan poco fiables como él mismo. Incluso desde la tumba, este hombre testarudo y taciturno no revela toda la verdad; se lleva celosamente sus secretos a la fría tierra para seguir siendo él mismo un secreto, una figura crepuscular y hermafrodita que nunca puede revelarse del todo. Pero precisamente por eso siempre vuelve a sentir la tentación de jugar el juego inquisitorial que él mismo practicó con tanta maestría: descubrir todo el enrevesado camino de su vida a partir de un rastro fugaz y revelar el género espiritual de este hombre político tan notable a través de su accidentado destino.

Índice

Queremos hacer libros
cada vez mejores, para eso
necesitamos saber qué pensás.

Envianos un mail y contanos tu parecer.
info@edicionesgodot.com.ar

O respondé una breve encuesta:

Si este libro te gustó y nos querés ayudar,
te agradecemos que lo recomiendes
a tus amigas y amigos o en tus redes sociales.